一本书读懂美国史

陈会颖 著

中华书局

图书在版编目(CIP)数据

一本书读懂美国史/陈会颖著. —北京:中华书局,2017.3(2019.6重印)
ISBN 978-7-101-12014-1

Ⅰ.一… Ⅱ.陈… Ⅲ.美国-历史-通俗读物 Ⅳ.K712.09

中国版本图书馆 CIP 数据核字(2016)第 192589 号

书　　名	一本书读懂美国史
著　　者	陈会颖
责任编辑	李洪超
出版发行	中华书局
	(北京市丰台区太平桥西里 38 号　100073)
	http://www.zhbc.com.cn
	E-mail:zhbc@ zhbc.com.cn
印　　刷	北京市白帆印务有限公司
版　　次	2017 年 3 月北京第 1 版
	2019 年 6 月北京第 2 次印刷
规　　格	开本/710×1000 毫米　1/16
	印张 18　插页 2　字数 248 千字
印　　数	8001-13000 册
国际书号	ISBN 978-7-101-12014-1
定　　价	38.00 元

如何使用本书

开疆拓土

章概述

19世纪初，随着国力的不断增长，美国开始在美洲大陆进行领土扩张。从法国手中购买路易斯安那，武力迫使西班牙放弃佛罗里达；把美国撑持出俄勒冈，接踵而至的墨西哥一年以上的领土。总之，在这个"天定命运"的扩张主义理论指导下，美国通过廉价购买、兼并、掠夺、战争等种种方式，在短短半个世纪的时间内，使领土从最初站在大西洋13州的狭长地带一直扩展到太平洋沿岸，成为地地道道横跨两洋的大国，总面积达780万平方千米，增加了将近4倍。

于1846年前后，一度掠夺不断的北扩使美国获得了德克萨斯和俄勒冈领土。白人移民强盛并发达西部地区，这是19世纪历史上最伟大的壮举之一。它给国家发展带来了深刻的影响。大面积的疆土，肥沃的牧场，提供丰富的矿产资源和森林资源，极大地推动了美国工业的发达，也扩大了我国的生产基础和市场。但是领土在靠不久产生的问题，尤其加剧了南北方之间的冲突，并产生了危及和存在奴隶制这一致命性的和越将导致分裂的问题。民主政治机构最解决西部领土的权利问题吗？这个问题在19世纪50年代成为美国的重大政治问题。

大事年表

跨过密西西比河

美国人从大西洋沿岸扩张到几百英里外的阿巴拉契亚山脉以西，用了差不多150年的时间。接着又花了50年的时间推进到密西西比河沿岸。从19世纪40年代，大批开拓者又跨过密西西比河向西挺进，掀起西进的浪潮。短短十几年的时间，已经推进到了落基山和太平洋沿岸地区。西部拓展活动给19世纪的美国生活方式注上了传奇的色彩，但拓荒生活并不像田园诗那么富于浪漫气息。它是一场血淋淋残酷的艰苦的奋斗。

每当春天来临，移民就开始为向西部的长途跋涉做准备。著名的旅程叫俄勒冈小道，起点在密苏里州的堪萨斯城，一直向西穿过大平原并翻越落基山脉南道，从这里再向北进入俄勒冈或向南抵达加利福尼亚北部海湾。全长3000多千米，乘牛马车需要半年左右的时间。它是美国最长的陆路通道，但也是兴建铁路之前通往太平洋沿岸最近的一条道路。

通往西部的路途上充满观辛，后半段路程要山区和沙漠地形更是格外艰苦。每个人都要经受旅途跋涉，对人的意志力更是一场严峻的考验。除了旅途的漫长难熬，陡峭的山峰、崎岖的山路、大片的荒野，以及水流湍急的河流——这是山内线之前横于上方的白人移民在这迁徙的过程中必须经历的障碍。

移民们通常只能携带种子、农具、枪支、口粮和牲畜等重要的生活必需品。一路上男人们的工作主要是起马车、喂牲畜、驾牛、打猎和放牧；女人则一手家庭事务也不轻松，在天亮以前就要早起床，打猎和放牧牛马最猛烈，生火、煮饭、扶牛奶、洗涤，还要照顾孩子，移民们带的食物并不能保持持到的终点。因此，捕猎、野菜和果实就是拓荒者的家常便饭。此外，各种事故、疾病和突发灾难的突袭，是移民们所面临的问题。疾病带来过于劳累过度、饮用脏水、较恶的环境不良、暴起的寒伤病死，伤害、病死和离鼓饱垮病身夺去了许多移民的生命。

当拓荒者成功地到达西部的预定目的后，通往西部的行程，由于诸多因的，服务人员不能康复，移民们还重遭遇野外的出击、草原上的野火和洪水泛滥、暴风雨

常识介绍

西部民居

统一棚车在定居这条道上为西部的白人移民，由18世纪上半叶，去北部西部，直18世纪上半叶，直到现在，把地这个一个方向所开入到一个新的阿巴拉契亚山脉向西移民了一个新的阿巴拉契亚山脉向西移民那方

历史故事

右上角：

1837年
济俄银行年26个州加入联邦。

1838年
8月，杂尔聚·威平克斯顿斯特领群落人在自卫美联反美国联军进攻。退让德退攻客。

1840年
威廉·哈芬生来历任总统。

现代移运兴起。

开疆拓土 95

片传真

西进运动

从独立到19世纪60年代初，美国大批出西部过四次浪潮向西部的移民大浪潮。第三次的移民浪潮都是翻越阿巴拉契亚山脉，向俄亥俄河和密西西比河的新边疆前进；第四次始于19世纪30年代，一直到19世纪60年代初期向西北。此次西进使跨越密越过密西比河边境到太平洋西岸。

移民的最大动机是经济需要。进入19世纪，美国的人口不断增加。1800—1820年，美国人口从530万增加到960万人。移民有自然增长，也有大批移民。欧洲的发展吸引了一部分人口，但大多数美国人仍然是自耕农。此时东部的农田占地已基本上分割完毕，有愈往地经历遗民，南方有种棉园制和从北奴隶人劳动力，后东者基本不走海船心。与此同时，西部年身越太越的人具有吸引力。1812年，战争基本上消除了海外扩张的传统障碍——印第安人的抵抗。战后，联邦政府继续推行在西部越这批新的土地成后在奴隶区一起，移民加入到了西进的行列中。

移民的常常就是帮助排在住西部。大多数是以家庭为单位的，也有单身的人与寻求庇佑的行动。这些移民中的同体表到目的地的后所依靠一起，形成新的社会团体，内经的将分及地就使用单之间相连到互助协制，集各的在既遭及后会、平整土地、收割庄稼，移民群体在小型家庭单位的基础上连期建立起繁荣的农场经济。

识链接

(中上) 知识链接

穿越大平原

(图)

本书讲述从殖民开拓至冷战结束的美国历史进程，按时序分为十个篇章。设置以下栏目：

篇章概述：介绍各个历史时期的发展概述；

历史故事：选取细节，以人物或事件为中心进行描述，注重可读性和趣味性；

大事年表：以编年的方式，展示历史演进线索，从中可以找到历史故事所处的位置；

知识链接：以名词形式阐释与历史故事相关的背景知识；

常识介绍：介绍一些必要的典章制度、人物史实等。

图片传真：展示讲述内容的相关历史场景等。

前　言

　　"今日美国之发展,以其经济繁荣、其政治过程、其生活方式、其国际地位,在当今世界上制造了一个大大的疑惑。"——美国究竟是一个怎样的国家? 它何以能凭借唯一超级大国的姿态傲视天下,而且迄今仍像一个威力无比的巨大磁场,吸引着来自世界各国的优秀人才?

　　要认识一个国家,最好的途径是了解它的历史,从历史中探寻其发展轨迹。美国的历史不长,仅仅四百年,但在人类历史的长卷中却拥有着极其重要而独特的地位。在一本书的有限篇幅内,让读者清晰地触摸到美国历史发展的脉搏,获得对美国历史全景式的把握,从而能读懂美国这个多元开放且魅力十足的国家,这是写作本书的初衷,也是目的。

　　1. 以十个大的历史时期为纵向线索,全面反映从殖民开拓到冷战结束的美国历史全貌。通过主题概述介绍各个历史时期的发展概况,以使读者对其特点有一宏观认识。

　　2. 主体内容以"历史故事"为核心,用故事的形式讲述重大事件中的细节或人物;辅以"知识链接",以名词形式阐释与历史故事相关的背景知识;再以"常识介绍"作为补充,介绍一些必要的历史小常识,如典章制度、人物史实等。三者各自独立,又有机连成一体,在知识信息的传达上层层递进,形成点、线、面相结合的立体性特点。

　　3. "大事年表",以编年的方式,简要展示历史演进线索,从中可以找到历史故事所处的位置。书中还配有大量历史图片,生动展示讲述内容的相关场景,帮助读者感受真实的历史气息。

　　历史可以不枯燥。本书的写作,以史料为基础,但并非简单地堆砌史料,而是在整体视野上以美国历史中的重要事件为主线,用生动的语言、独特的视角,通过一个个真实而富代表性的历史故事清晰地勾勒出这个国家一路走来的历史。从中，读者可以读到一个连贯的历史发展脉络。书中讲述的历史事件和人物，均以史学界公认的比较可靠的资料、观点为依据，力争做到学术性和普及性相结合、科学性与趣味性相统一。

本书适于想要了解美国历史的一般读者阅读，也可以作为青少年学生学习历史的辅助读物。

目　录

殖民开拓

　　航海家哥伦布开辟大西洋两岸之间的航道后，欧洲各国相继将目光转向美洲，开始了对新大陆的探险和殖民活动。在最初的近百年时间里，欧洲人的注意力主要集中在中南美洲和加勒比海诸岛，西班牙人和葡萄牙人在那里获取了大量财富，令欧洲其他国家羡慕不已。自1585年以后，一批接一批的英国人远涉重洋，移居北美，在陌生而危险的环境中开始新的生活。

　　移民们相继在大西洋沿岸地区建立了13块英属殖民地。各殖民地在自然条件和经济活动方面存在差异，促成了地域性的经济分工：新英格兰以清教、中小土地占有制、混合型经济为特色；大西洋沿岸中部以生产谷物闻名，是一个族裔和宗教多样化的地区；切萨皮克地区遍布使用奴隶和契约奴的烟草种植园；下南部地区则建立在奴隶制和稻谷、蓝靛种植的基础上。这些存在着社会差异和利益分歧的殖民地，由于经济的互补性形成了广泛的市场联系，日益改善的交通和通讯也密切了彼此的交流。

　　随着人口的持续增长、地域不断扩大、经济实力迅速增强以及政治自治能力日益提高，这些殖民地由英国的海外拓殖地，逐渐演化为具有自足性、自主性和独立性的社会。欧洲裔和非洲裔的移民与土著的印第安人形成频繁的交往和互动，文化的多元性初露端倪。

驶向新大陆

　　1492年,意大利航海家哥伦布首航美洲,开辟了大西洋两岸之间的第一条航道。自此,新旧大陆之间不知经历了多少个世纪的闭塞被打破,西欧各国开始对新大陆进行探险和殖民活动。一艘艘大帆船义无反顾地驶离欧洲海岸,横渡大西洋,驶向遥远而陌生的新大陆。

哥伦布偶然发现新大陆

今天的美洲大陆是以探险家阿美利哥·韦斯普奇的名字命名的，但它的发现者实际是意大利航海家克里斯托弗·哥伦布，美国人把每年十月的第二个星期一命名为"哥伦布日"，就是为纪念哥伦布发现美洲的。

克里斯托弗·哥伦布是一个传奇式的人物，1451 年出生于意大利的热那亚，父亲是一个普通的纺织工人。哥伦布从小就表现出对大海的浓厚兴趣，由于没有受过正规教育，他便自学了地理航海知识，长大后在葡萄牙军队中服役，获得了一些航海经历，逐渐成长为一名经验丰富、技术娴熟的水手。他还学习了拉丁文，并阅读了马可·波罗关于富饶的亚洲的描述。

15 世纪晚期，当葡萄牙人沿着非洲海岸向印度探航时，哥伦布制定了自己的海上探险计划。他计划从西欧出发穿越大西洋一直向西航行，目的地是东方的中国、日本和印度。哥伦布有着非凡的勇气，他相信地球是圆的，所以大胆设想可以从任何一点出发，即便反方向行进，最后也会回到原地。但哥伦布错误地估计了地球的大小和陆地、海洋的距离，以为从西欧经过大西洋到日本的距离不足 5000 千米，他当时根本没有想到，在欧洲和亚洲之间会有陆地存在。

哥伦布的计划在葡萄牙得不到支持，葡萄牙人已经掌握了绕过非洲南端到达亚洲的航线，于是他转向西班牙。西班牙人也想去亚洲寻找财富，需要在大海上开辟出自己的航线，哥伦布的航海计划引起了西班牙女王伊莎贝拉的兴趣，她授予哥伦布"海洋舰队司令"的头衔，并提供人力物力，资助他对这片未知海域的远航探险，还承诺将所获利润的 10% 分给他。

1492 年 8 月 3 日，哥伦布率领 90 名水手

1492 年
克里斯托弗·哥伦布首航美洲。

1494 年
葡萄牙和西班牙订立瓜分世界的《托尔德西拉斯条约》。

托尔德西拉斯条约

1494 年 6 月在教皇亚历山大六世的仲裁下，西班牙和葡萄牙两国在西班牙卡斯蒂利亚的托尔德西拉

哥伦布像

和"圣玛丽亚"号等 3 艘帆船组成的小舰队，从大西洋起航西行，驶往哥伦布心目中的亚洲。航行很顺利，但一天天、一周周地过去，所见到的只是一望无际的大洋，连陆地的影子都看不到。水手们越来越不安。为了安慰大家，哥伦布向他们谎报了航行的距离。10 月 7 日，看到飞鸟了，但仍不见陆地，哥伦布自己也发愁了。因为按照他的计算，已经应该到达日本了。10 月 9 日，他向众人表示如果在三天内仍看不到陆地就返航。三天过去了，就在大家几乎绝望的时刻，12 日凌晨，瞭望员在清冷的月光下望见远远的水天相接处有一个黑点，黑点越来越大，原来是一个海岛。瞭望员立刻大声叫了起来，"陆地！陆地！"，那正是今天巴哈马群岛的一个岛屿——哥伦布将其命名为圣萨尔瓦多（西班牙语意为"救世主"）。

对于人类历史来说，这是一个重大的时刻，因为发现了美洲新大陆，从而也就突破了新旧大陆之间不知经历了多少个世纪的闭塞。船只靠岸后，哥伦布和他的船员们上了岸。当他们发现一群皮肤茶褐色、全身赤裸、说着古怪语言的土著人，他便称他们为印第安人，因为他坚信他们属于太平洋东印度群岛。接着，哥伦布又继续航行，到达了古巴和海地，然后返航回西班牙。这是他的第一次航行，发现了美洲大陆。但实际上他是"偶然抵达"的，哥伦布所估算的航程比实际距离少了几千英里，因此，所带的给养远不够到达亚洲。如果不是在航行距目标还有四分之三路程的时候，遇到一片在地图上从来没有标记的新大陆，他早已葬身于广袤无垠的大海了。哥伦布至死都不知道自己所发现的新大陆在地球的何处，自己的这一发现在人类历史上具有何等重要的意义。

当哥伦布首航返回西班牙时，曾受到英雄凯旋般的欢迎。在此后的 12 年中，哥伦布又三次横渡大西洋，他在加勒比海地区发现了更多岛屿，同时还考察了南美洲的北岸，但始终没找到中国和印度的影子。哥伦布逐渐失去了西班牙国王的信任，最终郁郁去世。后来，欧洲人才逐渐意识到，在欧亚之间还存在着一大片陆地。1499 年，另一位来自意大利的探险家、佛罗伦萨商人阿美利哥·韦斯普奇在南美洲海岸登陆，并向外界报告称这里广袤无边，一定是一块新的大陆。此后，欧洲的地图绘制者便以"阿美利哥"的名字来标记这块新的大陆。

地理大发现

继哥伦布发现美洲之后，1497 年 7 月 8 日，达·伽马从葡萄牙出发经过 10 个月的航行，绕过非洲南端好望角到达印度，并于 1499 年 9 月顺利返回，从而开辟了东西方之间最短的海上航路；1519 年 9 月 20 日，斐迪南·麦哲伦率领一支由 5 艘船组成的船队从西班牙出发，开始环球远征。经过大西洋、穿过美洲南端的海峡（麦哲伦海峡）进入太平洋，1521 年 3 月到达菲律宾，麦哲伦死于当地人的冲突中。其余船员驶抵香料岛（马鲁古群岛）经南印度洋绕过好望角沿非洲西海岸，最终于 1522 年 9 月 6 日返回西班牙。这是人类历史上的第一次环球航行，历时 3 年。

自此，世界上原来互相隔绝的地区沟通起来，世界市场扩大了。美洲农产品传播到世界，增加了人类的食物供应，也因此促进了人口的增长。人类的眼界和视野开阔了。地理知识不再囿于一个地区或一个大陆，整个地球的外形日益清楚，接近真实的世界地图也制成了。

自此，西欧人走向海外，开始殖民征服。西班牙、葡萄牙和法国等在非洲和美洲的殖民扩张声势日盛，而偏处欧洲大陆以外的英国，对欧洲事务没有太多的发言权，在美洲仅组织了几次没有结果的探查，此后就长期无所作为。但是，就在英国内部，已经开始发生若干重要的变化。在此后的几个世纪，英国的影响将远远超出其版图的限制。

罗厄诺克岛的灾难

罗厄诺克岛位于北卡罗来纳海岸附近,面积不足 50 平方千米,它是 16 世纪末期英国冒险家开始尝试在美洲拓殖时,最早建立的一个定居点。

罗厄诺克岛的发现者是一个叫沃尔特·雷利的探险家,他对海外殖民充满热情。1584 年,他带着女王所签发的一份建立殖民地的特许状前往北美探险,7 月,雷利的小型船队经由西印度群岛,抵达今北卡罗来纳海岸附近,在那里发现了罗厄诺克岛。岛上树木茂密,土壤肥沃,当地居民也很友善。雷利又探查了附近区域。9 月,船队满载着价值不菲的兽皮和珍珠回到了英国,女王加封雷利为爵士。雷利则将他所发现的地区命名为"弗吉尼亚",取"处女地"之意,以取悦终身未婚的伊丽莎白女王。

1587 年,雷利任命约翰·怀特为队长,率领一支由家庭移民组成的远征队前往罗厄诺克岛定居拓殖。这批移民总共 110 人,包括 17 名妇女(其中两人已怀孕)和 9 名儿童。当年 7 月,移民们抵达罗厄诺克岛不久,队长怀特的女儿埃莉诺就产下一名女婴,取名弗吉尼亚·戴尔,她是在新大陆出生的第一个英裔白人。停留了一个月后,怀特决定返回英国寻求补充给养和人员。他把自己的女儿和外孙女留在了岛上,约定几个月后回来。但由于当时英国正在同西班牙交战,怀特的返航日期被迫推迟,而且一推就是三年。

1590 年 8 月,当他率领补给船返回罗厄诺克岛时,岛上已是一片荒芜,移民们全部神秘地消失了。怀特先前曾与殖民者们商定,如果他们被迫离开罗厄诺克,就要留下雕刻的路标,以指示他们的目的地;如果遇到了麻烦,则应该在路标旁放上十字架。然而除了在附近的一棵树上发现刻有"croatoan(克罗艾顿)"的字样外,没有任何踪迹可寻,也没有十字架。怀特等人花了很长时间四处搜寻,没有任何结果。最终由于气候原因不得不离开,返回英国。

1595 年,雷利本人在结束圭亚那航程的归国途中曾取道弗吉尼亚,试图寻找;1602 年,雷利又专门派出一支搜寻队,但这两次努力都无功而返,没有一个欧洲人再见到那些移民。定居点究竟发生了什么

1534 年

英国进行宗教改革,确认英国国王为教会首脑。

1558—1603 年

英国女王伊丽莎白一世在位。

1585 年

沃尔特·雷利派人在罗厄诺克岛建立英国人定居地。

1588 年

英西海战,西班牙无敌舰队被英国海军打败。

1590 年

沃尔特·雷利派遣的补给船队发现罗厄诺克岛的移民全部失踪。

皇家特许状

这是一种由英国君主签发的正式文书,专门用于授予某人或某公司实施一定行为的权力,或享受不能通过其他方法获准的特权。特许状中规定了某人或某公司享有的权利或特

事情,那些殖民者又是去了哪里呢?也许是敌对的印第安人毁掉了那个定居点,也许是被从佛罗里达来的死对头西班牙人所屠杀,也许是他们在乘船回归途中葬身大海,也许是他们渡海到大陆与印第安人杂居生活在了一起……

直到今日,仍无人发现有关他们命运的任何线索,也许永远也不会有人知道了。可能性最大的解释是,殖民者在从罗厄诺克到克罗艾顿的路上遭到了印第安人的袭击,男人被杀,女人和孩子则按照印第安人的惯例被并入印第安部落。果真如此的话,那么,最早一批弗吉尼亚人的血统,就融进了那些他们原本打算征服的印第安人的血脉。

罗厄诺克的灾难,标志着英国早期在美洲建立殖民地尝试的失败,这在相当长一段时间内挫伤了英国人殖民新大陆的热情。直到近30年后,英国的第一块长期殖民地才在新大陆建立起来。

权,必须履行的义务及行使这些权利和义务的地区范围。特许状还授予公司在其经营范围内享有独占权。

知识链接

英国的殖民构想

到16世纪中后期,英国朝野在美洲殖民的问题上形成了基本的共识,即以宗教传播、开展贸易和争夺霸权为目的在北美开拓和建立殖民地。究其原因,主要是英国宗教改革后,作为国教首脑的国王,迫切希望扩大国教影响,使之能在美洲也获得一席之地,以对抗西班牙等天主教国家势力在美洲的不断增强。

西班牙的冒险家和商人,从新大陆源源不断地运回大量财富,也使英国人羡妒交加,他们相信在西班牙和葡萄牙等国势力未及的北美地区,必定也蕴藏着十分丰富的各类金属矿藏。而且一旦白人移民在那里定居,同时印第安人又得到改造,就会为英国的制成品提供一个极大的消费市场。而葡萄酒、柑橘和橄榄油等产品也能够不再依赖于西班牙的进口。另外,从北美还有可能找到一条通往东方的海上通道,这样的通道可以说是一条致富之路,由此获得的财富,可以扩大皇家海军,增强国家实力,从而在和西班牙等国的竞争中占据优势。

从战略上说,英国人在美洲建立殖民地,使它在与西班牙等国竞争时具有难以替代的价值。一旦发生战争,英国可以从北美袭击西班牙在西印度群岛的殖民地,同时使英国的战船得到救援和补给。当然,人口外迁还可以缓解本土人口压力,给"无所事事的人"找到职业。

1603—1625 年
英国国王詹姆斯一世在位。

1606 年
詹姆斯一世向弗吉尼亚公司和普利茅斯公司颁发特许状。

切萨皮克湾

位于美国东海岸，是夹在大陆和一个半岛之间的一个巨大海湾，从极南点到极北点之间的直线距离为296千米。这里是早期南部殖民地的发祥地，海湾两岸河流密布，詹姆斯河、约克河等六条大河直注海湾，在当地部落的语言中，切萨皮克就是"众河之母"的意思。靠近海岸的潮汐带，土地平坦而肥沃，灌溉方便，适宜种植。

1607 年
弗吉尼亚公司建立詹姆斯敦。

1612 年
弗吉尼亚尝试种植新的烟草品种。

美国的摇篮——詹姆斯敦

詹姆斯敦是英国人在北美建立的第一个永久殖民点。2007年詹姆斯敦建立400周年之际，美国举行了盛大的庆祝活动，英国女王伊丽莎白二世亲临参加。美国总统小布什发表演讲称："詹姆斯敦的故事在美国历史上永远占有特殊的地位。这是一个关于从旧世界到新世界的伟大移民的故事，这是一个用决心战胜苦难的故事，这是一个在潮水边定居并为我们伟大的民主奠定基石的故事。"

400多年前（1607年）的春天，弗吉尼亚公司招募的105名殖民者分乘3艘帆船驶入切萨皮克湾，为躲避西班牙人，他们沿着向西北方向蜿蜒的波瓦坦河（后来被重新命名为詹姆斯河）前进，最终在距河口约60千米的地方发现一个半岛，这里被沼泽环绕，涨潮时和大陆分离，外可通航，内可防范印第安人，是一处较理想的定居地。移民们用新国王詹姆斯一世的名字把定居点命名为"詹姆斯敦"，詹姆斯敦成为英国人在北美建立的第一个永久殖民点。

但从登陆的第一天起，移民们就陷入了艰难的境地。他们没有找到原来期待的黄金，没有粮食，没有房屋，又缺乏丛林生存的经验，而且这些殖民者大部分是不懂耕作的城市人和不屑劳作的绅士探险家，加之詹姆斯敦地势低，附近可供种植的土地较少，还有潮湿闷热的夏季，疟疾的蔓延，到1608年年底，一半人死掉了，剩下的53名幸存者也已瘦弱不堪，这还有赖于一位年轻的船长——约翰·史密斯上尉的有效管理。他宣布"不劳者不得食"的原则，强行制定了严格的纪律，规定所有人都必须参加劳动。对胆敢反抗或发动暴乱者，史密斯都毫不留情地施以惩罚。这挽救了许多人的生命。

1609年7月，弗吉尼亚公司又招募了500名殖民者，集结了一支由9艘海船组成的"巨大舰队"驶往詹姆斯敦。途中，一艘船在百慕大的小岛上搁浅，几个月不能动身。最终抵达詹姆斯敦的大约有400人。但这年冬天，詹姆斯敦爆发饥荒，绝望的移民杀光了马、猫、狗，之后又不得不捕杀田鼠和老鼠充饥，还有人以靴子的皮革填充肚子。一名男子完全丧失理智，竟然杀死自己怀孕的妻子，用盐腌后把她吃了，最后该男子被处以绞刑。

第二年春天，搁浅在百慕大的移民终于抵达詹姆斯敦。他们发现依然活着的殖民者不足 60 人，所有的食物都吃完了，留下来好像已经没有意义。就在他们准备放弃这块殖民地，想沿河南下向海岸迁移时，一支载着 150 名新移民的救援舰队到达了，詹姆斯敦幸存下来。

接下来的日子，詹姆斯敦依然举步维艰。因为殖民地缺乏值钱的贸易商品，没有任何东西可以输出到英国，甚至连食物都不能自给。这种状况直到 1612 年，一个名叫约翰·罗尔夫的殖民者开始试验种植烟草，詹姆斯敦才最终找到其生存的出路。罗尔夫培育出了一种口味较淡的、深受欧洲人欢迎的弗吉尼亚烟草。到 1616 年，烟草已成为殖民地获利丰润的主要出口产品了。至此，英国人找到了在美洲扎根的经济理由，英国在北美的殖民事业逐渐走向成功。

弗吉尼亚的气候和土壤适合种植烟草，而且可供开发的土地很多，更多来自英国的移民开始涌进殖民地。烟草种植原本就需要大面积农田，而种烟草几年后，土地便会贫瘠，这导致对土地的更大需求。移民们便在更广大的地区不断建立种植园，逐渐远离詹姆斯敦的移民中心，移民点迅速沿詹姆斯河岸扩展开来，并开始向内陆发展，英国在北美的第一块永久殖民地——弗吉尼亚逐渐建立起来。

1614 年
弗吉尼亚生产的首批烟草运到英国。

1619 年
弗吉尼亚第一届议会在詹姆斯敦一座教堂召开。

1624 年
弗吉尼亚公司的特许状被吊销。

知识链接

弗吉尼亚公司

17 世纪初，继个人冒险家之后，民间商业公司开始涉足殖民冒险活动。这类公司在移民方面具有个人冒险家所无法比拟的两大优势：一是财力雄厚，利用分红吸引股民能筹集到大笔资金；二是具备良好的组织能力和管理机制。

1606 年 10 月，对切萨皮克湾和卡罗来纳地区颇感兴趣的商人团体——伦敦集团向英王申请到一份特许状，获准在北纬 34°—41° 之间的地区组织移民和开发。随后，伦敦弗吉尼亚公司成立，通称弗吉尼亚公司，其成员多为当地的大商人、律师和政府官员等显要人士。年底，公司即开始招募移民，采购给养，准备船队，并酝酿未来殖民地的管理机构。

1607 年 4 月底，公司组织的第一批移民经过近 5 个月的艰难航程到达切萨皮克湾，在詹姆斯河口建立了第一个定居点——詹姆斯敦。在近 20 年的时间里，弗吉尼亚公司在北美殖民地推行计口授地的制度，开始土地私有化；摸索出种植烟草的经验，彻底改变了切

詹姆斯敦定居点的移民在采摘烟叶

萨皮克地区的面貌；引进了黑人劳工，为黑人奴隶制的形成开了先河；在当地白人居民中实行代议制，为殖民地管理找到了一条现实可行的道路。

1624年5月，英王取消特许状，解散了弗吉尼亚公司。次年，英国政府接管了殖民地的控制权，弗吉尼亚变成王室殖民地。此后，殖民地获得了较快发展，人口不断增多，地域逐渐扩大，成为英国人在北美的第一块永久殖民地。

和平天使波卡洪塔斯

迪士尼的动画电影《风中奇缘》讲述了一位印第安公主短暂而充满传奇色彩的一生，这位公主名叫波卡洪塔斯，是美国历史上的真实人物，她的故事在美国广为流传，家喻户晓。

波卡洪塔斯是印第安人波瓦坦部落首领的女儿，她的印第安名叫玛图阿塔，波卡洪塔斯其实是她的绰号，意思为"嬉戏的"、"顽皮的"。詹姆斯敦殖民点建立之初，年少的波卡洪塔斯就多次从部落送来食物，拯救了许多人的生命，殖民者都称她为"和平天使"。她还曾救过殖民领袖约翰·史密斯上尉的命，这个戏剧性的故事在詹姆斯敦殖民点广为流传。

当时，史密斯正带领一小队人马沿詹姆斯河逆流而上，向西北方向寻找通道，不料因擅自闯入了印第安人波瓦坦部落的领地，遭到当地印第安人的袭击。史密斯受伤被俘，其他人惨遭酷刑折磨，被开膛破肚。当史密斯被押送到波瓦坦的村落接受审问，并准备执行死刑时，波瓦坦首领年仅11岁的女儿波卡洪塔斯挺身而出，向父亲求情，挽救了约翰·史密斯的性命。最终，波瓦坦同意以火枪、斧子、珠子和饰品作为交换，饶恕史密斯的擅闯之罪。

1614年，殖民者与印第安人发生冲突。詹姆斯敦的殖民者绑架了波卡洪塔斯，想拿她与波瓦坦部落做交易，要波瓦坦部落交出英国战俘和他们的武器，但遭到拒绝。后来，波卡洪塔斯逐渐学会了英语，她主动提出加入殖民地，并接受洗礼皈依了基督教，改名为瑞贝卡。在与约翰·罗尔夫相遇后，两人逐渐产生爱慕之情。

约翰·罗尔夫在北美种植烟草试验的成功，为种植者带来了高额的回报，也让弗吉尼亚的殖民者拥有了更多的财力开展殖民活动，而烟草在之后的几个世纪成为英属殖民者的主要经济作物，罗尔夫也因此被载入了美国史册。不过，约翰·罗尔夫的一生是充满悲剧色彩的。早在1609年5月，

1572 年

波瓦坦联盟成立。

1614 年

波瓦坦的女儿波卡洪塔斯与约翰·罗尔夫结婚。

1622 年

印第安人袭击弗吉尼亚白人定居点。

1625 年

弗吉尼亚成为北美第一个王室殖民地。

1644 年

波瓦坦反抗弗吉尼亚英国殖民地的最后起义。

英国装束的波卡洪塔斯

英属百慕大群岛

位于北大西洋西部，距美国南卡罗来纳州 917 千米。群岛由 7 个主岛及 150 余个小岛和礁群组成，呈鱼钩状分布。其中百慕大岛最大。以百慕大为顶点，西到美国佛罗里达州的迈阿密、南至波多黎各圣胡安的三角形海域——百慕大三角，是地球上最具传奇色彩的区域之一，传闻中曾有数以百计的飞机、航船在此神秘失踪。但科学界证明百慕大三角的神秘现象完全是一个谣言。

罗尔夫受弗吉尼亚公司派遣，带着已经怀孕的妻子与其他 159 名移民踏上驶向弗吉尼亚的航船。7 月，当船队到达西印度群岛时遭遇了飓风，搁浅在百慕大。就在此时，他的妻子生下一个女孩，但不幸的是，因为水土不服和缺乏医疗条件，他们的女儿在出生后不久就夭折了。他的妻子也在他们到达弗吉尼亚不久后去世了。

印第安少女波卡洪塔斯的出现让约翰·罗尔夫重新获得了爱情。1614 年，约翰·罗尔夫和波卡洪塔斯举行了人类历史上第一个盎格鲁—撒克逊人和印第安人结婚的仪式。他们的婚礼受到英国方面和当地印第安人的极大重视，因为二人的结合成为印第安人和白人之间联系的一条纽带，暂时缓和了移民和印第安人的紧张关系，使得移民与土著居民在较长一段时间里得以和平相处。殖民者在当地长久耕种和居住，为他们赢得了时间和机会去开拓更广阔的殖民地，为殖民地的发展做出了贡献。

1616 年，约翰·罗尔夫带着波卡洪塔斯和他们刚出生的儿子托马斯回到英国，年轻的印第安公主吸引了英国王室和整个伦敦好奇的目光，受到了英国王室的隆重礼遇和民众的极大关注。考虑到这个印第安女子是酋长的女儿，詹姆斯一世决定册封波瓦坦为弗吉尼亚国王，瑞贝卡于是成为名正言顺的公主。

然而好景不长，7 个月后，当一家人准备返回北美"故乡"时，波卡洪塔斯却因感染了肺病，不幸去世，年仅 20 岁。再次陷入丧妻悲痛之中的约翰·罗尔夫，把年幼的孩子留在英国由父母照顾，只身返回弗吉尼亚。1622 年，罗尔夫在殖民者与印第安人的一次激烈冲突中丧生。

知识链接

波瓦坦联盟

切萨皮克地区的印第安人组织比较松散，大约分属于 30 个土著部族，总人数近 2 万人，其中大多数人从事农耕，以种植玉米为主。他们为抵御内陆地区邻居的入侵，在首领波瓦坦的领导下结成了"波瓦坦联盟"。

英国殖民者到来后，波瓦坦人逐渐同殖民者开展利润丰厚的贸易，用玉米和兽皮交换斧头、火枪等武器。初期,印第安人与殖民者尽管偶有摩擦,但彼此之间还是谨慎互助的。可是,烟草种植成功后,利润丰厚的烟草贸易使殖民地的定居者对土地的欲望变得非常强烈。他们尤其觊觎印第安人已经开垦的土地。双方因此不时发生冲突。

1618 年,对白人比较克制的波瓦坦去世,他的弟弟奥佩堪卡努成为土著联盟新的首领。他打算用武力驱逐这些掠夺他们土地的英国人。1622 年 3 月的一个清晨,经过精心部署后,印第安人对白人定居点发动突然袭击。弗吉尼亚的 1200 名白人居民中,有 347 人被杀,许多村落和种植园被毁。剩余的白人进行残酷反击,暂时摆脱了威胁。

1644 年,奥佩堪卡努在时隔 22 年后再度发动攻击,这一次又杀死了 300 多名殖民者。但此时白人居民已达到 8000 多人,实力远在印第安人之上。年迈体衰的奥佩堪卡努被白人俘虏后处死,强大的波瓦坦联盟完全解体。至此,詹姆斯敦附近不再有任何部落可以威胁白人的生存。

但这场时断时续持续 20 多年的残酷厮杀,对印第安人和白人都是一场深重的灾难,许多村落沦为废墟,死伤人数在千人以上。印白之间的仇恨进一步加深。

"五月花"号的朝圣之旅

　　1620 年 11 月 11 日，在马萨诸塞海岸科德角抛锚的一艘大帆船上，41 名成年男性立誓签约："为了上帝的荣耀，为了增强基督教信仰，为了提高我们国王和国家的荣誉，我们漂洋过海，在弗吉尼亚北部开发第一块殖民地。……自愿结为一个公民自治团体。"这就是著名的《五月花号公约》。

　　"五月花"号是那艘大帆船的名字，它原本是一艘酒船，人们曾用它把一桶桶的葡萄酒从法国波尔多运到英国伦敦。但两个月前，它搭载了 104 名乘客从英国海岸的普利茅斯港启程，漂洋过海驶往遥远的美洲大陆。这 104 名移民全都是英国的清教徒，他们背井离乡为的是追求宗教自由，是想"在世界的偏远地带传播基督王国的福音"。在这个意义上，他们不是个人，而是一个宗教共同体。移民领袖威廉·布雷福德把他们称为"朝圣者"，但他们并不是普通意义上的朝圣者——去圣地兜上一圈儿，然后回到家里继续过日子。他们是在布雷福德的带领下举家同行，打算前往美洲大陆建立新的家园。所以更确切地说，他们是永远的朝圣者，这将是一次永久性的朝圣之旅。

　　当两个月的艰苦航程终于结束时，移民们却由于海上风浪险恶，错过了计划中的目的地弗吉尼亚。当时已是深秋，寒冷的冬季将要来临，移民们别无选择，只得在并未取得特许权的马萨诸塞海岸抛锚。为避免今后发生内讧和混乱，上岸前，移民们签署了《五月花号公约》。它是移民们以成文法的形式，为建立一

"五月花"号即将出发

个自由、法制、政教分离的社会而做的最初努力，此后，这种自愿结成社区的契约和协议形式在新大陆一再出现。

上岸后，移民们选定了一个适合居住的地点兴建房屋，并以出发时的英国港口普利茅斯为新定居点命名。这样，在詹姆斯敦建立13年后，又一个新的移民定居点——普利茅斯建立起来了。此时，远在切萨皮克湾的移民们处境正在好转，但这些新到来的清教徒移民孤立无援，遭遇了詹姆斯敦开始时同样的困难。"他们没有朋友欢迎，没有酒馆款待自己、抚慰经受风吹雨打的躯体，没有房子，更没有城镇可去，以求得援助。"在最初的两三个月里，就有一半的移民因寒冷和疾病而相继丧生。有时候，每天有两三个人死去。而在最悲惨的时期里，这些人中只有六七个是健康人。后来，幸亏得到万帕诺亚格印第安人相助，才得以脱离危险。

第二年春天，只有50人活了下来。可是信仰坚定的移民们没有在严酷的现实面前退却，当"五月花"号返航回国时，没有一个人随船而去。如他们自己所说："我们不像别的人那样，会因一点小事儿丧失勇气，或者稍不如意就返回家乡。"

移民领袖与万帕诺亚格人的首领马萨索伊订立了和平互助协议：印第安人不伤害移民，如果有人违反此约，交由移民处罚；如果印第安人拿走了移民的物件，部落负责送还，移民一方亦然；任何一方如遭第三方攻击，要彼此援助；马萨索伊将通告他的所有盟友，不得攻击移民；一方到对方访问时，不得携带武器。在印第安人帮助下，移民们学会了种植玉米和捕鱼、狩猎的技巧，度过了最初的艰难时期，生活逐渐好起来。

新英格兰地区的土壤没有切萨皮克肥沃，但这里却是更有益于人们身体健康的居住地。由于气温较低，冬季漫长而寒冷，不易滋生南部地区肆虐的传染性疾病，人口平均寿命要长得多。只是贸易和农业的不发达，使居民们始终处于贫困状态。所幸，清教移民们坚守着一个信念：上帝把他们作为真正基督教团体送到新大陆，他们安心作为一个整体按他们认为符合上帝意愿的方式生活。

随着时间推移，普利茅斯的居民逐渐增加，定居地缓慢扩展。到1640年，普利茅斯已形成了相对稳定的局面，而且成为北美洲唯一一

1625—1649年
英国国王查理一世在位。

1629年
英国移民在缅因和新罕布什尔建立殖民地。

感恩节
1621年秋天收获的季节，幸存下来的清教移民邀请友好的印第安人欢聚一堂，吃着丰盛的食物，载歌载舞，庆祝丰收，感恩上帝。由此开创了美国特有的一个传统节日——感恩节。20世纪，美国联邦政府把这个节日定在每年11月的最后一个星期四。

块拥有完整自治权的殖民地。但很可惜的是，普利茅斯后来并未兴盛下去，它的进一步发展遇到了很大困难：首先是与印第安人的关系开始恶化，摩擦和冲突时有发生；而最重要的是，殖民地一直未能取得英王颁发的特许状，所以也就只能是一块没有合法地位的小小定居地，人口最多时也只达到了7000人。1691年普利茅斯最终被并入马萨诸塞殖民地。

知识链接

清教徒

16世纪中期，英国进行宗教改革建立了国教，但并未根除天主教的教义和仪式。一部分人希望更彻底地清除天主教的痕迹，使国教更接近加尔文派，故得名"清教"。从信仰和组织上看，清教从来不是一个内部统一的教派，只有在和国教对立并遭受迫害的情况下，他们才是一个整体。

最初登上普利茅斯岩礁的殖民先驱们，都是些分离主义者。他们认为，在英格兰教会的背后，是在劫难逃的、不可救药的腐朽堕落，他们想要逃离这种命运。他们认为唯一的出路是切断同英国圣公会的所有关系，建立他们自己的有同样信仰的宗教团体。于是，他们带着隐士的精神来到美洲，离开一个邪恶的世界，到茫茫荒野中寻找自我拯救，创立了普利茅斯殖民地。

创立马萨诸塞湾殖民地的清教徒属于非分离派，在英国人数众多。他们不希望把自己从英国国教中分离出去，而只是想革新不完善的英国圣公会。他们认为英国国教会是可救赎的，但是因为它的软弱，救赎行动只能发生在新英格兰。因此，新英格兰殖民地应该是一个起领航作用的教会和政府，它将创造一个理想的宗教共同体和世俗共同体，它的榜样又将反过来转变并拯救旧大陆。

山巅之城马萨诸塞

　　1630 年春季的一天，一支从英国出发的庞大船队浩浩荡荡地行进在大西洋上，在其中的"阿尔贝拉"号船上，鼓舞人心的讲道正在进行，讲道者正是这次大规模移民行动的领袖——约翰·温斯罗普。他宣称上帝与人类缔结契约，要求建立一个神圣团体，而清教徒向美洲新世界的移民行动就是这个契约的一部分。清教徒的使命就是，根据上帝的旨意一定要使人类在海湾殖民地生存下去。他告诉他的教友们："我们必须知道我们将建立一座山巅之城，所有人的目光都注视着我们。"

　　这篇布道演说以"基督仁慈的典范"为名载入史册。布道者温斯罗普此前是一位杰出的律师。他出身富裕，是一位乡绅的儿子，受过高等教育，毕业于剑桥大学。作为一位虔诚的清教徒，他对英国当时普遍的腐败现象深感痛心。他在海外定居地的计划中看到了神的启示。为此，他卖掉了自己的庄园，并把自己的全部资产投入到了这场冒险中。

　　1630 年的复活节当天，温斯罗普率领 1000 多名清教徒组成的舰队扬帆起航，向马萨诸塞进发。这是英国人迄今为止规模最大、装备最好的一次海外殖民。温斯罗普把自己和同伴们正在参与的这次航行看作《圣经》里的一段情节——逃离埃及，去向那"应许之地"。为了记录这段经历，他开始坚持写日记，就好像摩西写《出埃及记》一样。他决心将马萨诸塞湾殖民地建成清教信仰者的避难所，并期待它成为北美"荒原上的天堂"。

　　6 月，这支庞大的船队抵达查尔斯河口的波士顿港。这里就成为殖民地首府。马萨诸塞殖民地像其他新殖民地一样也经历了初期的艰难。第一个冬天寒冷无比，三分之一的人被冻死。但第二年春天，这里又迎来了 1300 名新的定居者，之后又有数以千计的移民者接踵而至。起初，所有移民都定居在靠近波士顿的城镇，随着移民的大量涌

1629 年
马萨诸塞海湾公司获得单独的特许状，改组了新英格兰公司。

1630 年
清教徒在波士顿建立马萨诸塞殖民地。

1633 年
英国首批移民抵达马里兰。

1634 年
马萨诸塞民选代表首次出席大议会。

1636 年
罗杰·威廉斯在罗得岛建立殖民地。

温斯罗普像

入，定居地从波士顿向内地呈扇形展开，很快派生出了若干块新的殖民地。

马萨诸塞殖民地的发展和繁荣，远比詹姆斯敦和普利茅斯迅速。首先是因为来这里的移民人数众多，而且这些移民原来大多比较富裕，他们从旧大陆带来了必需的工具和商品，用这些东西从老殖民者和印第安人那里换取耕牛、玉米和其他农产品。另外，移民中大量的家庭群体也使人口自身繁殖更加迅速，更重要的是，家庭有助于社区的责任感和殖民者之间稳定秩序的形成，这与早年的詹姆斯敦形成鲜明对比。

当然，强有力的宗教和政治统治为社会稳定机制提供了保障。温斯罗普作为第一任总督，在马萨诸塞殖民地建立过程中发挥了重要的作用。总督、总督助手和自由公民共同组建立法议会，行使制定法律、征收税款、受理案件、发动战争、维护和平的权力。后来，自由公民不再举行全体会议，而是每个村镇选举代表组成议会下院，总督的助手构成议会上院。通过把公司的特许状变成公民宪法，马萨诸塞殖民地的清教徒们完全掌握了自己的未来，实现了他们按自己的意愿来改造社会、教会和国家的梦想，也为整个北美文化和政治的发展增添了重要的元素。

1691年，马萨诸塞殖民地合并普利茅斯后，迅速发展成为英国在北美最大、最成功的永久性殖民地之一，它也是现代新英格兰地区的雏形。

哈佛大学

创立于1636年，位于波士顿。初名"新学院"或"新市民学院"。1638年，牧师约翰·哈佛临终时把自己一半的财产和全部400本图书尽数捐赠给剑桥学院，这对一所建校只有两年、第一届只有9位学生的学校而言不是一笔小数目。为纪念这位最早的捐赠者，改名哈佛学院。由于哈佛先生没有留下任何影像资料，后人为他修建雕塑时，只能在当时哈佛大学的男生中找一位做模特。所以，今天哈佛大学校园内的哈佛坐像并不是他本人。

知识链接

新英格兰

1614年，约翰·史密斯上尉对切萨皮克湾以北、圣劳伦斯河以南的地区进行了考察，也许他发现这个地区的外形和英格兰相似，于是将它命名为"新英格兰"。

尽管新英格兰的土壤没有北部切萨皮克地区肥沃，但它却是一块更适于人们定居生活的地方。由于气候较冷，这里不易滋生那些在南部地区肆虐的传染性疾病，人口的平均寿命要长得多。而且，与南部英国殖民地所面对的印第安人不同，这里的土著人因疾病侵袭所剩无几，幸存者对新英格兰新移民并不构成强大威胁，他们在早期殖民者适应新环境时期还曾提供关键性的协助，有些土著人甚至改信基督教，被称为"祈祷的印第安人"。

新英格兰的各殖民地主要是由中产阶级的家庭组成，他们自己能够支付得起跨洋的费用。所以，在这里几乎没有契约奴，也没有大种植园主。大多数男性移民都是小农场主、商人、海员及渔民。从宗教上来说，定居新英格兰的早期移民都是虔诚的清教徒，其中大多数并不想彻底脱离英国国教。但他们比弗吉尼亚和马里兰的英国圣公会教徒有更加严格的教义。他们坚信自己拥有神圣的使命，来这里是为了建立一个笃信上帝的模范社会。他们希望，这样的一处圣地能为邪恶的英国点亮一盏正义的灯塔，为其指明航向。这里陆续建成的殖民地有普利茅斯、马萨诸塞、康涅狄格、罗得岛、新罕布什尔、缅因等。

威廉·佩恩的神圣实验

在英国早期的北美殖民地当中,宾夕法尼亚作为一个"神圣实验"的结果,有着既不同于新英格兰也有别于南方殖民地的特点。它的建立源于一位英格兰贵族——威廉·佩恩的梦想。

威廉·佩恩(1644—1718),是一位律师,从小接受过良好教育。其父是英国海军上将和爱尔兰大地产主,曾帮助斯图亚特王朝复辟,与王室关系密切。佩恩在牛津大学就读时加入贵格会,此后就以传播贵格教的福音为己任。1670 年代,佩恩已成为英国贵格教的主要领导人之一。英国社会的宗教不宽容,他希望能为贵格会教友寻找一个避难所,为理想的社会秩序找到一处实验场。

1681 年,英王查理二世接受佩恩的请求,将北美东海岸最后一块尚未分配的土地赠予佩恩,据说是为了偿还佩恩的父亲曾借给斯图亚特王朝的一笔巨款。国王将这片土地命名为宾夕法尼亚,意为"佩恩之林",以纪念佩恩的父亲。这块地方处于纽约和马里兰之间,大小几乎相当于整个英格兰。这使佩恩得到一个进行社会实验的极好机会。他决心要为贵格会教友们以及欧洲各地受迫害的教派创造一块"宽容的殖民地"。佩恩像之前的清教徒一样,也存在乌托邦幻想,但又与清教徒不一样,佩恩想建造另一种社会模式,希望缔造一个兄弟般关爱的群体,让各种不同背景和不同信仰的人们能和谐地生活在一起——这在宗教不宽容时代是个大胆设想。

为了这一"神圣实验",佩恩设计了一份题名为《政府框架》的文件,他希望,在殖民地建立的政府,既能让个人享有充分的权利和自由,又能保证整个社会的福祉。他帮助创立了包括议会在内的自由政府框架,还在斯库尔基尔和特拉华河交汇处亲自监督建造了一座新城,并将其命名为费城,意为"兄弟之爱",殖民地就以此为中心向周边地区辐射。由于对殖民地的成熟设计,佩恩宽松的土地管理政策,特别是对那些持不同政见的宗教群体极富吸引力,移民从欧洲各地涌向这块殖民地。到 1770 年时,宾夕法尼亚的人口已经达到 2.1 万,其中大部分是来自英国、荷兰以及德国的贵格教徒,以及路德派、浸礼派、圣公会、长老会等新教派别的教徒,但也有一些人属于天主教徒。

总之，从一开始，宾夕法尼亚就是沿着多元化的路线而发展的。

宾夕法尼亚首府费城街景

佩恩梦想建设一个和平王国，并且寻求同当地印第安人建立友好关系。在他的有生之年，殖民地没有和印第安人发生任何重大冲突。然而在殖民地内部，佩恩所期待的社会和谐，始终是一个梦想。各宗教派别孤立隔开，彼此互不相助，甚至发生宗教和利益的冲突，这让佩恩灰心丧气。费城的生活更加喧闹而不虔诚：酒馆和妓院大量涌现；无休止的争吵成了当地政治的特点；贵格会教徒控制着政府，但争权夺利没完没了。佩恩认为，这些"粗野的……卑劣的吵闹"是对殖民地形象的"侮辱"，而他的和睦相处的呼吁一再被忽视。

和平、繁荣、多元主义以及宗教自由，是佩恩乌托邦理想的标志。然而，到他老年时，他却认为"神圣实验"是个失败。他总结说，人类是难以在世上建起和平王国的。最终佩恩失去了对殖民地的控制。虽然宾夕法尼亚未能完全按照佩恩的理想变为一个宗教乌托邦，但该殖民地在世俗意义上仍然是一个成功的典范。温和气候和肥沃土壤，使该地区从一开始就拥有众多的人口，呈现出一片繁荣景象，加之得天独厚的地理优势和经济的快速增长，在短短的数十年里便发展成为英属北美殖民地的心脏地带。而由于宾夕法尼亚的繁荣，费城也变成了英属北美殖民帝国的商业和文化中心。

虽然宾夕法尼亚较之其他任何英属美洲殖民地，拥有更肥沃的土壤和更丰富的矿藏，但殖民地从未给佩恩带来财富。事实上，为了殖民地的利益而负债，佩恩晚年曾一度破产入狱，1718 年死于贫困。

贵格会

又称教友会,起源于 17 世纪中叶的英格兰,是英国 17 世纪最激进的宗教派别之一。

贵格派和清教徒不同,他们拒绝相信命运前定和原罪,而是相信人人心中都有神,所有让神长存心间的人都能得到拯救。在当时的所有新教派别中,贵格派属于最无政府主义和最民主的一支。他们的信念和活动方式在英国不受欢迎,曾遭到英国国教徒的排挤和迫害。

贵格派没有拿薪水的职业牧师,拒绝以身份论尊卑。他们彼此称呼"你",这是当时外省英国社会向仆人和下层人说话时的用词。他们摒弃一切正式的圣礼和神职,宗教活动没有正规仪式,宗教会议上教会成员可以随便起立发言。他们拒绝赌咒宣誓,认为誓言与《圣经》背道而驰。他们追求信仰自由,反对宗教迫害,坚持认为任何人不论其信仰如何都享有完全的宗教自由。他们相信在上帝眼中人人平等,无论性别和阶层,所以支持性别平等,包括女性全职参与宗教事务;蔑视世俗权威,反对等级差别与贵族特权。当时的贵格会教徒还是奴隶制的反对者,他们认为,人类奴役自己的同类是极不道德的,因为上帝并没有因肤色而蔑视某些人。他们还崇尚友爱和平,反对战争,认为战争永远解决不了人类的问题。在生活中,贵格会成员则讲究勤劳简朴,谴责享乐偷闲;穿着朴素,行为严谨。

菲利普王之战

菲利普王战争,是新英格兰被驱赶的印第安人反抗英国入侵者的拼死一搏,也是 17 世纪白人和印第安人之间规模最大的一次冲突。战争的导火索是约翰·塞撒门被杀事件。塞撒门是一名皈依基督教的"祈祷印第安人",为白人做事。1675 年的一天,塞撒门突然被人杀害。普利茅斯法庭以谋杀罪审判并绞死了 3 名万帕诺亚格人,这引发了万帕诺亚格人的仇恨和报复。

印第安人与殖民地移民之间的关系并不是一开始就敌对的。到达普利茅斯的移民始祖们,是在印第安人的帮助下生存下来的。白人从土著人那里才知道玉米、大豆、南瓜和土豆这些赖以为生的粮食作物。他们还向印第安人学会了重要的农业耕作技巧,比如年度烧地肥田和种豆补充贫瘠的土地。土著人也是欧洲人主要的贸易伙伴,特别是涉及北美十分活跃的兽皮贸易。他们还构成欧洲一些工业品的重要消费市场,如金属制品、武器弹药、烈酒等。但随着移民人数的增加,以及移民向西部的进军,他们与土著印第安人之间的矛盾冲突变得频繁起来。

当然,这种冲突一开始就对印第安人十分不利。因为即便印第安人勇猛,也难以用斧子、砍刀等原始武器抵挡枪炮的攻击。充分意识到这一点的欧洲人,一旦与印第安人展开激战,就采取十分残忍卑劣的方法,对印第安人进行残酷的屠杀。例如 1637 年与佩科特族印第安人的冲突中,康涅狄格河谷地区的殖民者就是在夜间包围防范严密的佩科特村,然后纵火焚烧,当印第安人匆忙逃离其燃烧的房屋时,英国人便开枪向他们扫射,无论老人、妇

1633—1638 年

英国移民进入康涅狄格河谷地区。

康涅狄格河

美国东北部河流,源出新罕布什尔州北部康涅狄格湖,向南沿佛蒙特、新罕布什尔州界,经马萨诸塞州、康涅狄格州,注入长岛海峡。长 655 千米,流域面积 2.9 万平方千米。

佩科特人的要塞被攻破

女还是儿童。在不到一小时的时间里，除 7 人侥幸逃生外，其他 600 多名印第安人全部遇害。佩科特族就此灭亡。

菲利普王战争是殖民者与万帕诺亚格族印第安人之间的冲突。菲利普是万帕诺亚格人酋长梅塔科米特的基督教洗礼名，是改信基督教的父亲马萨索伊给他起的名字。万帕诺亚格人也并非一直与殖民者为敌，梅塔科米特的祖父曾经和英国人联盟。梅塔科米特的父亲马萨索伊曾帮助过在普利茅斯登陆的清教移民始祖，一直以来与欧洲人关系密切。梅塔科米特在 1661 年继承酋长之位（英国人称其为菲利普王）后，开始逐渐感觉到白人定居点扩展的威胁，双方关系急剧恶化。

塞撒门被杀事件发生后不久，万帕诺亚格人借殖民者星期天去教堂礼拜之机，发动了大胆的闪电式袭击。新英格兰南部许多印第安部落也参与到梅塔科米特的行动中。到 1676 年初，新英格兰地区大都陷入混乱之中。梅塔科米特的军队沿马萨诸塞—康涅狄格一线对白人城镇进行袭击，不到一年时间便逼近了波士顿。但是清教徒人数众多（大约为 5 万人），而参与袭击的印第安人不到 1.2 万，装备又落后，不可能消灭白人。

殖民者从 1676 年开始反攻，他们与万帕诺亚格人的宿敌莫霍克人联手，从当地"祈祷的印第安人"中雇佣向导、密探和士兵进攻印第安村庄，切断土著人食品供给。补给日渐耗尽且蒙受巨大人员伤亡的印第安人逐渐失去抵抗能力。当年 8 月，梅塔科米特遭到一队莫霍克人的伏击而身亡，他的头被砍下交给了波士顿的殖民政府。据说在整整 20 年间，梅塔科米特的头颅一直都被放在竹竿顶端，高悬在普利茅斯。

自此之后，印第安部落联盟逐渐崩溃。一些万帕诺亚格的领袖被处死，印第安城镇被彻底摧毁，整整一代年轻男子几乎被全部歼灭。其他幸存者，包括梅塔科米特的妻儿都被作为奴隶卖到西印度群岛，还有一些则逃亡西部。当地印第安人口锐减一半，逐渐沦为新大陆的少数民族。

印第安人

　　欧洲人到来之前，印第安人广泛分布在北美大陆的各个地区，他们在社会组织和生产方式等方面各有不同，分属不同的部落。所以，在当年的北美，并不存在被哥伦布误称为"印第安人"的那种人，存在的只是分属各个部落的北美土著居民。这些众多而分散的部落在文化上存在明显的多样性，内部差异甚大。由于各部落之间没有大范围通行的语言，相互的往来受到很大制约，虽然偶尔发生贸易联系，但总体上缺少相互交流，以致在北美地区印第安人中没有形成类似阿兹特克人或印加人那样强大而统一的主权实体。这对于英国的殖民方式和随后殖民地的发展，都具有重要影响。英国人不必像西班牙人那样以征服为殖民的先导，在殖民地建成后，也无须推行控制和压榨土著居民的一整套制度和措施。虽然白人和印第安人的冲突也很频繁和激烈，但英属殖民地走的是一条相对平和稳定的道路。

　　疾病是欧洲侵略者最强有力的武器。印第安人对于欧洲的天花、白喉、流感和霍乱等传染病毫无免疫力和抵抗力。即使像麻疹、腮腺炎等常见的儿童疾病都可能会给他们造成巨大的伤害。天花的一次降临便可能把一个印第安部落从地球上整个抹去。成千上万的印第安人死于传染性疾病，死亡率高达 90%。欧洲人到来后，美洲土著人口的数量以惊人的速度下降。

契约奴

　　在早期的大多数殖民地，白人契约奴是主要的劳动力，他们多半是一些横渡大西洋连船费也付不起的穷人，因为不少农庄主代付了他们的船费，作为交换条件，要求他们在农场进行一段时间的劳作，还有一些受本国政府放逐的

伊奎阿诺的故事

　　1619 年 8 月的一天，一艘荷兰船缓缓驶入切萨皮克湾，这艘船从早已进行奴隶贸易的西印度群岛运来约 20 名黑人，在詹姆斯敦卖给了当地的白人定居者。这是最早进入北美英属殖民地的黑人，也是北美白人奴役黑人的开始。

　　18 世纪开始，黑奴逐渐取代契约奴成为北美种植园的主要劳动力，他们中的大多数直接来自非洲。这些可怜的黑人是在家乡被奴隶贩子抓捕，又经过六七个月的海上航行到达新大陆，最后被辗转卖到了种植园从事艰苦的劳作。在 16—19 世纪之间，大约有 1500 万非洲人被捕捉并通过船只运送到距离家乡 8000 千米以外的西半球，欧拉乌达·伊奎阿诺就是他们中的一员。

　　伊奎阿诺，1745 年出生于西非强大的贝宁王国，是部落长老的儿子。若不是被卖做奴隶，他的人生轨迹会大不相同。但 11 岁时，他在家乡被另一个部落的袭击者绑架，并被卖给了英国的奴隶贩子。在经历长途跋涉被运往西非海岸的奴隶贸易要塞过程中，他几经贩奴者转手。期间，许多奴隶试图自杀，还有一些死于疲劳或饥饿。伊奎阿诺活了下来。

　　到达海岸后，欧洲的贩奴者通常都用一块烧热了的烙铁在他们购得的非洲奴隶身上烙上一块印记，用以表明是哪家公司采购的。然后被独木舟转运到停泊在固定港口的船只上。那些极度绝望的非洲人将永远离开他们的祖居地，踏上前途未卜的远洋旅途。有些人宁死也不愿离开故土，就从独木舟跳入海中溺水而亡。

　　穿过大西洋的航行，通常需要半年的时间。运送奴隶的船只条件相当恶劣，伊奎阿诺详细描述了当时的经历："船舱非常拥挤，几乎没有办法翻身。狭窄的空间、炎热的气候，再加上船上的人数，几乎连转个身的地方都没有，这差点使我们窒息。……锁链的摩擦更加重了这种悲惨，令人难以支撑下去。小孩子经常摔倒在那装秽物必备的桶里头，几乎要被憋死。女人们的尖叫、垂死的人在呻吟，制造出一种难以想象的恐怖气氛。……两个锁在一起的疲惫的同胞试图以一死结束痛苦的命运。不知通过何种方法，他们挣脱了束缚跳进海里。紧

接着，又一个绝望的伙伴，由于生病没有戴镣铐，也效仿了他们。要不是立即警觉起来的船员们加以阻止，更多人将做出同样的事情。"

漫长的旅途中，体力的消耗和心理上的折磨十分严重，以至于每7个奴隶中就会有1个死于途中。终于到达美洲了，伊奎阿诺先被运送到了西印度群岛。船逐渐靠岸，"虽然已经是黄昏时分，还是有很多商人和种植园主走上船来。他们把我们分成小组，仔细地检查我们。他们还让我们蹦跳。他们又指向大陆，示意我们将要前往那里。……我们很快上了岸以后，遇到不少非洲人，说着各种不同的语言"。伊奎阿诺说："我们被带到贸易市场，在那里，我们被关在一起，就像羊栏里的羊，不分性别和年龄……我们在商人的看管下没几天，就按照他们的规则被卖掉了。这个规则是这样的：信号一起（比如一通鼓声），买家就马上冲进关押奴隶的场地，选出他们最喜欢的货物……"

伊奎阿诺在弗吉尼亚被一个英格兰船长买下，在海上劳动。后来他又在费城替主人掌管经济，从中赚到足够的钱为自己赎身。在做了近10年的奴隶后，伊奎阿诺幸运地获得了自由。后来他定居英国，致力于废除奴隶制度。为了将奴隶们的境况公之于众，引起人们对缺乏人性的奴隶制的关注，他写下了两卷本的自传——《有趣的故事》，揭露了奴隶制的残忍。

在伊奎阿诺的自传出版近20年后，1808年，美国终于从法律上废除了奴隶贸易。但奴隶制的废除还要等到半个多世纪后。1862年的《解放黑人奴隶宣言》，宣布叛乱诸州全部奴隶从1863年1月1日起"永远获得自由"。1865年1月，美国国会通过第13条宪法修正案，宣布在全国范围内废除奴隶制。

犯人或负债者。在契约有效期内提供服务，一旦期满就成了自由民，很快就会有自己的土地，并行使投票权。

知识链接

黑奴贸易

西方殖民者在美洲的殖民和开发，使新大陆的种植园和矿山严重缺乏劳动力，于是就从非洲贩运劳动力去新大陆。殖民者很快发现，贩卖奴隶是一项非常有利可图的买卖，成本小，利润丰厚，于是从16世纪初期开始，欧洲国家竞相加入大规模贩奴活动。

奴隶贸易的范围集中在大西洋东西两岸。来自欧洲的贩奴船，先从欧洲装载枪支、布匹、

来自非洲的黑奴

甜酒和糖等廉价物品,航行到非洲,在那里换取奴隶。在非洲西海岸,从摩洛哥最南端直到刚果河口全长 3500 千米的地带是奴隶贸易最活跃的地区。在今加纳、多哥和贝宁的沿海地带以及尼日利亚西部海岸,因输出大量奴隶而被称为"奴隶海岸"。东海岸的莫桑比克和马达加斯加也是主要的奴隶贸易区。通常是通过商业垄断公司,从沿海深入腹地,在广大的范围内实行有计划有组织的捕猎,或通过部落首长发动猎奴战争,获取的奴隶被装船运往美洲大陆。使用奴隶最多的地区是加勒比海各岛屿、北美殖民地和葡属巴西,因为黑人的体质适合在炎热气候下从事繁重的体力劳动。奴隶贩子以高价把黑奴卖给那里的白人种植园主或矿山主,牟取 100—1000% 的暴利。然后换取当地的烟草、甘蔗和棉花等原料,最后运回欧洲,形成三角形的路线,史称"三角贸易"。

奴隶贸易是一项惨绝人寰的暴行,从猎奴、运奴到役使,整个过程都充满血腥。猎奴过程会造成大量伤亡,而运奴船就是地狱。在连续 6—10 个月的时间里,黑奴们挤在甲板下面。恶劣的饮食、令人窒息的狭小空间使很多人死于途中。死亡率通常是 30—50%,贩奴船后常有成群的鲨鱼尾随等着吞吃被抛下的黑人尸体。奴隶运到美洲后,经过在市场上像牲口一样公开拍卖,被送到种植园和矿场,沉重的牛马般的役使,使奴隶的平均寿命只有 7 年。

1890 年布鲁塞尔会议作出废除奴隶贸易决议,长达 4 个世纪罪恶的黑奴贸易才正式终止。

走向独立

　　17世纪初开始，北美荒野上陆续建立起来的十几个规模不大、各自独立的英属殖民地。经历100多年的演进，到18世纪中叶，不论在人口数量、经济规模，还是殖民文化的复杂性和多样性方面都得到了迅速的发展，形成结构复杂的现代社会。虽然北美人仍然坚信自己完全属于不列颠帝国的一部分，但事实上他们已生活在一个与英格兰完全不同的新世界。北美社会已经成熟到了独立和自足的程度，正是这种社会的独立性，构成了政治独立的渊源和基础。

　　1763年，英国及其北美殖民地共同抵抗法国及其印第安同盟的战争取得了重大胜利，极大地扩展了英帝国的疆土，也永远改变了帝国内部的关系。一方面，在英国人看来，扩大后的美洲殖民地需要更妥善的管理和控制。而战争带来的债务应该由受益最多的北美人帮助偿还。因而战争结束后的10多年间，英国千方百计加紧对殖民地的控制，加紧从殖民地获取资金。另一方面，在北美殖民者看来，强化帝国统治不仅是对他们战争中所做牺牲的背叛，而且是对他们长期培养的英国人只能自己统治自己这种观念的挑战。于是在整个18世纪60和70年代，殖民者采取多种公开和有效的方式进行抵抗，致使英国的很多政策和计划以失败告终，英属美洲殖民地和母国之间的关系逐渐恶化。矛盾的不可调和最终演化为美国人反抗英国统治的武装冲突，美国独立战争爆发。

美国宣告独立

1776 年 7 月 4 日，大陆会议发表《独立宣言》，郑重宣告："我们这些联合一致的殖民地从此是自由和独立的国家……作为独立自由的国家，我们完全有权宣战、媾和、结盟、通商和采取独立国家有权采取的一切行动。"这一天被定为美国的独立纪念日。

要自由不要印花

"要自由不要印花",这是在英国议会通过印花税法不久,殖民地民众喊出的响亮口号。在这一口号的激励之下,人们开展起各种反印花税的抗议和抵制活动。

英国政府的初衷是希望通过增加殖民地的税收来偿还七年战争中所欠的债务。七年战争的胜利,虽然确立起英国在北美无可争议的主导地位,但战争的巨大消耗使英国负债累累。七年时间,英国国债从 7500 万英镑猛增至 1.3 亿英镑,每年债款付息就高达 500 万英镑。为防止法国和西班牙卷土重来,还必须加强北美的防务,殖民地的 1 万驻军每年需支出 40 万英镑。而国内税收已经高达 20%,英格兰本土的大地主、大商人强烈反对再增加税收。他们认为羊毛应该出在羊身上,美洲人保护自己家园却由大不列颠人来买单是不可忍受的。

1763 年新上任的首相乔治·格伦维尔有着强烈的反美情绪,他把殖民地比作一个被宠坏的孩子,需要好好管教。他认为,殖民者"接受了母国的恩惠,才得以茁壮成长",而母亲向孩子要点钱,完全是情理中的事。这也是大多数英国人的看法,认为美洲殖民者受纵容过多过久,已经忘记自己对帝国的臣属地位,需要提醒他们遵守法律,承担保卫和管理殖民帝国的费用。

正是在这一背景下,英国议会于 1765 年 2 月通过了《印花税法》,规定殖民地的报纸、历书、广告、商业票据、印刷品、小册子、文凭、执照、租约、证书、遗嘱等大多数印刷品,都必须加贴面值半便士至 20 先令不等的印花税票,方可生效或发行。这意味着不管哪个地域、哪个阶层都要交税,商人和律师为运货表格和法律文件要买印花,酒店老板为了申请执照要买印花,印刷商——殖民社会观念信息转播最有影响力的群体——为了报纸和印刷品也要买印花,任何立遗嘱、借外债,以及买卖财产的人都要交税。它牵涉到殖民地生活的方方面面,影响了所有美洲人。

虽然在实际看来,印花本身并不贵,据估计仅合人均 1 先令,谈不上多大经济负担。但真正使殖民者反感的与其说是新税法产生的直接费用,不如说是它所开创的先例。从前,殖民者理解所有税收是

1754—1763 年
七年战争爆发。

1760—1820 年
英国国王乔治三世在位。

1763 年
欧洲交战国签订《巴黎和约》。

1764 年
英国议会通过《糖税法》,制定《货币条例》。

1765 年
英国议会通过《印花税法》,在北美引起抗议和抵制风潮。

1766 年
英国政府取消《印花税法》,同时发布《公告令》。

1767 年
纽约议会因抵制《驻军条例》而被解散。

惩治税务官

为了规范商务秩序，而不是为了赚钱。但印花税则不同，它是英国在没有征得殖民地议会同意的情况下，直接获取资金的一种手段，是为了增加王室收入。如果这项税法顺利通过，就意味着对将来可能更沉重的赋税敞开了大门。

1765年秋是殖民地反对新税法最激烈的时期。各殖民地居民建立起秘密组织——自由之子，在每一座殖民地城市里，人们烧毁印花税官的纸像，拆毁他们的办公室，袭击他们的住所，在大街上羞辱他们。所有税票是在英国印制，由专门的代销商在北美发送。激进分子便贴出告示："第一个分发或者使用印花税票的人，要小心他的房子、人身和财物。我们说到做到。"

自由之子

　　这是一个专门威慑王室征税官员的秘密组织。这个组织的成员不仅给税收官身上涂柏油粘羽毛以示羞辱，而且还毁掉印花税票，举行大规模示威游行。

11月1日是《印花税法》正式生效的日子，可是当这一天到来的时候，殖民地已找不到一张印花税票，更找不出一个人来代销印花税票。所有需要使用印花的活动都暂停，法院不开庭，船只不离港，报纸也不出版。直至1766年初，需要使用印花的各种活动才逐步恢复，但都没有贴印花。《印花税法》由于殖民地居民的强烈反对而在事实上流产。

1766年3月，在强大的反对声势压力下，英国议会进行了一场激烈的辩论，最后同意正式撤销《印花税法》。消息传到北美，殖民地人民欣喜若狂，燃放烟火、鸣钟庆祝。在纽约城，烤了两头全牛，兴高采烈的群众喝着啤酒和掺水的烈酒以示庆祝。同时，各殖民地掀起了一场对国王乔治三世表示效忠的热潮，纽约议会还表决要在伯特利为国王建造塑像。至此，《印花税法》引发的危机暂时结束。

知识链接

七年战争

　　七年战争在美洲殖民地被称为"法国人和印第安人之战"，是英国和法国在北美的殖民竞争导致的一场战争。法国的势力范围分布在加勒比海和北美大陆的北部，新法兰西从圣劳伦斯河谷直到哈得孙湾，与英属北美的北端为邻。英法两国在北美和平相处近一个世纪后，到 18 世纪 50 年代，随着两国殖民地不断扩张，宗教和商业上的

签署《巴黎和约》

矛盾开始制造出了新的摩擦和新的冲突。印第安人中有许多部落卷入欧洲各国的争斗，英法也采取各种手段争取土著盟友。

1754 年，战争首先在殖民地爆发，英国政府派遣的正规军和殖民地部队，在法国和印第安人的联盟军队打击下溃败。1756 年，战争演变成为欧洲的"七年战争"。英国和主要欧洲列强在太平洋、地中海、加勒比海和印度洋上都发生了冲突。1759 年开始，英军逐渐占据了优势。当年 9 月，英法军队在魁北克展开决战，英军取得决定性胜利。第二年，法军最后的要塞蒙特利尔被攻陷，法国总督投降并交出整个新法兰西。

1763 年签订的《巴黎和约》中，北美殖民地版图被重新规划：战败的法国将加拿大割让给英国；西班牙将东、西佛罗里达让与英国，从法国得到新奥尔良和密西西比河西侧的路易斯安那作为补偿。至此，英国获得了密西西比河以东、墨西哥湾以北的整个地域，确立起在北美无可争议的主导地位。而法国在北美的殖民体系彻底崩溃，英国的美洲殖民地再也不会面临法国和西班牙及其同盟国联合进攻的威胁了。

波士顿茶会风波

1773 年 12 月 16 日傍晚，几十名激进的波士顿人化装成印第安人（印第安人不受英国法律支配），登上停泊在港口的 3 艘货船，花了 3 个小时，将总共价值 9000 英镑的 342 箱茶叶倾倒入水中，使海港变成了一个"大茶壶"，为新英格兰海滨的鳕鱼开了一个盛大的茶会，这就是著名的"波士顿倾茶事件"。

这次茶会风波的起因是英国议会的一项有关销售茶叶的新法。1773 年 5 月，为挽救濒临破产的东印度公司，英国议会制定《茶叶法》，授权该公司不通过英国或北美的批发商，可直接将茶叶出口销售到北美殖民地，且无须缴纳正常关税。而北美殖民地商人进口茶叶则要依法缴纳关税，这使殖民地商人被置于严峻的竞争弱势。为进一步减低成本，东印度公司还在波士顿、纽约、费城等各主要港口设立自己的茶叶代销商，这样，公司的茶叶价格甚至比走私的荷兰茶叶还有竞争力。

虽然殖民地居民可以借此享用廉价的茶叶，但东印度公司这种谋求垄断殖民地茶叶市场的做法，引起了民众的普遍反感和强烈不满。纽约商人说："议会不能用征税来榨取东西，国王就采取垄断的办法来榨取。"作为回应，北美各地民众掀起抵制运动，拒绝参与或协助运输、销售东印度公司的茶叶。

与从前只有少数人参与的抵制活动不同，此次抵抗运动有大批群众参加。在费城和纽约，殖民者态度坚决，不许茶叶离开东印度公司的货船，致使运送茶叶的船只未能卸货就返回了英国；在查尔斯顿，东

茶叶被倒入大海

印度公司的茶叶虽然离船上岸，但被封存在公共仓库不能出售；在波士顿，未能阻止货船进港的人们采用了更富戏剧性效果的方式——把茶叶倾倒进大海，这便是本文开始发生的一幕。事后，约翰·亚当斯在日记中写道："销毁茶叶这一壮举是何等的英勇果敢，何等的坚毅不屈。它必将产生深远的影响；我敢断言，它将开创一个历史的新纪元。"随后发生的一系列事件证实了亚当斯的预言。

针对殖民地的反抗行动，英国政府认为必须给"反叛"的美洲人以教训，狂怒的英王乔治三世在给首相诺斯的信中说："殖民地若不臣服则必征服之。"于是，1774 年 3 月至 6 月，英国议会连续推出四项针对马萨诸塞的惩罚性法令，包括：宣布关闭波士顿港口，当地人民如不缴付茶叶税就属违法贸易；中止马萨诸塞的王室特许状，增强王室总督的权力，同时大大削减殖民地的自治权利；英国官员被指控犯有重罪时，可以在其他殖民地或在英国本土受审，从而为当地官员提供更大的保护；责令将殖民者货仓和空闲住房提供给英国驻军居住。这些法案通称"强制法案"，殖民地人民则称之为"不可容忍法案"。

"强制法案"不仅没有达到孤立马萨诸塞的目的，反而使它成为其他殖民地心目中的勇士，波士顿居民被看成是在为北美殖民地的共同事业而受难，北美各殖民地在共同的威胁面前更加紧密地联合起来了。各殖民地立法机构相继通过了一系列决议声援马萨诸塞，其中最重要的就是第一届大陆会议的召开。

1774 年 9 月 5 日，第一届大陆会议在费城举行。除佐治亚外，其他 12 个殖民地的代表和各种政治派别的重要人物都参加了。这是北美历史上第一次涉及如此之多的殖民地的联合会议。会议通过"萨福克决议"，号召进行经济上的联合抵制，并进行严格的军事训练，以保卫人民的生命、自由和财产。代表们还制订了全面的经济抵制计划，规定不得进口和消费英国货，如果议会一年之内不退让的话，还禁止殖民地的产品出口到英国。最后，代表们约定：1775 年 5 月 10 日在费城再度聚会，举行第二届大陆会议，"除非在那时之前如我们所愿，我们的处境得到改变"。

东印度公司

1600 年英国女王伊丽莎白一世授予皇家特许状而成立的一个股份公司，拥有在印度垄断贸易的特权。随着时间的变迁，东印度公司从一个商业贸易企业逐渐变成了印度的实际主宰者。在 1858 年被解除行政权力以前，它还获得了助理政府和军事作用。

汤森税法

　　1767年6月，英国议会在财政大臣查尔斯·汤森的建议下，通过了一项在殖民地征税的新法案，这个法案以建议者的名字命名为"汤森税法"。法案规定，在北美各港口对进口的外国货物一律征收关税，用于支付管理殖民地司法的费用、王家官员的薪俸和防卫开支。这些货物包括铅墨、油漆、玻璃、钢铁、纸张、茶叶、糖蜜、葡萄酒等各种商品。汤森认为，一旦殖民地人民习惯于支付这些商品的关税之后，征收货物的名单就可能被拉长。

　　但这一税法同样遭到了殖民地的强烈反对，殖民者联合抵制受汤森税法影响的所有英国货物，号召居民不用进口商品。殖民地对英国贸易的联合抵制，使英国对北美的出口锐减，严重损害了英国商人和制造厂家的利益，而执行《汤森税法》的所得，难以抵消这种损失。英国政府内部再次为北美政策发生争议，最终，内阁经过辩论以一票多数决定废除茶叶税以外的所有《汤森税法》。虽然对保留茶税不满，但大多数殖民地人民还是愿意停止联合抵制活动，恢复正常的贸易关系。实际上，茶叶税后来也通过继续走私荷兰的茶叶而避免了。

　　英国这次保留了茶叶税，是作为议会有征税和立法权的象征性的提示，表明在任何情况下英国对北美人都有这些权力。但英国人没想到的是，1磅仅征收3便士的茶叶税后来成了引发一场更大爆炸的导火索。

北美大陆的枪声

　　1775 年 4 月 19 日凌晨，在波士顿附近的小村庄列克星顿，一队英军士兵与当地武装村民发生交火，北美反英武装斗争的第一枪正式打响。

　　这队英军是受驻波士顿的英国卫戍部队统帅托马斯·盖奇将军派遣，于 18 日夜晚出发前往距波士顿 30 多千米的康科德城，准备摧毁殖民地民兵在那里储藏的大批军火物资。但当英军途经列克星顿的时候，事先得到报警的武装村民已在村外的草地上严阵以待。双方短暂交火后，民兵寡不敌众，在英军的猛烈炮火下牺牲了 8 名士兵，被迫撤退。

　　英军继续向康科德进发。此时，康科德的反英人士已经转移了他们的大部分物资。英军到达后，摧毁了尚未来得及转移的剩余部分军火。大约中午时分，英军准备返回波士顿，但归途中遭到民兵的沿路伏击。从附近村庄和农场赶来的数千民众与民兵一起躲在树丛、谷仓和房屋的后面狙击，打得英军狼狈逃窜。直到黄昏，英军残余部队才在驻扎当地的海军和陆军的掩护下退回波士顿，死伤 200 多人，损失惨重。盖奇将军不得不承认："叛军并不是很多人想象中的乌合之众。"

　　列克星顿和康科德的枪声，唤起了更多人士投身殖民地反英事业。几天之内，新英格兰各地成千上万的殖民者蜂拥而出，前往波士

1775 年

4 月，北美民兵与英军在列克星顿和康科德发生枪战。

5 月，第二届大陆会议在费城召开。

6 月，邦克山战役，英军以惨重代价获得胜利。

8 月，英王宣布北美殖民地处于叛乱状态。

英国人要来了

1776 年

3 月，英国军队撤离波士顿。

大陆军

是美国独立战争中英属北美殖民地的军事力量，于 1775 年 6 月 14 日根据大陆议会的决议建立。战争结束后大部分军队解散，仍然保留的一部分军队成为后来的美国陆军。

顿周围临时搭起的军营，把英国驻军团团围住。一场长期而艰难的战争拉开了序幕。据说当消息传到弗吉尼亚时，乔治·华盛顿悲伤地说："兄弟的利剑已经插入了我们的胸膛。曾经幸福安宁的北美平原要么血流成河，要么沦为奴隶之地。"然而他又问道："该做哪种选择，一个正直的人难道还能犹豫吗？"

1775 年 5 月 10 日，第二届大陆会议在费城召开，除佐治亚之外的所有殖民地都有代表出席（佐治亚第二年秋才开始选派代表）。会议决定利用波士顿周围的武装力量组建大陆军，并要求其他殖民地协助招募新兵。乔治·华盛顿被任命为大陆军总司令。这主要基于两点：第一是军事上的考虑，华盛顿曾参加过对抗法国和印第安人的战争，有一定的军事经验；第二是政治上的考虑，华盛顿来自南方殖民地中最大和最重要的弗吉尼亚，由他担任军事统帅有利于带动其他殖民地人民参加由新英格兰人引起的局部冲突。华盛顿忧虑重重地接受了任命，他宣称"我不认为我能胜任这个指挥官的光荣职位，但我会以最大的诚意接受这个职位"。同时他表示不拿任何报酬。

6 月 17 日，刚刚组建的大陆军与英军打响了他们之间的第一场大规模战斗，即邦克山战役。但战役发生的实际地点并非最初选定的邦克山，而是更靠近波士顿的布雷德山。大陆军方面得到了来自罗得岛、康涅狄格和新罕布什尔等地的民兵和一些被解放的奴隶的支援；英军方面则有威廉·豪、亨利·克林顿和约翰·伯戈因三位将军所率的增援部队。

战斗打响后，豪将军率领 2400 名英军从正面和两翼向大陆军设防的山顶发起进攻。前两次进攻都被击退了。第三次进攻开始时，大陆军的弹药用完了，被迫从山上往下扔石头抵御。最终，在英军的刺刀进攻之下，大陆军被迫撤出防御工事，放弃了高地。英军获胜了，但也付出了高昂的代价，伤亡 1000 多人。这也是战争爆发以来英国人遭受的最严重损失。克林顿将军甚至宣称："再有一次这样的战斗将会让我们彻底毁灭。"此后，英国人再也不敢低估他们的交战对手了。

1776 年 3 月初，大陆军占领了波士顿南部的多切斯特高地，将波士顿置于炮弹射程的威胁之下。英军决定放弃波士顿。3 月 17 日，英军及一批亲英派殖民者乘船离港，撤退到今加拿大新斯科舍半岛的

哈利法克斯。英国人暂时被赶出了美国国土。如今在波士顿，3 月 17
日仍被作为"撤退日"庆祝。但英军的撤退只是策略的变化，它不过
是战争新阶段开始的一个信号。

殖民地的分歧

　　第二届大陆会议的各地代表都表示支持战争，但在战争目的问题上存在严重分歧。以
新英格兰人为主的激进派主张从大不列颠完全独立；主要来自中部殖民地的温和派代表
则担心，没有英国稳定的统治，殖民地内部可能会混乱起来，他们还怀疑一个脆弱、独立的
美洲国家，在周围雄心勃勃的欧洲国家包围之下能否长期生存下去，所以希望适当改善与帝
国的关系，尽早与大不列颠实现和解；而多数代表试图在这两种立场之间找到中间途径。
这种犹豫不决在他们于 1776 年 7 月 5 日和 6 日相继通过的两份内容完全不同的文件中表
露无疑。

　　一份是向英王表达和解意愿的《橄榄枝请愿书》；另一份是态度强硬的《关于拿起武
器的原因和必要的公告》。《请愿书》表达了继续效忠乔治三世和恢复旧有和睦关系的意愿，
宣称"我们太需要母国的保护"而不想独立，并请求英王与北美达成协议之前阻止英军的
进一步敌对行动。《公告》虽然也表示并不谋求同大不列颠分离和建立独立国家，但历数了
英国的殖民政策给北美殖民地造成的严重伤害，谴责英军在列克星顿无端挑起是非，认为
英政府只给美利坚人留下两种选择：无条件臣服于暴虐政府专制或诉诸武力进行抵抗，而
殖民地人民捍卫自由的决心是不可动摇的。

　　遗憾的是，当《请愿书》于 8 月初传至伦敦时，乔治三世不屑一顾，他宣布北美殖民地
人民为"帝国公敌"，殖民地处于叛乱状态。年底，英国议会宣布不再保护北美殖民地，禁
止同北美殖民地的贸易，下令夺取和没收海上航行的北美殖民地的船舶。英国的强硬态度
无疑进一步增强了北美殖民地的独立意愿。

潘恩昭示的常识

在 18 世纪的北美，有一本小册子是除了《圣经》之外销售量最大的书，在人口不到 300 万的殖民地，总共售出了近 50 万册，当时绝大多数成年白人都读过或了解这本小册子。它就是托马斯·潘恩写的《常识》。

潘恩出生于英格兰一个贫苦家庭，13 岁就辍学跟父亲干活。来到北美之前，他更换过很多工作，做过会计、小学校长、女士内衣的学徒工等，但都不是很成功。看来，他注定要成为一个杰出的革命宣传家，成为切断大英帝国与美洲殖民地之间最后纽带的第一人。1774 年，已经 37 岁的潘恩来到北美，当时英国和殖民地之间的关系十分紧张，殖民地的反英斗争愈演愈烈。1775 年 4 月 19 日列克星顿和康科德的冲突之后，潘恩很快意识到，这次战斗的目的不仅是要反对不公正的税制，而且还要支持全面独立。

1776 年 1 月 10 日，潘恩在费城以匿名的方式发表《常识》，公开表达独立倾向。他呼吁人们要用常识来判断殖民地独立的合理性与合法性。"是分离的时候了。甚至连上帝在美国和英国之间设定的距离也是一个分离的强大而自然的证据。英国对美国的统治从来不是上帝的设计。一个大陆被一个小岛永远统治是非常荒谬的。上帝没有把卫星造得比他的行星更大，就像英国和美国一样。"这是潘恩对当时的妥协观点予以的有力驳斥。他还号召美洲殖民地人民拿起武器进行战斗，以争得自由和解放，"列克星顿和康科德的战斗号角已经吹响，撤退已然不可能。美洲人的命运是成为共和主义者，而非君主主义者；做自己的主人，而非不列颠的臣民；当美洲人，而非英国人"。潘恩认为这是常识。他还热情地赞扬道："美国的事业，从更大的范围讲，是全人类的事业，太阳从来没有照耀过比这更有价值的事业。"

这本措辞激烈的小册子出版后，立即引起了极大的轰动，3 个月内印刷 25 次，共发行 12 万册。在农场、在学校、在商店，到处都有高声朗读和讨论《常识》的声音。突然之间，"独立"这个无法无天的字眼，变成了挂在人们嘴边的一个词。英国一家报纸惊呼："凡读过这本书的人都改变了态度，哪怕在 1 小时之前他还是一个反对独立思想的人。"

富兰克林在读了《常识》后，激动地买了 100 本分送给他的朋友。杰斐逊则派出特快信使，把《常识》送到前线的华盛顿手中。杰斐逊还对潘恩说："你为你的国家做

托马斯·潘恩和他的《常识》

了一件伟大的事情，你说出了我们大家所想的意思，也是我们所讲的意思。"华盛顿也认为，"《常识》对人民思想的转变起到了巨大的作用"，它比任何一个出版物都更能引导当时的公众舆论支持北美从不列颠独立出来。

潘恩的思想加速了美国独立战争的进程，但作为第一代移民，他的国籍一直在英国，虽然他宣称："自由之所，即我之家园"，但作为一个异乡人的身份却没有得到改变。他一直被排斥在美国主流政坛之外，也没有享受到美国独立战争胜利的果实。

1787 年，潘恩回到了英国，不久法国大革命爆发。他发表《人的权利》捍卫法国革命，批判君主政体。英国政府禁止传播潘恩的激进思想，并企图逮捕他。于是潘恩逃到法国巴黎。在那儿，这个不会讲一句法语的英国人，因为其自由、平等、博爱的思想，得到了法国革命者的推崇而被选进国民议会。不过，法国大革命的激烈程度和彻底性远超过美国独立战争，潘恩此时的思想已经跟不上大革命的进程。1793 年，由于反对处死路易十六，潘恩被实施恐怖统治的罗伯斯庇尔以"图谋反抗共和国"的罪名投入监狱，后在美国驻法公使托马斯·杰斐逊的帮助下，这位美国独立战争的英雄才得以重获自由，于 1802 年回到了美国。

晚年的潘恩贫困潦倒，过着饥寒交迫的生活。他代表美国争取自由独立的《常识》，虽然一再被人翻印，发行量巨大，但并没有给他带来直接收入。因为他想让自己的文章能够被广泛印发和传播，所以拒绝接受任何版税。1809 年，潘恩在纽约于孤独、贫穷和无闻中去世，善良的房东太太为他举办了简单的葬礼。他的墓碑上只写着一句话：托马斯·潘恩，《常识》的作者。

 知识链接

《独立宣言》发表

《常识》的广泛传播，进一步激起了北美殖民地人民的民族意识和民族感情，赞成独立和共和政体的情绪迅猛高涨。在此形势下，大陆会议委托年仅 33 岁的弗吉尼亚代表托马斯·杰斐逊起草美国独立的文件，本杰明·富兰克林和约翰·亚当斯辅助修改。1776 年 7 月 2 日，大陆会议投票决定独立。7 月 4 日，《独立宣言》正式发表，这一天也被确认为美国的独立纪念日。

宣言开篇写道："我们认为下面这些真理是不言而喻的：人人生而平等，造物者赋予他们若干不可剥夺的权利，这其中包括生命权、自由权和追求幸福的权利。"

宣言明确地对英国君主提出了一系列指控，列举了 25 种对英王的不满，并表示："在遭受这些压迫的每一阶段，我们都曾用最谦卑的言辞呼吁改善，但屡次呼吁所得到的答复是屡次遭受侵害。"

宣言郑重宣告："我们这些联合一致的殖民地从此是自由和独立的国家，并且也必须是自由和独立的国家；我们取消对英国王室效忠的全部义务，我们和大不列颠王国之间的一切政治联系从此全部断绝，而且必须断绝；作为独立自由的国家，我们完全有权宣战、媾和、结盟、通商和采取独立国家有权采取的一切行动。"

《独立宣言》大胆宣称北美殖民地成为一个主权国家——美利坚合众国，这使北美殖民地的武装斗争转变为美国独立战争，也使革命斗争得到了越来越多的外国援助，为法国支持和干预铺平了道路。

开国元勋富兰克林

在美国历史上，本杰明·富兰克林是与华盛顿、杰斐逊齐名的"美利坚开国三杰"之一。当 1732 年乔治·华盛顿出生时，26 岁的富兰克林已经成为北美大陆的传奇人物，他编辑的《穷理查历书》出版后轰动北美，该书将科学和民主思想以谚语形式随历书向广大群众传布，对美洲人起了巨大的启蒙作用。

富兰克林出生在波士顿一个小商人家庭，在 17 个兄弟姐妹中排行十五。由于家庭经济困难，12 岁开始在哥哥经营的印刷所里当学徒。在这里，他接触了大量的书籍，包括从自然科学、技术方面的通俗读物到科学家的论文、著名作家的作品，给自己奠定了广泛的知识基础。17 岁时他离开家乡，开始一种流浪的学徒生活。最后在费城定居下来，那里成了他的家园。从那时起，如果列举他没有干过什么行业，比列举他曾经干过的无数行业更容易。

他成立印刷公司，出版报纸，创建北美第一个民办图书馆，还先后组织建立了大学、医院、邮局、消防队、治安部队等，在殖民地的文化传播和社会福利方面做了大量工作。在科学上，富兰克林也有不少发明创造。他最先提出避雷针的设想，曾做过著名的"费城风筝实验"，后人由此而制造的避雷针，避免了雷击灾难，也破除了人们对雷电的迷信。他还发明了节能的新式火炉、老年人用的双焦距眼镜、自动烤肉机等生活物品，测出了液体蒸发时热量散失的情况。1756 年他成为皇家科学协会和皇家艺术协会的会员，多年后又当选为法兰西科学院的外国院士。

当宗主国和殖民地因税收问题而陷入争吵时，富兰克林变成了"有限暴力"的公开提倡者。1754 年在北美各州殖民地代表参加的阿尔巴尼集会上，他提出"不团结则灭亡"的口号，号召北美殖民地人民团结起来为自由而斗争。当人们很快意识到，没有外国的支持，就没有胜利的希望时，富兰克林便被大陆会议任命为正式代表出使法国，以谋求法国的进一步援助和缔结同盟条约。因为他的名字在欧洲广为人知，仅凭个人威望就不至于被拒之门外。

已过古稀之年的富兰克林在两个孙子的陪同下，经过艰难的航

1732 年
富兰克林编辑的《穷理查历书》一书出版。

阿尔巴尼集会
为应付由法国人及其印第安盟友所造成的迫在眉睫的危险，7 个殖民地的代表 1754 年 6 月在纽约州阿尔巴尼召开的集会。会议通过了富兰克林提出的"阿尔巴尼计划"，规定设置一个由各殖民地的议会委派代表组成的"大参事会"，负责组建军队、对付印第安人、控制公共土地和征收一般税。该计划虽然后来遭到不愿放弃权力的各殖民地议会的拒绝，但作为后来的大陆会议的先驱，它是各殖民地走向联合的一次有益尝试。

1756 年
富兰克林成为皇家科学协会和皇家艺术协会的会员。

1757—1763 年
富兰克林代表殖民

地驻守伦敦。

1772 年
富兰克林当选为法兰西科学院的外国院士。

1775 年
富兰克林出使法国。

1782 年
4月,富兰克林代表美方与英国开始和谈。

程于 1775 年 12 月抵达法国。他充分利用法国和英国之间的矛盾冲突,博取法国社会开明人士对美国民众独立斗争的同情。他广泛结交巴黎知识界的名流,与狄德罗、伏尔泰、马拉等许多社会活动家、思想家都有直接往来,利用他们向路易十六政府施加影响。他还利用自己会讲法语的有利条件走上巴黎街头,向普通巴黎人介绍北美独立战争。他的幽默、博学、深邃极大地震动了法兰西人,使整个巴黎为之轰动,甚至掀起一股"富兰克林热"。约翰·亚当斯说富兰克林在法国的荣誉"压倒了莱布尼茨、牛顿、弗里德里希和伏尔泰。没有一个手工业工人、马车夫、洗衣女工、城市公民和乡村居民不知道富兰克林的"。

经过耐心、巧妙、长期的外交努力,富兰克林不辱使命,终于促使法国签订了同盟条约。在此后漫长的 7 年时间,富兰克林一直留在欧洲大陆,购买军火,商谈借款,装备投入战斗的民船,说服其他国家加入商业或政治联盟,为艰苦奋战的美国民众赢得了宝贵的外援,彻底改变了敌强我弱的态势。

1787 年 5 月,富兰克林又以 81 岁高龄参加了制宪会议,并担任副主席(华盛顿任主席)。他是所有参会者中最年长的一位,更是最德高望重的一位。来自 13 州的 55 名代表在制宪问题上发生了激烈的争吵,富兰克林再次发挥他杰出的外交才能,当争论过于激烈时,他会讲点儿有趣的故事,或者邀请怒气冲天的代表到他的小休息室,直到他们的情绪平复。他提醒大家,宪法虽有不尽如人意的地方,但再开多少次会议也制定不出一部完美的宪法,美国此时又急需一部宪法,应以大局为重,支持宪法。就这样,他利用自己的睿智、威望和影响力,通过大量的调解工作使矛盾得以缓和、化解,使制宪工作能够继续进行,直至"联邦宪法"诞生。

1790 年 4 月 17 日,84 岁高龄的富兰克林去世。在漫长的一生中,他以自己的杰出才华为美利坚民族的形成、觉醒和独立做

本杰明·富兰克林像

出了不可替代的伟大贡献，华盛顿这样评价他："因为善行而受景仰，因为才华而获崇拜，因为爱国而受尊敬，因为仁慈而被爱戴。"但他为自己写的碑文只有7个字——"印刷工富兰克林"。

知识链接

美英力量对比

　　独立战争开始时，英国在北美殖民地已有4000人的军队、36艘战船，不仅完全控制了海洋，而且也牢牢把持纽约、哈利法克斯等重要据点。兵力达到高峰时，英国指挥官手下有3万名德国雇佣兵和大约1.5万名英国正规军。而位于13个殖民地北部的加拿大和南部的佛罗里达以及西印度群岛都可以作为英军的进攻基地。而且，英国拥有3倍于殖民地的人口，有中央集权的政府，有稳定的货币，有发达的工业尤其是制造业。

　　与此相比，北美殖民地缺乏像样的正规军，新建的大陆军"缺少纪律、秩序和管理"，是一群"乌合之众"，而且人数从来没有超过2万人，武器装备也严重缺乏。殖民地匆促组建的海军力量很弱，一开始就不可能从海上进行援助。革命政府不得不依靠武装民船，这些民船确实能制造点麻烦，但绝非英国战舰的对手。最糟糕的，新成立的政府缺乏资金。因无力发行债券或征税，只能依靠微不足道的州政府捐赠勉强度日。国会迫不得已要求13个州各自征税，但所缴税款少得可怜而且还常常拖欠。1784年以前，通过各州征税总共筹集的真正金额不足600万美元，当时殖民地人口约300万，也就是每人平均不到2美元。

　　殖民地的劣势是显而易见的，双方力量对比极为悬殊。虽然形势的发展也存在着一些有利于殖民地的因素，如战场的遥远距离导致英军的谋划策略和执行计划延迟和低效；英国士兵对气候不适应和地形不熟悉等，但若没有外部力量的支持，殖民地要取得独立战争的胜利依然是难以想象的。

荣誉公民拉法耶特

1777 年

拉法耶特作为志愿者赴北美参战。

9 月，大陆会议派遣3 名代表与法国谈判，争取援助。

12 月，法国承认美国独立。

1778 年

2 月，法美同盟正式建立。

6 月，英军放弃费城。

7 月，法国舰队驶抵美国海域。

北美独立战争期间，有来自欧洲各国的志愿军，与北美人民一起参加了反英斗争。他们都是富有理想的浪漫主义者，将美国视为全人类的希望并且愿意为理想而献身。这些人中，最有名的是法国贵族拉法耶特。

拉法耶特 1757 年出生于一个可以追溯到凯撒时代的古老家族，是在启蒙思想的熏陶下成长起来的。他 13 岁时继承了庞大的地产，极其富有。当北美独立战争爆发时，他还不到 20 岁。美国革命点燃了他心中理想的火花：去费城独立厅看看《独立宣言》签字的地方，去看看那宣告独立的自由钟。1777 年，拉法耶特自费装备了一艘名为"胜利"号的军舰，并组织了 12 名经验丰富的军官和士兵，满载各种军需用品，怀揣富兰克林的推荐信奔赴北美战场。

这位年轻的法国贵族被介绍给了华盛顿将军。当时已经 45 岁的华盛顿和这位文雅英俊、意气风发的法国贵族一见如故，于是，拉法耶特作为副官，跟随华盛顿转战南北。1781 年，拉法耶特与法国美洲远征军司令罗尚博将军、华盛顿将军一起指挥法美联军，赢得了约克镇大捷。在四年血与火的考验中，拉法耶特为美国独立战争立下了不朽功勋，同时也与华盛顿将军建立起了形同父子的深厚情谊。

1789 年，法国大革命爆发。积极投身革命的拉法耶特并未忘记大洋彼岸新生的美利坚合众国。1790 年，他托人带给华盛顿一件珍贵的礼物——巴士底狱的一把钥匙——代表独裁统治被推翻的早期战利品。拉法耶特在信中说："我亲爱的将军，让我把一幅我几天前下令拆

法国贵族拉法耶特

除的巴士底狱的画像奉献给您，同时献上的还有一把这个独裁要塞大门的钥匙。这把钥匙是儿子对养父的敬意，是副官对将军的奉献，是自由的传教士对其主教的颂扬。"后来，雅各宾派上台当政，拉法耶特由于其温和的君主立宪主张而受到迫害，被秘密投入监狱长达5年多时间。直到雅各宾派倒台，在美国政府的介入下，拉法耶特才恢复了自由。

　　1824年，为庆祝即将到来的独立50周年纪念，美国政府专程派人把拉法耶特接到美国。这位美国独立战争中的英雄以68岁高龄，游览了当时美国所有的24个州，访问了182个城镇，所到之处无不受到热烈欢迎。他作为奠基人参加了位于波士顿的邦克山战役纪念塔的奠基礼；获得了美国国会授予他的20万美元奖金和一大片土地；在华盛顿的故居——弗农山庄，他情不自禁，难掩激动，老泪纵横，久久伫立在华盛顿墓前不愿离去；在杰斐逊蒙蒂塞洛的家中，因独立战争和法国大革命而结下深厚友谊的杰斐逊、拉法耶特、詹姆斯·麦迪逊、詹姆斯·门罗等耄耋老人再聚一堂，共同追忆当年的峥嵘岁月。在纽约，他从欢迎他的民众中抱起一个小男孩亲吻，这个名叫瓦尔特·惠特曼的6岁男孩后来成为美国19世纪最伟大的诗人。

　　当拉法耶特即将离开美国的时候，时任美国总统的约翰·昆斯·亚当斯（约翰·亚当斯之子）代表美国人民表达了对拉法耶特的深情厚谊，他说："我们这代人把你当做我们的一分子看待，我们的孩子们也把你当做他们的一分子看待。你属于美国，这份情谊和热爱比死亡更强大。你的名字将永远和华盛顿的名字联系在一起。"的确，美国人民世世代代都没有忘记这位法国友人，2002年，在拉法耶特逝世168年之后，美国国会通过特别法案，授予其"美国荣誉公民"的称号。至今他的墓前还飘扬着法国和美国两个国家的国旗。

1781 年
5 月，美国从法国得到大笔贷款。
法美联军赢得约克镇大捷。
1789 年
法国大革命爆发。
1826 年
拉法耶特赴美参加独立战争胜利50周年纪念。

自由女神像
　　伫立在纽约自由岛上，是庆祝美国独立一百周年时法国人送的一件礼物。她的正式名称是"自由照耀世界女神"，身高46米，容貌美丽，神情坚毅，面对着大西洋，右手拿着象征自由的火炬，左手拿着一本长达7米象征法律的书板，上面写着美国"独立宣言"发表的日期——1776年7月4日。

知识链接

法美同盟建立

　　法国在七年战争中被英国打败后，一直在伺机报复。在法国看来，1763年后英国和美洲之间日益不和，提供了一个挫败英国的机会，如法国外交大臣韦尔热纳私下所说："天助我们，给了羞辱英格兰的机会。"

但当美国国会于 1776 年授命富兰克林赴巴黎商议结盟时，法国国王路易十六却对是否支持美国犹豫不决：他的政府正濒临破产；他的西班牙盟友也担心美国革命将在自己的殖民地里催生革命的种子；而且美国军队看起来也不堪一击。所以法国决定暂不与美国结盟，但同意秘密地给美国人提供金钱和武器装备。当初自己不能生产武器的大陆军能在战场上坚持下来，很大程度上靠法国人的援助。

萨拉托加大捷后，法国人确信可以公开支持美国人了。他们马上表示愿意与美国结盟。1778 年 2 月，法国和美国公开签署《友好与贸易条约》和《联盟条约》，法国承认新成立的美利坚合众国，对美国提供包括海运特权在内的一些贸易优惠政策，并且承担向美提供军事援助的义务；美国则担保法国在西印度群岛领地的义务。同时约定一方不得到另一方的预先同意，不得与英国议和。

在美国独立战争中，法美联盟起了决定性作用：它拉长了英国的作战防线，迫使英国分散兵力，捉襟见肘；它给美国人带来了人力、资金和勇气，并在最后关键时刻帮助美国人控制了海岸线。

两次决定性的胜利

独立战争之初，华盛顿领导的大陆军由于缺乏训练和装备，一直处于劣势和被动。1776 年 10 月纽约陷落，1777 年 9 月费城失守，大陆会议也被迫转移到宾夕法尼亚的约克城。但一个月后萨拉托加战役和一年后约克镇战役的胜利，却决定性地扭转了战局。

1777 年英国的作战计划，是由北方军司令约翰·伯戈因率领一支部队，从加拿大南下穿过尚普兰湖走廊地带，同时威廉·豪将军率领另一支军队从纽约顺哈得逊河北上，最终双方在奥尔巴尼会合，实现控制整个北方的战略目标。但由于威廉·豪临时决定进军费城，结果剩下伯戈因独自应付北方战役。

伯戈因年轻气盛，他计划从莫霍克河和哈得逊河上游两路同时进攻奥尔巴尼。他把兵力一分为二，大部分由他亲自率领，另一部分由巴里·圣莱杰率领。6 月中旬，伯戈因率领 9500 名英国士兵和庞大的行李车队（车队中大约有 30 辆马车用于装载他的私人物品和最喜爱的香槟酒）从加拿大浩浩荡荡地向尚普兰湖南移，艰难地穿过森林和沼泽地带，准备从那里经乔治湖到哈得逊河。美军砍断大树、拆毁桥梁，在英军南下的道路上设置障碍，使英军的行进速度大大降低，而美方赢得时间在纽约北部的萨拉托加附近集结。

9 月中旬，伯戈因冒险越过哈得逊河逼近奥尔巴尼。在弗里曼农庄和比米斯高地接连遭受重创后，伯戈因被迫后撤至萨拉托加附近，结果陷入美军优势兵力的重重包围之中。伯戈因哀叹："不管皇家军队走到哪里，美国人都会在 24 小时内集结起三四千民兵。"这些民兵都是天然的战士。最终英军的撤退路线和后方供应线被完全切断，威廉·豪的军队也来不及救援。

10 月 17 日，身穿红金白三色相间华美军服的伯戈因率 6000 官兵向穿着朴素蓝色外套的霍雷肖·盖茨将军投降，双方都表现出了十足的绅士风度。在幕僚的陪同下，两人走到相距仅一剑的地方，伯戈因彬彬有礼地说："盖茨将军，战争的命运使我成了你的俘虏。"盖茨则充满风度地回应："我随时都愿意作证，这完全不是由于阁下的过错。"伯戈因鞠躬交出佩剑，盖茨鞠躬回礼，恭敬地接过剑，又将它还

1777 年

9 月，大陆会议迁往宾夕法尼亚的约克城。10 月，伯戈因将军在萨拉托加率英军投降。

1778 年

克林顿取代豪指挥英军。

1780 年

康华里在南卡罗来纳的卡姆登打败盖茨。

1781 年

8 月，康华里率军进驻约克镇并建立作战基地。10 月，康华里在约克镇投降。

1783 年

11 月，英军撤离纽约市。

武装中立同盟

由俄国、普鲁士、丹麦、瑞典、奥地利等国组成，打着"武装中立"的旗号，派出海军保护国际商船，从而彻底打破了英国的海上封锁，英国陷入孤立。

给伯戈因。

萨拉托加大捷消除了来自加拿大的英军威胁，也使人们有了胜利的信心，军队士气也昂扬起来。但也许，这一战役产生的重大影响"并不是在纽约或费城，而是伦敦和巴黎"。盖茨将军在给妻子的信中说："如果此次教训还没能让英国学会谦虚的话，那么她简直就是一个顽固不化的老疯婆，只能自取灭亡。"法国则马上表示愿意与美国结盟。在这之后，北方战场上英美两军陷入僵持状态。

1778 年末，英军作战战略转向南方，企图逐个征服南方各州，再征服北方各州。英军攻下南卡罗来纳后，继续侵入北卡罗来纳的计划受挫。1781 年初，接连遭受美军重创的英军退回沿海，并在查尔斯·康华里将军的率领下北上弗吉尼亚，等待与援军会合。康华里的军队驻扎在切萨皮克湾约克河和詹姆斯河交汇处的约克镇，这里易受海陆两方面的进攻。华盛顿利用康华里的策略失误，提出以美法海陆军队联合围剿英军的计划。

8 月 30 日，法国海军司令德·格拉斯将军率领的舰队由西印度群岛驶入切萨皮克湾，封锁了康华里的海上退路。与此同时，华盛顿和法国美洲远征军司令罗尚博将军率法美联合部队从纽约出发，与弗吉尼亚拉法耶特率领的另一支法国部队会合，向约克镇包抄过来。这些联合行动及时果断，将康华里围困在水陆之间。至此，康华里的命运已成定局。

约克镇的围歼战于 9 月 28 日打响，坚持抵抗了 3 周后，康华里于 10 月 17 日请求和谈。这一天，距萨拉托加大捷刚好 4 年。10 月 19 日，康华里所部的军旗被降下，当 6000 多名士兵齐步走出约克镇时，军乐队奏响

约克镇大捷

了低沉忧郁的英国民谣《世界已经颠倒》。康华里本人称病未到现场，让副官代他出席了受降仪式并交出佩剑。在对上级的报告中，康华里写道："我羞愧地向尊敬的阁下禀报，我不得不带领麾下的军队……投降。"

当听到康华里投降的消息后，英国首相诺斯勋爵感觉"就好像自己胸口中了一枪"，他叹息着说："天啊，一切都结束了。"英国方面最后一丝胜利的希望在约克镇被彻底碾碎了。

知识链接

英国承认美国独立

约克镇战役美军大捷后，英国议会投票反对继续战争。1782 年 4 月，英国政府派特使到法国，同美国外交代表开始非正式谈判。11 月底，英美代表草签了和平条约。1783 年 9 月 3 日，法英缔结和约后，英美正式签订了《巴黎和约》。

根据和约，英国承认美利坚合众国是自由、自主和独立的国家。规定美国的北部边界沿五大湖及其连接水域划定一线，北纬 31° 线为南部边界，西部以密西西比河为界。英国同意放弃美国西北部的一些防御工事，没有屈从西班牙和法国把美国领土限制在阿巴拉契亚山脉以东的要求。和约还规定，双方立即停止敌对行动，释放俘虏。英国尽快从美国撤军，并不得造成任何破坏，不得从美国带走任何黑人或美国公民的其他财产，落入英军手中的一切美国档案和文件立即归还。美国不得对亲英分子进一步迫害，由美国政府恳劝各州发还他们在战争中被没收的财产。英美两国在密西西比河上均有航行权，美国公民有权在英属北美海域捕鱼。

和约条款是明显有利于美国的。根据和约，美国领土由原来的 90 多万平方千米扩大到 230 多万平方千米，版图增加了近 1.5 倍。这远远超过它在战场上赢得的地区。英国所以如此慷慨，主要是想尽快结束战争，以摆脱国内反战运动造成的困境和外交上的孤立状态；同时也企图离间法美关系，以使美国摆脱法国的影响。

1783 年秋，最后一批英国占领军从纽约市撤退，华盛顿将军率兵凯旋进城，美国人经过八年艰苦卓绝的斗争终于迎来了胜利。

合众国之父华盛顿

美国诗人罗伯特·弗罗斯特曾说过:"乔治·华盛顿是人类历史上少数几个没有被权力带走的人。强大的华盛顿!言语实在无法表达他的功绩。"美国前国务卿丹尼·韦伯斯特则表示:"美国给世界贡献了乔治·华盛顿这样一个具有高尚道德的人物,因此,即使我们美国人别的方面一无是处,仅此,我们就有资格得到全人类的尊重。"

华盛顿 1732 年出生于弗吉尼亚的一个种植园主家庭,早年所受教育不多。16 岁时华盛顿远离家乡担任土地测量员,艰苦的野外生活磨练了他的意志。1753 年华盛顿加入英国军队,在与法国人和印第安部落的战斗中,初步显示了军事组织和指挥才能,并晋升为上校,负责指挥弗吉尼亚州的全部民团队伍。1759 年,华盛顿辞去军职,回到家乡经营种植园,后与当地富孀玛莎·卡斯蒂丝结婚。由此,华盛顿成为弗吉尼亚最大的种植园主,不久又当上了弗吉尼亚州议员。

当北美殖民地人民与英国宗主国的矛盾激化后,华盛顿加入反英行列。他以弗吉尼亚议会代表身份参加了第一届和第二届大陆会议。独立战争爆发后,43 岁的华盛顿被任命为大陆军总司令,他诚恳地表示:"虽然我深知此项任命给了我崇高的荣誉,但我仍深感不安,因为我的能力和军事经验恐怕难以胜任这一要职。但鉴于会议的要求,我将承担这一重任,并愿竭尽所能为这一神圣的事业效劳。"华盛顿谢绝了大陆会议给他的薪俸,并表示:"对金钱的考虑是不能促使我牺牲家庭的舒适与幸福来接受这一艰巨的任务的。"

从 1775 年起,华盛顿率领一支毫无经验的杂牌军与当时世界上最强大的军事力量作战,克服了许多无法想象的困难。当士兵有鞋穿,能够走出来时,他进行军事训练,当他们没鞋穿,只能待在室内时,他给他们讲授军事理论。他坚信,终有一天会出现转机。在长达 8 年的战争中,真正打赢的战役并不多,但由于华盛顿正直、高尚、宽厚,具有不屈不挠的爱国热情、冷静的智慧和超然的道德勇气;由于他即使在最沮丧的时候也依然是沉着稳重,果敢坚定;由于他知道如何在行动中保持谨慎,在谨慎中完成行动,所以他的军队总能在战败和对垒中生存下来,并再次投入战斗。最终,敌人被拖垮了。

1781年约克镇大捷后,胜利已成定局。多年的战争洗礼,华盛顿所率领的大陆军已经成为一支最有组织性和富有战斗力的力量。而经过八年多的朝夕相处,华盛顿也赢得了属下的绝对忠诚,其威望蒸蒸日上。此时,军中有人希望拥立华盛顿为王,建立君主制,华盛顿断然拒绝。其实早在1776年圣诞夜的特伦堡战役后,当大陆会议决定把军事指挥权全权授予华盛顿时,他就表示:"大陆会议把军事职责方面的最高和几乎无限的权力授予我,我感到无上荣幸。……但我时刻牢记一个道理,刀剑是维护我们自由的不得已的手段,一旦自由权利得以确立,就应把它们弃之一旁。"

乔治·华盛顿像

1783年《巴黎和约》签订后,华盛顿以大陆军总司令的名义下令解散了他一手组建的军队,在新泽西的落基山下,他向曾与他朝夕相处、浴血奋战的士兵们发表了饱含深情的告别演讲,并公开表达了自己将解甲归田的想法,"分离的帘幕不久就要拉下,我将永远退出历史舞台了"。12月23日,华盛顿出现在马里兰州州府安纳波利斯,向国会请辞:"现在,我已经完成了赋予我的使命,我将退出这个伟大的舞台,并且向庄严的国会告别。在它的命令之下,我奋战已久。我谨在此交出委任状并辞去我所有的公职。"他以迅速果断的方式交出了军权,从而使得人们对独裁专制的最后一点点怀疑也烟消云散。

次日上午,华盛顿匆匆启程,返回了故乡弗农山庄。自由、安全、独立与和平,这些是他给国家留下的遗产。他的选择为美国成为民主制国家开辟了道路,给这个新生的国家、也给这个世界树立了一个影响深远的榜样。

欧洲与独立战争

美国能够赢得独立战争,很重要的一点是国际环境对美国相当有利。七年战争后,英国在欧洲和世界的咄咄逼人之势引起许多国家嫉恨。独立战争初期,英国的老对手法国就秘密向美国提供重要军需物资,继而公开与美国结盟,与英国开战。法国还通过承诺帮助西班牙夺回其在以往战役中被英国占领的土地,促使西班牙也宣布作为法国的同盟国参战。又由于荷兰坚持与法美进行营利性贸易往来,英国不得不对荷兰也宣战。而英国对中立国的粗鲁做法,又使俄国、普鲁士、丹麦、瑞典等国组成"武装中立同盟"。结果就是几乎所有欧洲强国都站到了英国的对立面,如富兰克林在给他儿子的信中所写的:"整个欧洲都在支持我们。"北美独立战争实际变成了一场国际范围的反对英国霸权的战争。此后,战事在地中海、非洲、印度、西印度群岛及各公海区域蔓延开来,英国的作战力量因过于分散而被极大地削弱了。

欧洲复杂的国际局势帮助美国赢得了独立战争,独立战争反过来也影响了欧洲国际关系。英国失去了北美13块殖民地,但由于同美国单独媾和,分化了反英同盟,从而改变了外交上的孤立地位。加之通往东方的海上战略要地直布罗陀并未丧失,英国的总体实力地位变化不大。法国虽然通过美国独立战争打击了英国,增强了自己对北美的影响,但它的胜利只是昙花一现。法国在这场战争中耗资巨大,本来就十分困难的财政濒于崩溃,它从英国手里获得的殖民地并不能弥补其损失,其君主专制制度的衰落已无可挽回。

联邦形成

　　独立战争期间，美国政府的中心——大陆会议是在没有任何宪法支持的情况下行使国家权力的。1781年批准通过的《邦联条例》授权成立新的中央政府，使现状合法化。但对大英帝国专制统治的深恶痛绝，使当时的美国并无意建立一个强大的邦联政府，他们倾向于分散政治权力，赋予各州以实质性的自主权。所以，由《邦联条例》授权成立的邦联是一个松散的政治联盟。尽管如此，从分散的殖民地走向联合毕竟是一个显著的进步，也为联邦制的出现准备了条件。

　　独立战争胜利后，美利坚合众国作为一个新兴的民族国家出现在世界舞台上。但这仅仅是它跨出的第一步。美国成为一个独立的国家，并未实现统一，《邦联条例》只不过是国家权力的象征。邦联政府软弱无力，拥有的权力极其有限。国内经济濒临崩溃，债台高筑，原本松散脆弱的联盟甚至面临动乱、内战和分崩离析的危险。外部的英法西等国也虎视眈眈，伺机侵犯年轻的共和国。如果没有一个统一的强有力的政权，独立战争的成果很难巩固。针对这种情况，独立后的美国于1787年召开制宪会议，起草和批准了新的联邦宪法，创造了一种崭新的政治体制——资产阶级民主共和政体。在一个强而有力、生气勃勃的全国性政府领导之下，美国顺利地度过了经济困难，稳定了金融，并在外交上取得进展。摆脱了内忧外患的多民族统一国家，日益走向强大。

华盛顿宣誓就任总统

　　1789 年 4 月 30 日，华盛顿众望所归，宣誓就任合众国首任总统。在八年任期里，他确立了宪法的权威，组建了有效的政府，使经济发展走上正轨，收回邦联时期被外国占领的土地，维护了国家尊严和领土完整，保持了和平，并且在政治和法律上开创了许多良好的先例。

谢斯起义敲响警钟

独立战争取得了胜利，美国人获得了梦寐以求的自由。在许多人眼里，美国的未来会像玫瑰色般美好。但事实上，战后的形势却与人们所希望的相去甚远。历史学家丹尼尔·布尔斯廷说："独立没有造成一个国家，而是造成了 13 个国家。如果说《邦联条例》产生了一个合众国的话，那么其意义在很大程度上也就像 1945 年宪章创立了一个联合国一样。"詹姆斯·麦迪逊则把合众国比喻成一只"头脑听从四肢指挥的怪物。"

13 个州各自为政的结果是出现全国性的经济萧条，费城港的造船吨位比革命前减少 1/3，波士顿造船业趋于衰竭，纽约港停泊的大多数是英国船，美国的船运也几乎被扼杀了；国库空虚，连战争年代的债务利息也无力偿还；失业情况严重，农民负债累累，困苦不堪。1786 年，邦联危机达到了高潮。各州争相通过相互冲突的航海条例，并与外国单独谈判，使国内形势处于极其混乱的状态，贫困、软弱、涣散……

马萨诸塞州是全国性经济萧条的重灾区，战后农产品严重滞销。为了偿还战时所借的高额债款，州政府不得不增加人头税和土地税。这对于在战后经济萧条中生活艰辛的农民来说，无疑是雪上加霜。许多人被迫典卖房子和土地或暂时卖身为佣以偿还债务，无力偿还债务的人则面临坐牢的威胁。终于，走投无路的债务农民起而反抗了。

起义领导者丹尼尔·谢斯曾参加过独立战争，是前大陆军上尉。他作战勇敢，屡立战功，拉法耶特将军曾赠他一把宝剑以表彰其功绩。战后，谢斯回乡务农，虽然是辛苦耕作，勤俭度日，仍然入不敷出，债台高筑。为偿还债务，他甚至卖掉了拉法耶特赠予的宝剑。严酷的现实迫使他铤而走险。

1786 年夏，谢斯率领马萨诸塞西部三个乡村近 2000 名负债累累的农民发动起义。他认为："美国的财富是由于全体人民的共同努力才免于受到英国的劫掠，因此，财富就应当成为全体人民所公有的财富。"他提出了"重新分配土地和取消债务"的口号，得到农民的广泛

1777 年
11 月，大陆会议通过《邦联条例》并提交各州批准。

1781 年
《邦联条例》通过生效。

邦联条例
全称《邦联和永久联合条例》。1776 年 6 月，第二届大陆会议委托以约翰·迪金森为首的委员会负责起草，同年 11 月由大陆会议批准，1781 年 3 月 1 日，各州最后审议通过，正式生效。邦联条例的制定巩固了各殖民地的反英同盟，也使美国朝着一个真正的国家政府的方向迈出了一大步。

1783 年
4 月，邦联国会宣布停战。

1784 年
1 月，邦联国会批准《巴黎条约》。战后经济萧条开始，加重货币危机。

支持。此后半年多的时间里，这支由负债农民组成的武装各处行动，不让法院开庭，阻止治安官拍卖没收的财产，开监释放负债被监禁的穷人。同时，他们还要求政府采取减少税收、宽限纳税时间和延长债期等缓解债务的措施，立法保护耕牛和谷物不被没收还债并允许他们用玉米和小麦替代货币，废除因负债而被判入狱的法律。

1787 年 1 月，谢斯率领 1200 人的起义军试图夺取州政府的军火库，政府派出装备有机关枪的 4400 名民兵前往镇压，士兵开枪打死打伤了 24 名起义者，其余的人四散而逃。谢斯带领一小部分人隐蔽到附近深山中继续展开游击战。直至第二年 2 月，起义军最终被击溃。谢斯本人被捕，后被特赦释放。为防止再次发生类似的事件，马萨诸塞州采取了减免农民赋税的一些措施。

谢斯起义是因债务所逼走投无路的农民一次自发的反抗，并不是一次大事件，而且很快被镇压了下去，但对合众国的未来却有重要影响。它给许多美国人敲响了警钟，它使人们清楚地看到，暴政同样能够来自其他方面，包括来自普通民众。因为"每个州都有一些爆炸性问题，很可能一触即发"（华盛顿语）。一直对强大中央政府深怀恐惧的美国人开始意识到，软弱的邦联政府根本无力保护自己或任何一个州。由此，建立一个更为有力的中央政府的必要性和紧迫性凸显，可以说，谢斯起义成为次年召开制宪会议的直接原因。

所以，当远在巴黎的托马斯·杰斐逊听闻谢斯起义的消息后表示："偶尔发生规模较小的叛乱是件好事，对于政治世界来说，这是十分必要的。这正如在自然界中有时也需要刮点暴风一样……自由之树的生长，需要用爱国者与专制者的鲜血来浇灌，这就是自然的法则。"的确，只有真真切切的危机才能迫使疑虑重重的美国人接受一个强大的中央政府。

谢斯领导的起义军

邦联政府

　　根据1781年3月正式生效的《邦联条例》，美国组成了新的中央政府——邦联国会。形式上，邦联国会拥有广泛的权力，决定战争与媾和，处理外交事务，招募军队，发行公债等。但实际上，邦联国会不具有政府的权威性，只是一个成员频繁变动且无真正执行能力的机构。它没有权力管理贸易，也无权让各个州遵守它与其他国家签署的条约，不能征兵入伍。这些权力都取决于各州政府。它也没有自己独立的收入来源，只是从各个州征收费用来维持其运转。尤其重要的，在此条例规约下的政府不能将其意愿强加给各个州以及公民。虽然可以提出要求，但是不能强制执行。正如一位史学家所说："它可以要钱，但却无权强迫他人付钱；它可以制订条约，但却无权强制实施；他要提供军队补给，但却无权征兵；他可以借债，但却不能实施适当还款措施；它可以给出意见和建议，但却无权发号施令。"

　　《邦联条例》勾勒出的邦联政体，只是各个州的松散联合，而不是整体统一的政治秩序。美国人确实成功地保护了地方自治，建立了不会产生威胁的中央政府。但遗憾的是，这是一个几乎无法实施统治的政府。18世纪80年代后期，大多数美国人开始对邦联政府的无能表示不满：政府显然无力应对派系之争和时局动荡，也不能有效改善国家面临的经济困境。1786年，邦联仅仅建立五年光景，人们便开始呼吁召开会议讨论建立国家政府，一个能让美国应对时下窘境的联邦政府。

宪法之父麦迪逊

《联邦党人文集》

这是 1787 年至 1788 年间在纽约地区报刊以"普布利乌斯"为笔名，陆续发表的一系列文章的合集，共 85 篇文章，由亚历山大·汉密尔顿、詹姆斯·麦迪逊、约翰·杰伊等人撰写，主要是阐述国家统一的必要性和可行性，反对一切分裂美国的主张，并精辟地说明了政府的结构、功能。这些论文是美国人对政治理论最伟大的贡献之一。

美国宪法的创立集中了许多人的智慧，但詹姆斯·麦迪逊无疑是其中最重要的一个人。他提交的"弗吉尼亚议案"被大会采纳作为宪法讨论的蓝本，这也是最后宪法文本的胚胎。在这个意义上，麦迪逊可以被称为联邦宪法的创造者。

麦迪逊毕业于普林斯顿大学，身材矮小，其貌不扬。他的父亲是弗吉尼亚一位富裕的种植园主。因为自小体弱多病，麦迪逊上大学之前一直在家跟家庭教师接受教育。他兴趣广泛，思想活跃，熟谙历史和政治。20 岁时，麦迪逊进入新泽西学院（今普林斯顿大学）学习，他悉心研读法律，准备日后以此为业，"尽量不依靠奴隶劳动而生活"。

1776 年，麦迪逊被选举进了弗吉尼亚议会，并作为弗吉尼亚代表参加了大陆会议，成为当时最年轻的独立运动领导人之一。同年，他第一次遇到了托马斯·杰斐逊，二人结下深厚友谊，这一友谊一直持续到杰斐逊去世。两个人之间有过大量的书信往来，这些书信保存下来的共有 1250 封，这是两个伟大的政治人物所写下的最重要的系列政治通信。要想了解在这半个世纪中历史是如何被创造的，不妨浏览这三大卷通信，没有比这更令人愉快的方式了。

1787 年 5 月至 9 月，制宪会议在费城召开。麦迪逊带着满满几大箱的书和满脑子的思想抵达了费城。在此之前，他通过杰斐逊在欧洲购买了 200 多册有关历史和政府管理的书籍，详细研究了历史上的政府体制以及各个联盟和共和政体的相关事宜。他为制宪会议所做的系统性准备超过任何一位代表。

会议期间，麦迪逊以令人折服的雄辩对会议起到了决定性的作用。他把政治家的深谋远虑与学者的博闻强记集于一身，每当处理一个重大问题，他总是处于引导地位。虽然称不上是演说家，但他说话流畅，说服力强，能取得别人的同意。有位代表评论："在辩论中无论是哪一方面，他的发言总是见地最深刻的。"另一位代表写道："每个人似乎都承认他的伟大。"杰斐逊也高度赞扬："他的辩论从来都不会华而不实，离题万里，而始终主旨明确，有的放矢，语言始终质朴动人，旁征博引，他端庄而温和的态度总是令对手软化。"

麦迪逊最大的贡献在于，他排除了建立有效国家政府的两个哲学意义上的障碍。一个是国家主权问题，麦迪逊的议案指出：全国性政府的权力应该直接来自于人民而不是来自各州。换句话说，是拥有主权的人民把权力授予给全国性政府和各州。宪法开篇"我们，美利坚合众国的人民"就表达了这一观点。人民的授权——正是基于这一点，林肯总统后来才能为打一场维护联邦统一的战争而构建起一套道德和法律的框架，这不能不说是麦迪逊的功劳。

另一个美国人特别担心的问题是中央集权。因为在殖民地时期受过英国政府的高压，美国人"对中央集权几乎是具有魔鬼缠身般的警惕感"，美国革命推翻了英国暴政，不是为了换回另一种专制。而美国人从孟德斯鸠的思想中得到启发，一直坚信避免专制的最佳途径就是政府接近于人民。所以，共和制必须限制在一个相对较小的地区，大的国家因为统治者远离人民大众，无法对他们控制管理就会滋生腐败和专制。麦迪逊驳斥了这种观点，他指出，大的共和制更不容易产生专制，因为它包含许多不同派别，各派互相制约，使任何单一党派都不可能在政府中占据多数席位而主导整个政府。所以只要拥有一个制衡的联邦政体，共和制在那些多民族的大国可能比在小国推行得更好。

1789 年起，麦迪逊先后任联邦众议员和杰斐逊政府国务卿。他反对汉密尔顿的财政政策，与杰斐逊等人共同组建了民主共和党，赞成扩大民主权利、普及选举权和维护州权。1808 年麦迪逊又击败联邦党候选人入主白宫，4 年后连任。在 8 年总统任期内，面对严峻的国内外形势，麦迪逊领导美国人民取得了抗英战争的胜利，保卫了年轻的共和国。

卸任后，麦迪逊一度出任弗吉尼亚大

9 月，国会将 12 条宪法修正案提交各州批准。

1790 年

8 月，费城被确定为合众国临时首都。

1791 年

12 月，权利法案通过。

麦迪逊像

学校长职务，1836 年独立纪念日前几天安然去世。亨利·克莱则盛赞他："为国家所做的贡献超过了所有人，只有华盛顿除外。"

宪法草案的产生

1787 年 5 月 25 日制宪会议在费城开幕，代表们一致投票选举华盛顿为主席，富兰克林为副主席。5 月 28 日会议正式开始议事。

在宪法讨论中，代表们对国会设两院、建立行政和司法部门以及官员的任期、薪俸等有关中央政府的组织问题，取得了较为一致的认识。但在最敏感的代表制问题上爆发了尖锐的冲突。大州代表坚持按各州人民数量多少的比例决定各州在联邦议会中的代表数额；小州代表坚持不分大小每州一票的同等表决权，经过长达一个月的激烈争论，仍然僵持不下，不得不成立专门委员会商讨妥协方案。最后，双方不得不同时作出重大让步：众议院实行比例代表制，参议院实行一州一票的平等代表制。州权与中央集权之争以妥协的方式得到初步解决。

争议焦点之二是奴隶问题和关税问题。北方工商业资产阶级和南方奴隶主由于各自地区性的经济利益不同，发生了激烈的争吵。北方主张停止奴隶贸易，反对以黑奴作为计数人口，并要求对出口商品课以关税。对南部而言，其农产品相当一部分需要出口，奴隶贸易更是其经济政治命脉，因而南部代表极力反对。最后，经过讨价还价，达成妥协：黑奴在选派国会代表和纳税时按自由民的 3/5 计算，奴隶贸易到 1808 年停止，国会不得对出口品征税，但两院中有 2/3 的多数同意可以对进口商品征税。

1787 年 9 月 17 日，经过近 4 个月的争论，与会代表终于签署了宪法草案。

首任财长汉密尔顿

华盛顿组织首任政府后遇到的最大困难是财政问题。当时国家的财政状况一片混乱。国库里空无一文，不仅如此，国家还背负着因进行独立战争而欠下的巨额债务，包括利息在内，已达到了5400多万美元，相当于当时政府年收入的几十倍。此外，各州还承担着2500万美元债务。正是在这样的困境中，1789年夏，34岁的亚历山大·汉密尔顿被华盛顿任命为合众国第一任财政部长。

汉密尔顿1755年出生于英属西印度群岛，他是一个苏格兰贵族的私生子，从小被父亲抛弃，13岁时母亲去世成了孤儿。独立战争时期，汉密尔顿参加了大陆军，并靠着出色表现成为华盛顿参谋部中的一员。他满脑子都是想法，能迅速有效地完成最困难的参谋工作，而且勇于承担责任，是一个可以委以重任的人，所以深得华盛顿的器重，成为华盛顿最优秀、最亲密的副官。从小缺失父爱的汉密尔顿也对华盛顿的赏识和关爱感恩不尽，敬之若父。

战争结束后，汉密尔顿认真研习法律，通过了律师资格考试，并在纽约创办了一家法律事务所，从事法律工作。这位年轻人性格果断，精明能干，充满了社交兴趣和政治野心，是同代人中最有锋芒的律师之一。他曾表示："对什么都野心勃勃，我承认这是我的弱点。"

汉密尔顿是工商立国的积极倡导者，他认为发展工商业不仅有关国力的强弱，还是巩固独立成果的重要保证。他指出，"一旦制造业建立起来，并在我们之间生根，就会给美国伟大、光荣的未来开辟道路，并以此对付任何暴君的干涉"，"商业繁荣是国家财富最有效和丰富的来源"。因此，出任新政权的首任财长后，汉密尔顿决心改善国家经济薄弱和不稳定的状况，给美国财政建立一个坚实稳定的基础。

从1790年1月至1791年12月的两年间，汉密尔顿向国会提交了一系列精彩的报告。在报告中，他为挽救联邦政府的财务困境和国家财政经济的发展做出了具有远见卓识的规划。其内容主要包括三个方面：一是联邦政府以票面价值偿还政府在独立战争中发行的国债，并为州政府承担在独立战争中所欠的债务；二是保护这个年轻合众国的新生工业，同时对进口货物征收高额关税来获得足够的税收；三

1789—1795年
汉密尔顿任美国第一届财政部长。

1790年
1月，汉密尔顿向国会提出《充分支持公共信用的报告》。
4月，国会首次制定专利权保护法。
6月，国会通过《承担债务法令》。

1791年
2月，汉密尔顿提出建立国家银行的建议，合众国第一银行成立。

合众国第一银行
1791年在费城建立，它并不是现代意义上的中央银行，实际上仍是一个私人性质的商业银行，和其他银行一样吸收储户的存款和发放商业贷款。另外，第一银行按照股份制方式成立，股票在市场上公开出售，股东和其他上市公司股东一样分配红利，决定第一银行如何经营。唯一不

同的是，其他商业银行属于州内银行，而第一银行是全国性质的银行，在全美开展业务，而且第一银行是唯一一个为美国财政部提供服务的银行。1811 年关闭。

是创建一个国家银行来储蓄政府资金和印刷钞票，为美国稳定的货币流通奠定基础。经过多次辩论和政治协商，国会最终在稍作修改之后通过了汉密尔顿方案中的主要部分。

仅仅过了几年，美国的企业就出现了质的飞跃，美国联邦政府所发行的债券，甚至在欧洲金融市场受到了普遍欢迎。18 世纪 90 年代后期，一位波士顿人报告说，美国"从来没有过如此繁荣的大好局面……我们的农业获得了丰收，我们的商业得到了上帝的恩惠，我们的制造业蓬勃发展"。甚至他的政敌杰斐逊也不得不承认：汉密尔顿当了几年财政部长，他在财政上的那些措施使别人赚了大钱，而自己还是两袖清风。

值得一提的是，汉密尔顿的政策并不仅限于促进经济的复苏。

汉密尔顿像

他主导的一系列大胆的改革，使国家在编制预算、有息借贷、联邦税收体制、国家银行、海关服务和沿海防卫等方面都获得了巨大的成功。他顶住了各种反对意见，成功帮助美国人克服了区域利益的局限。以此为基础，提高了中央政府的权威，巩固了中央政府强大的统治能力。这些都为美国资本主义和美国政府的未来奠定了坚实的基础。基于此，汉密尔顿迄今仍被认为是"美国历史上最杰出的财政部长"。

1804 年 7 月 11 日，汉密尔顿在与一个疯狂的政敌、杰斐逊政府的副总统阿伦·伯尔决斗时，身受重伤，次日去世，年仅 49 岁。汉密尔顿死后被安葬在华尔街附近的三一教堂公墓。有股票经纪人和投机商们的一直陪伴，汉密尔顿应该感到很高兴。

知识链接

汉密尔顿与联邦党人

汉密尔顿出生于美国本土之外，幼年的生活颠沛流离，他不像杰斐逊那样怀有浓厚的故乡情结。在汉密尔顿心目中占首位的是美国，而并非某一个州。他是一位国家主义者，主张建立一个统一而强大的中央政府。

汉密尔顿的政治信念是：为了国家的尊严和幸福必须建立联邦，而为了保持联邦必须有一个有效的政府。他认为政府权力太多会导致专制，但权力太少则会导致无政府状态，而两者对人民来说都是毁灭性的。因此，他希望集中权力，主张联邦统治应该强悍有力，相信最好的政府应该为了公共的利益积极努力。汉密尔顿在政治哲学上奉行精英主义，相信共和体制只有在一个统治阶级的领导下才能取得成功。因为普通国民的政治倾向经常波动而且狭隘，容易随波逐流而且受限于地方主义情绪。多数的民众只会停留在自己的小圈子中，不会去思考那些可能影响到所有美国人生计的大问题。为此，他把扩大联邦政府权力和提高资产阶级利益作为主要目标，想通过将他们的政治经济利益与联邦政府的成功紧紧地联在一起，利用这个阶级所具有的众多的社会精英分子来加强联邦政府。

汉密尔顿思想和政策的支持者和追随者逐渐形成一个政治派别——联邦党人派，其成员主要分布在沿海各州，特别是东北部地区。领导层由富有的商人、律师、大地主和银行家等人士构成。其他重要的代表人物还有约翰·亚当斯和托马斯·平尼克等。

民主之魂杰斐逊

"在开国元勋当中，就奠定国家的民主方针来说，没有人比杰斐逊所起的作用更大。"他的一生都在为美国的民主政治奔忙，给国家留下的是对民主原则最明确有力的阐述。首都华盛顿的杰斐逊纪念碑上刻着他的名言："永远反对笼罩着人类心灵的任何形式的暴政。"这句话概括了他曾经用毕生精力为之奋斗的信仰和精神，也是他一生的写照。

托马斯·杰斐逊 1743 年生于弗吉尼亚州，父亲是一位成功的勘测员和种植园主，母亲则出身于弗吉尼亚的名门望族。杰斐逊自幼聪明伶俐，有着广泛的兴趣，从科学到艺术和人文科学无所不能。有一则故事，说有一天杰斐逊在一家乡村旅店与一位陌生人聊天，陌生人先谈到机械操作问题，杰斐逊在这方面的知识使陌生人认定他是个工程师。然后谈到农业，陌生人转而认为他是个农场主。随后又谈了一些话题，陌生人先断定他是个律师，后来又觉得他是个医生了。最后谈到宗教，陌生人又深信他是个牧师。

1760 年，杰斐逊就学于弗吉尼亚首府威廉斯堡的威廉玛丽学院。在这里，他广泛阅读哲学、历史、自然科学与文艺作品，深受当时盛行的欧洲启蒙思想的影响。毕业后，杰斐逊致力于法律研究，成为一名律师，力图把法律作为社会改革的工具。与此同时，他还继承父业在蒙蒂塞洛经营种植园。优美的田园风光，朴实的乡村民风，安闲的农耕生活，使他对土地和农民有解不开的情结，并对其政治思想产生了巨大影响。

1769 年，杰斐逊当选为弗吉尼亚议会议员，开始在政坛崭露头角。1775 年 4 月，作为弗吉尼亚代表出席第二届大陆会议的杰斐逊，由于文笔出众，年仅 33 岁的他被推选为独立宣言起草委员会主席。在那个

杰斐逊像

炎热的夏季，杰斐逊忍受着蚊蝇的叮咬，每天上午查阅各种文献，然后仔细推敲，加以条理化，下午则伏案疾书。他在自传中说："这是我一生中最有意义的工作，我努力用最清晰简约的语言传达出我们坚定不移的信念、毫不含糊的独立要求，以及对殖民者的强烈义愤。"

半个月后，一份伟大的历史文献——《独立宣言》诞生了。这份饱含民主自由思想精华的文件，成为北美殖民地人民用鲜血和生命为争取独立而斗争的旗帜。林肯评价杰斐逊的这一贡献："一切光荣属于杰斐逊，属于这样一个人：在单独一个民族为其独立而进行的艰苦斗争中，他具有足够的冷静、远见和睿智，把一条可以适用于任何民族和任何时代的抽象真理纳入一个纯粹的革命文献，并传之久远。对专制与暴政，它是最有力的抗生素。"

战争胜利后，杰斐逊历任驻法公使，国务卿和副总统等职。1800年总统大选中，杰斐逊在"权利平等和民权自由"口号下当选，4年后又因政绩卓著连任。在8年总统任期内，他顺应时代要求，使美国革命赋予人民的基本权利得到了延续。他扩大了选举权、制止了司法部门的横行、废除了贵族政治的陋习、削减了军费、取消了某些不得人心的税收、减少了国债，使国家财政状况有了很大改进。他还签署了一项禁止进口奴隶的法令，向废除奴隶制前进了一大步。所有这些，都增强了这个年轻国家的实力，并扩大了以小农、手工业者和工匠等劳动者为基础的杰斐逊式的资产阶级民主。

在执政期间，杰斐逊还废除了许多繁文缛节，尽力使白宫的生活方式民主化，其中之一便是取消了宴会上的等级差别。有一次，英国公使和夫人参加白宫的一次正式宴会时，因为没有人陪伴他们入席，以至于公使和夫人不得不与其他客人争座位。对这种接待方式，英国客人感到是对他们本人和国家的一种侮辱。杰斐逊解释说："在社交圈子里，人人平等，不管是在职和不在职的，国内的和国外的，男女宾客都享有同样的平等。"

杰斐逊第二届总统任期后期，正值美英矛盾加剧，严峻的形势使得要求杰斐逊再度连任的呼声高涨，先后有10个州的议会致函杰斐逊不要退职。但杰斐逊坚定地表示，在适当的时候放弃职位同忠诚地履行职位一样，都是他的义务。"我不愿当无视杰出的前任所树立

1802 年

3 月，美国陆军军官学校在纽约州西点建立。

10 月，联邦专利局成立，隶属于国务院。

1803 年

12 月，国会通过第 12 条宪法修正案。

弗吉尼亚大学

1819 年由托马斯·杰斐逊创建。1825 年开始招生时，是全美第一所提供学生全部选修课程的大学，同时也是当时第一所将教育独立于教会的高校。杰斐逊出任第一任校长，詹姆斯·麦迪逊紧随其后成为该校的第二任校长，在美国所有大学中，也只有弗吉尼亚大学曾有两位总统任过校长。

的表率，而开创总统职务超过两届任期先例的人。"

1809 年，杰斐逊任期届满后回到蒙蒂塞洛老家，潜心于读书、建筑设计、科学发明等业余爱好，同时献身教育事业，创建了弗吉尼亚大学，并自任校长。1826 年 7 月 4 日，《独立宣言》发表 50 周年纪念日这一天，83 岁的杰斐逊辞世。他的墓碑上写着："托马斯·杰斐逊，美国独立宣言和弗吉尼亚宗教自由法规起草人，弗吉尼亚大学之父，安葬于此。"杰斐逊曾说过："我最希望这样被后世铭记。"

知识链接

杰斐逊与共和党人

杰斐逊深受法国启蒙思想的影响，相信自然权利和天赋人权说。他对普通民众有一种乐观的信心，确信教育能使他们的道德水平得到提高，辨别能力得到改善。相信民众对于政治现实的把握。在政府体制上，他希望分散权力，坚持地方政府应该掌握更多权力、民众应该拥有更多的民主和自由。认为共和制若无民主的基础就几乎不值得试行。

经济上，杰斐逊信奉重农主义学说，认为农民是社会最有价值的公民。他曾访问过英国的新兴工业城市，目睹过工人们恶劣的生存状况和不同阶层间巨大的贫富差距。他认定城市和工业是罪恶的根源，担心强有力的中央政府会使农民受到商业、工业阶层的侵害，他认为商业阶层总是想把政府变成向人民，尤其是向农民榨钱的工具，只有保持美国的农业社会才能避免发生欧洲那种因为资本主义工业的兴起产生的罪恶和贫富悬殊。因此他反对政治、社会权力的过度集中。坚持新的联邦政府的权力应该有所限制，政府没有理由做得更多，因为国家政府反映而不是重塑人民的愿望。最好的政府应该是权力最有限的政府。

这些以杰斐逊为首的汉密尔顿政策的反对者采用"共和党"的名称，他们思想上受重农主义学说的影响极大，其理想社会是由农民和手工业者组成的自由民主的农业社会，极度厌恶英国的君主制和正在兴起的工业社会。其支持者主要是农民、南部的拓荒者和其他下层人民。反对工业社会的种植园主也支持这个政治派别。其他主要的代表人物还有詹姆斯·麦迪逊和乔治·克林顿等。

费城的黄热病争论

1793年费城爆发了一种慢性流行病——黄热病。这种病由一种病毒引起,经雌蚊传播。初起症状与疟疾相似,病人先是感到燥热,然后打寒战,继而高烧,同时伴有剧烈的头痛和背痛。轻者高烧持续两三天后会自行缓解,重者在高烧后会出现黄疸(也因此这种病被称为"黄热病"),继发体内大量出血后,病人开始呕吐出大量黑色血液,然后陷入昏迷,直至死亡。

在短短不到半年的时间里,黄热病夺去了这座城市中1/10的人口,还有近一半的人口因恐惧而外逃。总统华盛顿、国务卿杰斐逊、财政部长汉密尔顿等也都被迫撤离。在黄热病最厉害的时候,费城被封锁,市政服务暂停,通讯中断,港口关闭,经济混乱,人们待在家里不敢出门。

当时的人们对黄热病全然无知,而最根本的问题是,医生们对这种病的病因、传播,以及如何治疗没有统一的认识。他们主要有两种意见,有的医生认为是当地因素——城市街道上腐烂的垃圾,产生污浊难闻的空气,经风一吹就感染了吸进这种臭味的人,从而引发疾病;有的医生不同意这种说法,认为是外来因素——法国难民带来了这种传染病,此前法属海地发生革命,有2000多名的法国人逃避到美国寻求政治庇护。医生们对病人的治疗也分为两派意见,一种是用奎宁树皮、酒和冷水浴;另一种则建议用放血疗法,通过抽掉病人体内大量的血液来消灭致病原。

费城在1793年没有办法解决这些争议,尽管这里是

1793年

6月,美国政府就欧洲局势发表中立宣言。热内事件挑战美国中立地位。

热内事件

1793年出使美国的法国公使热内,受法国政府指示企图利用美国领土作为进攻英国和西班牙殖民地和商业的基地,并鼓动英属加拿大和西班牙的路易斯安那殖民地的叛乱,引起美国政府不满并要求法国政府召回热内。这一外交事件被称为热内事件。

宾夕法尼亚医院

当时美国最先进的医疗中心,有全美国最好的医疗条件:早在 1752
年富兰克林就在此建立了美国的第一家医院——宾夕法尼亚医院;
1765 年这里建立了美国第一所医学院,有美国最著名的内科医生。但
让形势变得更糟糕的是,原本医生们在学术观点上的分歧却在某种
程度上变成了政治纷争。各党派的领导人都拼命把这一医学争论变
成自己的政治优势。随着疾病的蔓延,关于黄热病的问题从一开始的
纯粹医学争论迅速恶化为一场疯狂的政治斗争。

斗争的根源在于对法国革命截然不同的态度。在联邦党人看来,
法国革命不过是一场没有宗教信仰、无政府的、充满了杀戮暴行的骚
动,美国革命与法国革命没有任何共同之处,倒是应该高度警惕法国
革命关于思想自由的政治主张。他们担心法兰西的狂热会蔓延到美
国。所以联邦党人的医生把黄热病当做是另一种不想要的法国舶来
品,坚持说黄热病是一种传染病,要求美国要保护自己免受法国的威
胁,终止与法属西印度群岛的贸易,对已经进入美国的法国难民进行
隔离检疫,而且不再允许新的难民进入。

共和党人则把法国革命看作人类有史以来所从事的最神圣的事
业。他们相信,不管革命引起了怎样的破坏和暴行,最终都会在秩序
和自由的成功中结束。杰斐逊甚至说:"我宁愿看到半个地球化为废
墟,也不愿意它遭到失败。即使每个国家仅仅剩下一个亚当和一个夏
娃,但能自由自在地生活,情况也要比现在好。"而且他们在支持法国
人的同情心的激励下,把法国难民看作是带来好运而非死亡的荣幸的
朋友。所以,共和党人的医生坚持认为,这种流行病的根源在于他们
自家门口的不良污物,宣称联邦党人的目的是阴谋破坏与西印度群岛
利润丰厚的贸易,并且是要让美国人感染上一种新的疾病——痛恨法
国的一切。

斗争的发展日趋白热化,甚至"国会议员们都不愿与对方党的成
员同住一所公寓,而一个共和党人则必须注意不在一个联邦党人的小
酒店里歇脚"。民众也分裂成两大阵营:一个人要么成为共和党人,
支持自由、理性和法国;要么成为联邦党人,支持秩序、宗教信仰和英
国。与此同时,各种谣言开始流行,其中之一就是说,法国人已经在公
共的饮用水中下了毒,准备发起全面的入侵。费城人则威胁要用暴力

来对付无辜的法国难民。

　　幸运的是，在这场纷争达到高潮、即将失去控制之时，这种引发人们极度恐慌的流行病，随着冬季的到来后很快销声匿迹了，正如它在夏季的突然出现。随之，费城 1793 年关于黄热病的争论也就不了了之了。

知识链接

美国中立宣言

　　在美国独立战争期间，许多法国人来到北美同美国人并肩作战，法国政府也通过暗中支持和公开结盟的方式帮助美国赢得了独立战争的胜利。但不久之后法国资产阶级革命的爆发，以及随后在欧洲进行的法国与反法同盟的战争，给独立不久的美国提出了外交难题。1793 年 2 月，法国对英国正式宣战。美国因与法国有同盟条约（1778 年）面临卷入欧洲战争的危险，而美国的经济利益又与英国有密不可分的联系。美国应该采取何种政策？美法同盟是否继续有效？美国对法国的义务应做何种解释？能否接受法兰西共和国的公使？这些是华盛顿就美法关系于 4 月 18 日向内阁提出的主要问题。

　　经过内阁会议的讨论，包括汉密尔顿和杰斐逊在内的内阁成员都赞成严格保持中立，一致同意发表一项宣言，以避免卷入欧洲战争。1793 年 4 月 22 日，华盛顿政府签署《中立宣言》，表明美国不介入战争任何一方的原则立场。要求美国公民对交战双方都应采取友好、公正的立场，禁止对交战双方表示敌意，禁止同交战双方进行走私贸易。美国虽然没有宣布废除美法同盟，而且接受了法兰西共和国的公使，但宣言的发表实际使美法同盟不再起作用。

　　《中立宣言》是在美国刚刚独立、经济和军事实力都不够强大时的产物，它维护了美国的商业利益，利用美国远离欧洲的地理条件，避免了卷入欧洲战争。

华盛顿的政治遗嘱

总统任期

1796 年，华盛顿在告别演说中公开拒绝再次连任，自动退出第三次竞选，从而奠定了和平转移权力和两届总统任期的传统。直到富兰克林·罗斯福总统在二战前的非常时刻才打破这个惯例。1951 年，美国国会以第 22 条修正案将美国总统两届任期这个惯例固定下来。

1788 年新宪法生效后，华盛顿众望所归，以全票当选为合众国首任总统。新建的共和国各种问题堆积如山，而新政府的建设无任何先例可循。正如麦迪逊所言："我们处在一片荒野之中，找不到丝毫历史足迹来引导我们前行。"华盛顿非常尊重别人的意见，他创立了总统内阁制，把各个部长召集在一起，聆听他们的意见。但他也非常有主见，"广泛听取意见，再三思考，慢慢做决定，一旦决定之后就坚持立场"（汉密尔顿语）。

作为首任总统，他具有非常强烈的责任感，意识到自己的每一个行动都必须考虑为后人提供先例，他说："阿耳戈斯（百眼巨人）的眼睛一直看着我，任何疏忽都会被别人注意到。"在共和国艰难的创业日子里，华盛顿确立了宪法的权威，组建了有效的政府，使经济发展走上了正轨，收回了邦联时期被外国占领的土地，维护了国家的尊严和领土完整，保持了和平，并且在政治和法律上开创了许多良好的先例。

1796 年，两届任期即将结束，人们请求华盛顿连任第三届总统，但他拒绝了。因为他太疲倦了。他希望回到自己的家里，在自己的床上睡觉，在自己的餐桌上吃饭，在有生之年与自己的家人共享天伦之乐。他已经 64 岁了。在过去 20 年间，他从未休息过。这 20 年是在无休止的战争、辩论、会议、各种误解和质疑中度过的。

9 月 17 日，决定退出政坛的华盛顿发表了一个公开的告别辞，这是献给他所热爱并为之贡献了毕生的国家的一份政治遗嘱。因此在演说中，华盛顿要他的同胞们热爱自己的国家。他说，不论出生于或选择住在这个共同国家的公民，这个国家有权要求你们感情专注地爱它，"美国人"这一名称是属于你们的，你们都是国民。这个名称必须永远凝聚应有的爱国主义自豪感，要高于任何因地域差异产生差别的名称。

华盛顿最感头疼的是联邦党人和共和党人之间的激烈争斗。所以他语重心长地指出："联邦政府的统一使你们成为一个民族，这对你们弥足珍贵。联邦政府的统一是你们真正独立大厦的主要支柱，是你们在家庭中得到宁静安稳，在国外得到和平，是你们安全和繁荣以及你们那么高度珍视的自由的保障。"他词意恳切地提醒人们少想一点自己州的利益，多想一点整个国家的利益，不要让纯粹的党派利益影响了各种决策。他还努力向人们解释，南方的繁荣会给北方带来好处，南方也会得益于北方的富强，东西部的经济也同样是互惠互利的。

华盛顿清楚地意识到和平对于这个年轻国家的重要性，所以他提醒人们要对欧洲的争斗敬而远之，不要对任何外国怀有"顽固的反感情绪"或"热烈的爱慕之情"。他认为："通过人为的纽带使自己卷入欧洲政治的漩涡，与欧洲友好地结合或敌对地冲突都是不明智的。"与外国交往的重要准则是"尽可能扩大与他们的贸易关系，尽可能少地与他们保持政治联系"。

《告别辞》与其说是华盛顿宣布告别政坛，不如说是他对自己 8 年总统任期的全面总结。是他留给后继者们的一份宝贵的政治遗产，也是他对国民发自内心的忠告和对共和国美好未来的殷切期望。它是以一个民族为对象的致辞，是在这个民族发展的一个特定阶段上发表的，就这一点而言，其长远价值非常巨大。直到今天，每年 2 月 22 日华盛顿诞辰，国会都要宣读这篇演说。

1797 年初，华盛顿在出席了第 2 任总统约翰·亚当斯的就职典礼后回到弗农山庄。两年后因外出受了风寒而染发喉炎去世，享年 68 岁。消息传到英国，昔日的敌人也为他的逝世鸣礼炮 20 响致哀。在隆重的追悼仪式上，华盛顿生前的部将

1799 年
4 月，美国第一份季刊《美国评论和文学杂志》创刊。

1800 年
美国首都迁至华盛顿特区。

华盛顿的告别宴会

和战友亨利·李致悼词，盛赞"他在建立战功上是独一无二的，他在和平建设的政绩上是独一无二的，他受人民怀念之深是独一无二的，他是一位举世无双的伟人"。

知识链接

党派斗争的开始

1792 年，围绕汉密尔顿财政措施、特别是关于创建合众国银行的争论，以及汉密尔顿与杰斐逊两人在内阁的公开冲突，渐渐形成联邦党和共和党两大政治派系。这两大派系之间的斗争，实际上体现的是中央政府与州政府之间，秩序与自由之间，权力与民主之间，工商业社会与农业社会之间，富豪阶层和社会精英分子与下层人民之间，以工商业经济为代表的北部利益与以种植园经济为代表的南部利益之间的冲突和斗争。

在初期，双方在国家政权建设、财政经济政策、外交方针等重大问题上都出现激烈争论，尤其是与英法两国的关系问题成为斗争的焦点。

联邦党人倾向于英国。他们认为，不论付出怎样的代价，都必须保持住对英国的和平，因为联邦政府还没有能力与当时世界上头号强国进行战争。而且，英国可以帮助美国实现经济繁荣，是至关重要的经济合作伙伴，全国税收大部分来自关税，而美国 90% 的进口来自英国，同时，英国也是重要的政治合作对象，可以帮助美国建立新兴国家的政治秩序。共和党人基于共和的理想站在法国一方，认为独立战争期间，美国曾得到法国的支持，而 1778 年的条约，又建立了美国与法国的同盟，两国都为了消除君主和独裁统治而战。因而应该维护美法同盟，履行义务，并尽可能地同法国保持商业联系。而英国是美国真正的敌人，它垄断美国的商业、银行业和公共债务，并正在试图把美国变成其附庸。

由内政到外交，两个派别的政治分歧越来越大，而随着时间的推移，初期自发的组织形式也各自发展成稳定的机构，最后导致了政党的产生。党派在美国政治生活中逐渐充任了重要角色。

购买路易斯安那

1803 年，美国做了最划算的一笔交易，从法国手中以 1500 万美元，即每英亩仅 3 美分的价格买下了整个路易斯安那约 215 万平方千米的土地，使美国领土扩大了一倍。

路易斯安那地区原属法国，七年战争后转让给西班牙，但由于地处美国西部边疆，成千上万的美国人源源不断地涌入。坐落于密西西比河河口附近的新奥尔良是路易斯安那最重要的贸易中心，美国西部边疆地区的居民，每年要在新奥尔良转运价值达 100 万美元的农产品往东部海岸和外国港口。西班牙与美国订有协议（1795 年），同意给予美国在新奥尔良的货物存栈权。

拿破仑·波拿巴控制法国政权后，于 1800 年通过与西班牙达成秘密协议又收回了路易斯安那地区。不过，该地区的管理工作继续由西班牙人负责。一年后，当美国政府听闻路易斯安那转手的消息后深感不安：路易斯安那在软弱的西班牙手中尚且无妨，若在北美出现一个法国的殖民帝国，有一支能征善战的法国军队驻扎在美国的大门口，无疑会威胁到美国的国家安全，也必将妨碍美国的发展，甚至还有可能把美国拖入到欧洲战争中，可以说是后患无穷。1802 年 10 月，仍旧负责管理新奥尔良的西班牙总督又突然宣布，取消美国商人在新奥尔良港口存放货物的权利。这事实上等于关闭了美国商船在密西西比河下游的通道。

杰斐逊政府一方面劝说国会筹备资金用于扩充陆军和舰队，同时做出同英国结盟的表示，以对法国施加压力；另一方面指派美国驻法公使罗伯特·R.利文斯顿与法国政府谈判，尝试通过外交途径购买新奥尔良的可能。杰斐逊在给利文斯顿的信中表示，美国从前一直将法国视作天然盟友，但地球上"只有一个地方"的拥有者会"自然成为我们的敌人"，这个地方就是新奥尔良。如果法兰西真的占有新奥尔良，"我们就不得不与英格兰的舰队和国家联合"。1803 年 1 月，杰斐逊总统再派詹姆斯·门罗作为特使前往法国交涉。

1803 年 4 月 11 日，当门罗行进在前往巴黎的途中时，利文斯顿去见法国外交部长塔列朗，尝试提出购买新奥尔良时，塔列朗突然问

1799 年
拿破仑发动政变，成为法国第一执政。

1803 年
美国从法国手中购买路易斯安那。

路易斯安那地区

18 世纪的路易斯安那并非现在的美国路易斯安那州，而是指位于密西西比河与落基山脉之间，从北部平原地区向南一直延伸到墨西哥湾的一片广大地区，包括今天的十几个州。

1804 年
5 月，刘易斯—克拉克探险队从圣路易斯出发沿密苏里河上游西进探险。

1804—1814 年
拿破仑建立法兰西第一帝国。

1805 年
英国在特拉法尔加打败法国。

道："对整个路易斯安那你们愿出多少钱？"这个爆炸性的消息让这位美国外交官震惊得连话也说不出来，但他很快就镇静下来，回答说500万美元。塔列朗认为这个价钱太低，于是给利文斯顿一两天时间考虑。利文斯顿一时间也拿不定主意，因为向国内请示肯定来不及，而法国出售的土地又远远超出国内对他的授权。

幸运的是，第二天门罗到达了巴黎。门罗的使命是协助利文斯顿谈判购买密西西比河口包括新奥尔良地区事宜。现在法国突然提出愿意出售整个路易斯安那，这样摆在门罗目前的情况就变成了两种：或购买整个路易斯安那，或者什么都不买。门罗和利文斯顿来不及向国内请示，决定越权与塔列朗谈判，购买整个路易斯安那地区。一番讨价还价后，最后美国代表同意付给法国1500万美元，美国则可以得到整个路易斯安那地区。1803年4月30日，美法双方签订了《路易斯安那条约》。

条约对所购地区的疆界没有明确规定，只说路易斯安那应包括法国和西班牙曾经占据的"同样范围"。当时没有人确切知道这个地区有多大，包括哪些地方。两位美国谈判代表询问塔列朗这个地区的边界时，他的回答是，你们美国人捡了个大便宜。历史学家亨利·亚当斯写道："美国政府从来没有用这么少的钱，买到这么多的东西。"

而实际上，路易斯安那的获得，不仅仅是领土面积的扩大，长期以来引起许多麻烦的密西西比河航行权、存栈权等问题也迎刃而解。美国西部贸易现在可以毫无障碍、畅行无阻地沿着密西西比河运抵墨西哥湾。这一地区还有着世界上最丰富的粮食、燃料和动力资源，大大有利于美国经济的发展。而且，路易斯安那的范围极不明确，这给美国随意解释其边界，进一步向西扩张提供了方便。拿破仑就说过："进入这片领土可使美国的地位永远屹立不倒，而我则为英国创造了一个迟早会挫其锋芒的海上对手。"所以路易斯安那的购买，"对于美国的重要性是怎样估计也不会高的"。

知识链接

拿破仑的殖民帝国计划破产

拿破仑上台后，于欧洲扩张的同时制定了西半球的殖民帝国计划，企图恢复18世纪法国的美洲殖民地。1800年,拿破仑以支持西班牙侵略意大利为条件,与西班牙政府达成秘密协议,重新获得了路易斯安那的所有权。他想把密西西比河谷作为法兰西帝国的粮食和商贸中心,帮助解决海地岛甘蔗地里黑奴的粮食问题。

1801年底,法国成功挫败第二次反法联盟。1802年初,拿破仑利用与英国休战的机会派出远征军抵达西印度群岛镇压海地黑人起义,恢复了法国主权。但不久,形势发生急剧变化。法属海地发生了兵变和黄热病,拿破仑的远征军受到重创,短时间内就有3万多名法国士兵丧生,法军几乎是全军覆没。拿破仑大声诅咒:"该死的糖料、该死的咖啡、该死的殖民地。"与此同时,英法在签订《亚眠和约》后矛盾并未缓和,因为拿破仑的扩张计划首先与英国发生尖锐冲突。1803年3月,拿破仑以战争威胁英国归还马耳他岛,英法关系极度紧张,双方积极备战。5月,英法之间再起战端。

在海地独立已成定局的情况下,拿破仑放弃了在西半球重建殖民帝国的梦想,原先作为加勒比岛粮食与木材供应地的路易斯安那也就失去了其重要价值。而且,欧洲战争的牵制使法国无力保卫北美殖民地,拿破仑觉得,与其让路易斯安那日后被美国占领,不如现在就卖掉它,这样,既可以得到一笔钱补充战争所需,又可以防止美国与英国结盟,可谓一举两得。于是就有了关于路易斯安那的交易。

永远飘扬的星条旗

"哦，你可看见，透过一线曙光，我们在暮色将近还自豪为之欢呼的旗帜，是它的阔条明星经过艰难的战斗，依然迎风飘扬在我军碉堡上？炸弹在空中轰鸣，火箭闪着红光，一整夜都成为我们国旗依然存在的见证，哦，那星条旗是否还飘扬在自由的国土，勇士的家乡！……"这是美国国歌中的一段歌词，他是一位叫弗朗西斯·斯科特·克伊的律师在第二次美英战争期间创作的。

这次战争于 1812 年爆发，初期，英国的主要精力集中在欧洲反法战场，在加拿大的军队不足 5000 人。美国首要的进攻目标就是驻扎在加拿大的英军。但美国也并未做好切实的准备。当时美国陆军只有不足 1 万人的兵力，海军战舰 24 艘，而且武器装备也较差。除此之外，麦迪逊政府还面临着财政困难、国会内部党派斗争激烈、新英格兰地区亲英分子不断发生叛乱等问题。对如何进攻加拿大，美军也没有周密的计划。导致加拿大边境战事接连失利。到 1812 年底，进入加拿大的美军全部被逐出，而俄亥俄以北地区已处于敌方威胁之下。

1813 年初，美军做出战略调整，开始在大湖地带取得出色的军事成就，先后占领安大略湖和伊利湖，顺利打通了水上渠道。10 月，威廉·哈里森将军沿泰晤士河北上进入加拿大北部，杀死了作为英国军队陆军准将参战的印第安首领特库姆塞。泰晤士河战役削弱了印第安人的势力，打击了印第安部落的士气。1814 年 3 月的马蹄湾战役，安德鲁·杰克逊将军又发动了残酷的复仇性反击，彻底摧毁了克里克族印第安人的抵抗势力。

但部落战争的胜利并不能决定整个战局。1814 年 4 月，拿破仑战败退位后，英国得以向美洲调兵遣将，增派海军封锁了大西洋沿岸，并在陆上发动大规模进攻。同年 6 月，英将罗伯特·罗斯率领 4500 名精兵进抵华盛顿，而此时的华盛顿只有少量缺乏训练的普通民兵防御，根本无力抵挡。8 月 24 日，华盛顿失陷，总统麦迪逊夫妇被迫前往弗吉尼亚避难，其他政府官员也及时撤离，没有造成人员伤亡。但为报复美国前些时火烧加拿大首都约克敦，英军纵火焚烧了国会大厦，还没有完全竣工的总统官邸也未能幸免。他们还点燃了财政部大楼和海军造船厂，大火熊熊燃烧，直到半夜的一场雷雨才把火浇灭。

所幸的是，总统夫人多莉在撤离白宫前表现得坚决而镇定，尽力保护国家财物。装箱的内阁文件足足有一马车。在最后撤离的关头，她还设法带走了乔治·华盛顿的巨幅油画像，这需要从墙上把一颗颗螺丝卸下来。危急时刻，多莉命令把镜框打碎，把油画取出来。正是多莉的从容镇定为国家保留了重要的历史文献、资料和珍贵的文物。

火烧华盛顿之后，英军继续向北进攻巴尔的摩市。当时，弗朗西斯·斯科特·克伊被派去协助政府官员与英军交涉释放战俘。9月13日晚，在英国舰队上，他们无可奈何地看着英军炮击麦克亨利要塞，透过硝烟和薄雾，可依稀看到堡垒上飘扬着一面巨大的美国国旗。夜里，飞弹耀眼的强光和炮弹的爆炸声表明了要塞的保卫者还继续坚持着。第二天黎明到来时，炮击结束，他们焦虑地望向远方，想看清楚麦克亨利要塞上飘的是哪一方的旗帜，使他们感到欣慰的是那儿飘的还是星条旗。心情无比激动的克伊立刻拿起笔，在一只旧信封的背面写下了一首诗——《保卫麦克亨利要塞》。诗中再现了战斗的经过，颂扬了美军的英勇。一个月后，这首诗被印成传单，名字改为《永远飘扬的星条旗》，并配上了曲调。自此，这首饱含爱国情怀的诗歌成为最流行的歌曲之一，被广泛传唱。

当年12月，由于在战场上的节节败退和欧洲形势的危急，英国急于从北美抽身，于是在圣诞节前夜美英双方签订了结束战争、维持战前边界的《根特和约》。虽然从军事上讲，美国并没有取得特别重大的胜利，

美国国歌——《永远飘扬的星条旗》

歌词作者弗朗西斯·斯科特·克伊，以1814年美英战争时的麦克亨利要塞战役为背景而创作的。记录了他在黎明第一缕霞光出现之时看到美国旗帜高高飘扬的自豪之感，后被配上一首旧的英国祝酒曲而流行开来。这首歌曾唤起过无数美国人的爱国心，1931年被选定为美国正式的国歌。

巴尔的摩的麦克亨利要塞

但这场战争的重要意义在于：巩固了美国的独立地位，英国自此彻底放弃了重新占领美国的企图；战争的胜利也使美国真正获得了经济主权，美英开始建立起平等的贸易关系；战后美国的国内政治斗争也趋于缓和，亲英的联邦党人自此一蹶不振，此后十余年，美国处于建国以来少有的和平环境，经济获得迅速发展。

知识链接

1812 年美英战争

1812 年美英战争是美国独立战争的继续，有"第二次独立战争"之称。时任美国总统的麦迪逊表明向英国发动战争的理由有：强行征用美国船只；封锁阻止船只安全离开美国海岸；封锁阻止美国船只安全到达其他海岸；在海上没收中立国贸易商品；在西北部地区激起印第安人的敌意。

在战争爆发前，英国的确一直无视美国的领海主权，以抓逃兵为由，随意到美国商船上抓捕那些从英国逃往美国的人、在英国出生的美国水手以及其他被怀疑是英国人的美国人，并强令他们加入皇家海军，在英舰上服役。1807—1810 年间，英国共捕获 6000 多名美国船员。此外，英国经常采取挑衅行动，不断发生英舰袭击美国舰船的事件。特别是在 1807 年 6 月，美国船只"切萨皮克"号在距弗吉尼亚海岸仅数英里的地方，遭英军舰炮击，造成美国海员 21 人伤亡。这一事件激起美国民众极大愤怒。

1809 年麦迪逊执政时，美国与英国的对立更趋尖锐。对于英国的蛮横态度和我行我素，美国国内多数意见认为，外交手段和经济制裁的办法全然无效，除了开战已别无选择。国务卿门罗也指出："战争不可能比目前的事态给我们的伤害更大。"当然，美国西北边疆地区印第安人一直受加拿大英国人的军火援助与美国为敌，这无疑也是美国人所痛恶的。国会内的扩张主义者认为可以在战争中伺机夺取加拿大。

正是在这样的背景下，1812 年 6 月 18 日，美国正式向英国宣战，美英战争爆发。

门罗总统的宣言

詹姆斯·门罗是美国开国元勋中最年轻的一位，也是弗吉尼亚王朝的最后一位总统。副总统约翰·卡尔霍恩评价他："虽然不是才华横溢，但很少有人能够与他的智慧、坚定和对国家的奉献精神相比。他具有一种良好的、理性的耐力。……当需要对某个问题做出重要判断的时候，他能够坚定不移地专注这个问题，直到理解、掌握这个问题的各个方面为止。他的高度准确的判断都要归功于这种令人钦佩的品质。"

门罗，1758 年出生于弗吉尼亚州的一个种植园主家庭，16 岁考入威廉玛丽学院，独立战争爆发后投笔从戎。在战场上他身先士卒、骁勇善战，在一次突击中肩部受重伤，几乎因流血过多而丧命。因为战功，门罗被华盛顿亲自提升为上尉，后又晋升为少校。

1780 年辞去军职后，门罗回到弗吉尼亚，得到时任州长的杰斐逊赏识。在杰斐逊的影响下，门罗开始对政治产生浓厚的兴趣。他后来在给杰斐逊的信中写道："在这之前，我的人生计划还是模糊不清的。……这时候，我不但认识了你，你还给我指明了学习的方向，我的人生计划终于确定了。"杰斐逊则亲自指导门罗学习、研究法律，从此开始了二人长达半个世纪的伟大友谊。

24 岁即开始步入政界的门罗，历任弗吉尼亚州议员、邦联议员、联邦参议员、驻法和驻英公使、国务卿及陆军部长等职。其才华、能力和品格得到华盛顿、亚当斯、杰斐逊和麦迪逊等人的交口称赞。人们评价他是"一个把整个灵魂都亮出来也找不到任何污点的人"。

1816 年，门罗以绝对优势击败对手入主白宫，后又获得连任。门罗当政时期，联邦党人由于在 1812 年的美英战争中所持的亲英主张，遭到致命打击，在政治上失去了影响。党派之争暂时停息，美国实际上成为一党统治的国家，政治上出现一个相对稳定时期，波士顿的报纸盛赞这一时期为"和睦时期"。1820 年竞选连任时，门罗赢得了 24 个州的几乎全部选举人票，只有新罕布什尔州州长威廉·普卢默投了反对票。事后普卢默说，他是为了把选举团全票同意的荣誉保留给华盛顿一人。

1817—1825 年
詹姆斯·门罗任美国第五届总统。

1821 年
墨西哥独立。

1822 年
美国承认拉美各国独立。

1823 年
"门罗宣言"发表。

1825 年
伊利运河竣工。

弗吉尼亚王朝
美国最初 5 位总统中的 4 位都来自弗吉尼亚，华盛顿、杰弗逊、麦迪逊、门罗，政府依宪法存在的最初 36 年中，4 位总统占据白宫时间达 32 年。总统职位似乎成为弗吉尼亚的特权，北方人不以为然地称之为弗吉尼亚王朝。直到 1825 年，非弗吉尼亚的约翰·昆西·亚当斯继任，弗吉尼亚王朝结束。

　　门罗作为总统最为人所熟知的还是在外交方面的成就，对美国外交影响深远的"门罗主义"就是与他的名字紧紧联系在一起的。19世纪初，拉美国家纷纷展开独立运动，摆脱了西班牙和葡萄牙的统治。英国因为得益于拉美独立后带来的巨大市场，不愿西班牙重返拉美殖民。但英国更担心的竞争对手是美国。美国不仅占地利之便，而且与拉美新独立国家同为共和制，心理上容易接近。

詹姆斯·门罗就职

　　1823年8月，英国外交大臣乔治·坎宁抛出了英美"合作"的建议，试图以此约束美国在拉丁美洲的行动。对于英国的建议，美国内部有两种意见：前总统杰斐逊等人主张，在"绝不卷入欧洲的纷争，绝不容忍欧洲干涉大西洋这边的事务"的前提下，与英国合作，一起为反对欧洲干涉拉美的"同一事业而并肩战斗"。他说，尽管英国仍然是我们的最大敌人，但如果英国站在我们这边，那么即使这个世界与我们为敌，我们也不用害怕。

　　但国务卿约翰·昆斯·亚当斯坚决反对。他认为，欧洲神圣同盟武装干涉拉美的可能性微乎其微，他说："我宁可相信钦博拉索火山会沉入大洋之下，也不相信神圣同盟会恢复西班牙对美洲大陆的统治。"而且他认为，即便欧洲列强打算干预，强大的英国海军也会阻挡他们。而如果美国同意了英国的建议，就等于放弃了有一天吞并古巴或拉美其他地区的机会。所以他敦促美国政府独立行动，"而不是跟在英国军舰的后面充当它的补给小划艇"。

　　最终，门罗采纳了亚当斯的建议，决定单独发表一项声明。1823

年12月，他向国会提交了一份国情咨文，宣称"美洲是美洲人的美洲"，反对任何欧洲国家干涉美洲事务。这就是著名的"门罗宣言"。门罗宣言所阐述的外交原则在美国的外交实践中不断丰富，最终形成了一套对美洲的外交政策体系，成为美国对外扩张的基石。它此后的历届政府在侵略拉丁美洲的过程中，多次随意援引门罗宣言的原则。

　　1825年卸任后，门罗回到弗吉尼亚的老家——橡树庄园安度晚年。6年后于美国独立纪念日当天去世。

知识链接

拉美形势与欧洲

　　19世纪初，拉丁美洲爆发了反对西班牙和葡萄牙殖民统治的独立革命，民族解放斗争蓬勃发展。1816年7月，拉普拉塔联邦（包括阿根廷、巴拉圭和乌拉圭）宣告独立。次年1月，圣马丁率领阿根廷起义军翻越安第斯山，与当地革命军会合，攻陷圣地亚哥，1818年4月，智利宣告独立。1819年12月，玻利瓦尔领导建立了大哥伦比亚共和国（包括委内瑞拉、哥伦比亚、厄瓜多尔）。1821年墨西哥独立，同年秘鲁共和国成立。巴西于1822年也摆脱葡萄牙的统治获得独立。其他地区也燃起革命的熊熊烈火。

　　拉美革命运动的兴起削弱了庞大的西班牙和葡萄牙殖民帝国，给其他欧洲列强和美国提供了向拉美渗透的机会。但同欧洲强国相比，当时美国实力仍然弱小。而俄国从18世纪末开始在北美阿拉斯加殖民，到20世纪20年代，其势力已南伸到加利福尼亚地区。法国自七年战争后几乎丧失了它在北美大陆的所有殖民地，但并不甘心，仍伺机卷土重来。它利用与西班牙国王同属波旁王室的姻亲关系，以恢复波旁王朝的统治为名，扩大法国在拉美的影响。英国在北美拥有庞大的殖民地，它向拉美的大规模渗透始于1810年。1822年担任英国外交大臣的乔治·坎宁主张以维持欧洲均势为目标，把美洲纳入英国的均势体系，使之成为纠正欧洲均势失调的砝码。为此，英国不允许其他欧洲国家插手拉美事务，也试图限制美国在美洲的扩张。这是门罗主义产生的一个重要背景，也是直接导因。

平民总统杰克逊

　　安德鲁·杰克逊是美国历史上第一位来自社会下层的总统。在此之前，担任总统职务的多出生于殖民时代的显赫家庭，是拥有产业、建有功勋的社会名流。而杰克逊出身低微、来自偏远乡村，完全是通过自我奋斗、以普通人的身份登上权力与荣誉之巅。但他平易、真实的风格博得了中下层民众的热烈拥护，成为美国历史上最有个人魅力的领袖之一。

　　杰克逊出生于跨南、北卡罗来纳边界地区的一间"小木屋"。父母是北爱尔兰移民，他出生前父亲就去世了。由于家境贫寒，杰克逊没有接受过多少正规教育，经常在文法和拼写上出现漏洞，参与政治活动后还因此被反对者讥讽为"粗人"。独立战争期间，母亲和两个哥哥相继去世，13 岁的杰克逊便在当地的民团中做信差，自谋生路。17 岁时，他开始学习法律，两年后取得律师资格。

　　在艰苦动荡的边疆环境中长大，杰克逊养成了勇敢、坚定但也鲁莽、好斗和桀骜不驯的性格。他热衷于赛马、斗鸡、摔跤和饮酒，还经常与人决斗。一些闻名全美的决斗专家、神枪手都倒在了他的枪下。1806 年的一次决斗，他的两根肋骨被打断，子弹由于距离心脏太近一直没有取出，这也导致折磨了他几十年的肺部脓肿，直到去世。1813 年，杰克逊曾与后来鼎鼎大名的参议员托马斯·本顿决斗，本顿一枪击中了杰克逊的左臂，子弹一直留在里面近 20 年。到 1832 年医生取出子弹时，本顿已经成了杰克逊的支持者。杰克逊提出将子弹归还本顿，但本顿拒绝接受，说 20 年的保管期已使产权发生了转移，子弹的所有权当归属杰克逊。而杰克逊说距上次决斗才只有 19 年，产权关系没有发生变化。本顿回答说："鉴于你对子弹的特别照顾——一直随身携带——我可以放弃这一年的产权。"此后，杰克逊还多次为维护妻子的名誉与人决斗。

　　1788 年，杰克逊移居田纳西州纳什维尔新拓殖区，开始了一生的转折。他以法律知识和冒险精神博得了当地人的尊敬，并通过土地投机很快从"小木屋主人"发迹为拥有上百名奴隶的种植园主，开始进入当地上流社会。杰克逊因其出身、经历与气质十分迎合边疆社会的风习，既拥有边疆拓荒者的粗犷的个人主义气质，又具备西南部上流社会人士的豪侠之气和荣誉感，这使他备受边疆居民的推崇，1796年，杰克逊当选为田纳西州第一名联邦州议员，成了新兴西部利益的代言人，开始在政坛崭露头角。

军事领域的成功又进一步为其积累了政治资本。1813年，因成功镇压和驱逐印第安人、从而解除西南地区印第安部落的威胁，杰克逊擢升为陆军少将，被视为西南边疆的英雄。其部下则称其为"老山核桃"，以赞誉其坚忍不拔的毅力。1815年初，他率领的军队在新奥尔良以少胜多，重创英军，取得了美军在第二次反英战争中最辉煌的一次胜利。自此，杰克逊成了全美知名的民族英雄。1828年，杰克逊成功击败对手，在总统选举中获胜。

杰克逊像

杰克逊的就职仪式呈现出前所未有的景象：国会大厦东面门廊前，用一根长长的绳索作为围栏，因为那里挤满了蜂拥而至的民众——那些社会中下层成员将杰克逊视为自己的代表。成千上万的美国人从全国各地赶来向新任总统祝贺。"很多人走了500英里来到华盛顿，只为一睹杰克逊将军的风采。"杰克逊宣誓就职时，人群中发出了震耳欲聋的欢呼声，几乎没有人听见他讲些什么。所有的人都希望能跟总统握一握手，当他准备过去骑马时，立刻被人们围住，寸步难行。

白宫的接待处很快就感到无力招架。据法官约瑟夫·斯托里记载，一大群人"包括打扮入时、举止高雅的达官显贵和粗俗无教养的下等人"冲进白宫寻找食物和酒菜，他们鞋上的泥巴很快把地面弄得肮脏不堪，大量家具被掀翻在地。……后来当葡萄酒和冰淇淋被送到外面的草坪上时，很多人又从白宫的窗子上跳了出来。

反对派讥讽这是"乌合之众王"获得了胜利，杰克逊的支持者则称之为"人民自豪的一天"。他们认为，这次选举是一次"全国农民和技工'压倒'出身富有和名门之人"的胜利，标志着一个新的民主时代——平民时代的开始。

知识链接

杰克逊时代

19世纪20至40年代，美国社会正经历着商业资本向工业资本转化、农业经济向商品化阶段迈进的历史性变化。国家经济的主导权正从商人和银行家转移到工业资本家手中，西部新兴势力正在上升，南方对高关税颇为不满，东部劳工和西部农民渴望着通过改革维护他们的经济利益和民主要求。杰克逊政府审时度势，在加强资产阶级统治、维护国家统一、发展经济方面采取了一系列步骤。

杰克逊之前，官职已成为财产的象征。杰克逊在国会严厉指责"政府成了保护个人权益的机器，而不是维护人民大众利益的机构"。他相信可以将政府官员的职责变得简单明了，任何有智力的人都可以轻而易举地胜任。他指出，政府职位属于人民大众，不属于那些久居官职的人。通过坚持"政党分赃制"，杰克逊政府首创了美国政治领域的一项重要政策：当选官员有权将政府公职委派给获胜党支持者。这有效限制了终身制官员阶层的出现，使"轮流任公职制"得以实现。结果杰克逊在8年总统任职期间共解除了约1/5政府官员的职务。

除此之外，杰克逊行使否决权，否定了银行延续法案，打击了东部商业集团的金融控制；他果断签署了武力法案和妥协关税法案，粉碎了南卡罗来纳州脱离联邦的企图。这使他赢得了北部和西部新兴资产阶级、劳工和小农的支持。对当时的许多美国人来说，杰克逊就是民主精神的捍卫者，美国社会反对权贵和提倡平等精神的象征。直到1845年6月去世，杰克逊一直是民主党的支柱和传奇式的英雄人物。

开疆拓土

　　19 世纪初，随着国力的不断增长，美国开始在北美大陆进行领土扩张。从法国手中购买路易斯安那；武力迫使西班牙放弃佛罗里达；把英国排挤出俄勒冈；侵略掠夺新独立的墨西哥一半以上的领土。总之，在"天定命运"的扩张主义理论指导下，美国通过廉价购买、兼并、掠夺、战争等种种手段，在短短半个世纪的时间里，使领土由最初沿大西洋 13 州的狭长地带一直扩展到太平洋沿岸，成为东西疆界濒临两洋的大国，总面积达到 780 万平方千米，增加了将近 4 倍。

　　于大陆扩张同时，一股持续不断的迁移潮在美国形成。迁移的大军越过阿巴拉契亚山脉、跨过密西西比河向西部广大地区扩展，19 世纪 40 年代到达太平洋沿岸地区。白人移民垦殖开发远西部地区是 19 世纪美国历史上最伟大的壮举之一，它给国家发展带来了深刻的影响。大面积的疆土、最肥沃的耕地，提供丰富的矿产资源和森林资源，极大地推动了美国工农业的发展，也扩大了美国的生产基地和市场。但是领土扩张也带来了不少严重的问题，尤其加剧了南北方之间的冲突，并产生了是否允许在西部的领土上存在奴隶制这一致命性的和最终导致分裂的问题。民主政治机构能解决西部领土上的奴隶制问题吗？这个问题在 19 世纪 50 年代成为美国的重大政治问题。

广袤的西部土地

　　从印第安人手中攫取的广袤而肥沃的西部土地，吸引着成千上万东部地区的白人移民跨过密西西比河向西挺进。从 19 世纪 40 年代开始的西部拓殖运动，给 19 世纪的美国生活方式涂上了传奇色彩，但拓荒生活并不像田园诗那样富于浪漫气息，它是一场披荆斩棘的艰苦奋斗。

特库姆塞的诅咒

特库姆塞是肖尼族印第安人酋长，外号"流星"，印第安反抗运动的领袖。相传，他曾针对美国总统施加死亡诅咒，这一诅咒曾经萦绕美国人心头达一个多世纪。

特库姆塞自幼痛恨白人文化的扩张，为捍卫家园，他青年时代就多次与美军作战。以 1805 年开始，他在俄亥俄地区发起复兴自卫运动，号召发扬本土宗教，革除酗酒陋习，停止割让土地，并呼吁印第安人起来为夺回自己的土地而斗争。

特库姆塞不同于其他印第安领袖，他认识到部落只有联合起来才能抵抗白人文明的入侵，所以他在西北领地之间奔走串联，组建部落联盟。1808 年，他率领族人重返蒂普卡努河边、印第安纳西北的部落村庄定居。这里逐渐成为印第安人团结一致的圣地，特库姆塞的影响也不断扩大。

1809 年，印第安纳的部落被迫交出大片领土之后，特库姆塞开始联合原密西西比河谷西北部、南部及东部的所有印第安人，从威斯康星州的乡村一直到佛罗里达，他劝说一个又一个的部落加入军事联盟。他认为，印第安人团结起来就可以制止白人的扩张，收复整个西北，使俄亥俄河成为合众国和印第安国的领土分界线。

1810 年，特库姆塞与美国政府印第安纳领地总督威廉·哈里森举行会谈，他坚持所有印第安人的土地都是土著人的共有财产，认为哈里森等人通过和个别印第安部落谈判签约并不能获得领土的真正所有权，领土属于所有部落，未

1784—1787 年
邦联政府制定了一系列有关西部土地的新政策，确定了西部土地的国有化和在与原有州平等的基础上建立新州的原则。

1791 年
佛蒙特成为合众国第 14 个州。

肖尼人领袖特库姆赛

落木之战

　　1794 年夏在俄亥俄河谷一带，安东尼·韦恩少将率领的一支美军与迈阿密族首领小海龟率领的印第安人部队遭遇，美军在战斗中取得了决定性的胜利。因战场在风暴袭击后满地落木得名。这次决定性的胜利最终迫使印第安人放弃俄亥俄河以北的大片土地，作为交换条件，迈阿密族现存领土也得到了正式认可。这是美国政府首次承认印第安部落主权。

经其他部落同意，任何人无权出让任何领土。他对哈里森说："白人有自己的土地还不够，又来强占我们的。他们把我们从海边赶到了湖边——我们已无处可退。"

　　因为担心特库姆塞势力的不断增长，1811 年 11 月，趁特库姆塞南下联络其他南方部落之机，哈里森率领部队在蒂普卡努河附近对印第安人发动进攻，最终将印第安人赶进一片沼泽，烧毁了他们新辟的聚居地。这场战役被称为"蒂普卡努之战"，它摧毁了肖尼人的武装力量，沉重打击了印第安人的反抗决心。

　　但相传正是在这次战役之后，特库姆塞让被释放的俘虏带给哈里森将军一个口信："哈里森今年不会获胜成为最高首领，但他下一年可能会赢。如果他赢了……他不会干满任期，他将死在任上。""而且，自他之后每 20 年选出的最高首领都会死。他们的死亡，会让每个人记住我们印第安人民的死亡。"这番话被称作"特库姆塞的诅咒"。

　　1812 年，美英战争爆发。特库姆塞与英国人结盟，被任命为陆军准将。他率领印第安人在边境地区频繁出击，不断进攻从密歇根到密西西比的白人移民区，对白人移民造成重大威胁。第二年 10 月，印第安人与英国人的一支联合部队，力图阻止向安大略东部的泰晤士河挺进的美军，特库姆塞在战斗中被杀。肖尼、特拉华、迈阿密等印第安各族组成的西北地区部落联盟彻底瓦解。

　　但历史的发展似乎证明了这则咒语的灵验性。1840 年，不祥的总统死亡周期开始了。当年就职典礼后仅一个月，被咒语所诅咒的首个对象哈里森死于肺炎。此后的林肯（1860 年当选）、加菲尔德（1880 年当选）、麦金利（1900 年当选）、肯尼迪（1960 年当选）皆被刺杀身亡；另外，哈定（1920 年当选，死于食物中毒）、罗斯福（1940 年当选，死于中风）两位总统都是死于任上。

　　令人更加惊奇的是，尽管其他总统也曾遭遇过被暗杀的企图，但只有那些在尾数为 0 的年份里当选的总统因此而丧生。"特库姆塞诅咒"作为一个针对美国总统和政治生活的诅咒，直到 1981 年，罗纳德·里根（1980 年当选）遇刺后侥幸得生，咒语才被打破。

1812 年前的印第安政策

独立战争后至 1812 年战争前，美国需要一个和平安定的环境来发展经济，因此联邦政府主张以同化为前提的和平共处和渐近主义，即通过小规模战争，迫使印第安人签订条约，割让土地。为了加强管理，国会于 1786 年授权陆军部长管理印第安人事务，下设两个部门，分别管理以俄亥俄河为界的南部和北部印第安人事务。1796 年，国会又通过法案开始实施"代理处制度"，以控制印第安人的贸易，进而削弱英国和西班牙在印第安人中的影响。代理处即陆军部设立的货栈，经营的商品由政府提供，印第安人可用皮毛换取这些生活必需品。法案还规定代理商不得为自己谋取私利而擅自索取高价或接受他人的贿赂，而且每年要向财政部长报告两次经营情况。新奥尔良、圣路易斯和底特律是美国政府向印第安人居住区内的货栈分配货物的中心。

1794 年 8 月，安东尼·韦恩少将在"落木之战"中打败了俄亥俄的印第安人，在随后签订的《格林维尔条约》中，美国政府迫使印第安人让出了整个俄亥俄地区，此后十年间西北地区相对平静。1801 年，威廉·哈里森被任命为西北领地印第安事务长官，推行解决印第安问题的有关措施。他挑拨部落之间的矛盾，使用威逼利诱等各种手段达到目的。到 1807 年，联邦政府已经以条约的方式从部落首长手中获取了密歇根东部、印第安纳南部和伊利诺伊大部土地的所有权。在西南部，美国白人同时从佐治亚、田纳西和密西西比其他部落手中获得了上百万亩的土地。印第安人试图反抗，但各自为政的部落无法抵抗合众国的统一势力。

印第安人的血泪

美国白人向西部扩张的历史，也是土著印第安人背井离乡、被迫迁移的血泪历史。

从 1830 年开始，大多数无力抵抗的印第安部落，在拿到一些象征性的赔款后，被白人军队强行驱逐，开始向西部长途跋涉。最先踏上艰难旅程的是密西西比州和亚拉巴马州西部的奇客索人。托克维尔描述当时的情景：在这个冷得出奇的冬天，"印第安人拖家带口地走着，他们的队列中有伤员、病号、新生婴儿和濒临死亡的老人。他们没有帐篷，也没有马车，只有一些口粮和武器。我看着他们乘船渡河的情景：在长长的队伍中，没有哭泣，没有呜咽，只是一片寂静。我将无法忘记这凄凉的一幕"。一位老妇人深深地触动了托克维尔。在给母亲的信中他写道："她几乎全裸，身上只裹着一块破布。您根本想象不出她是多么瘦骨嶙峋。在这个年纪还要背井离乡去他乡寻找活路，多么可怜！"

有些印第安部落进行了顽强的抵抗。在老西北（今中西部）地区，1832 年爆发了伊利诺伊白人移民与索克人—福克斯人联盟的战争。印第安人的统帅是颇具传奇色彩的索克名将"黑鹰"，这场战争也因此被称为"黑鹰战争"。当时，已经迁移的索克人和福克斯人因为饥荒和其他敌对印第安部落的威胁，试图重新回到他们前一年被迫放弃的土地。上千印第安人在黑鹰的带领下跨过密西西比河，一举占领伊利诺伊无人防范的领土。当地白人移民认为这是大举入侵的开始，便组织当地民团和联邦部队抵抗"入侵者"。印第安人弹尽粮绝后败退回密西西比河以西，但白人部队紧追不放，趁渡河之机将溃军大部分杀死。美国步兵俘获了受伤的黑鹰和他的儿子并押往东部，作为战利品游街示众。后来黑鹰被释放返回部落，还写出一本著名的自传。

佛罗里达的塞米诺尔人也进行了坚决抵抗。从 1835 年开始，在酋长奥西奥拉的率领下，数百名勇武强悍的部落战士在沼泽地带与政府军周旋，采用灵活多变的游击战术，神出鬼没地打击美军，迫使白人移民和美军不敢采取大规模清剿行动。一些同印第安人住在一起的逃亡黑奴也参加了战斗。在付出了约 1500 名士兵、2000 万美元的代价后，美军于 1837 年用欺骗的手段俘虏了奥西奥拉后，塞米诺尔人的抵抗逐渐减弱。1842 年以后只有几百名塞米诺尔人仍留在原地，其他人多数被驱赶往西部地区。

佐治亚州的切罗基人，在连续作战 5 年后，于 1835 年被迫在迁移条约上签字。联邦军队到处搜捕那些不愿向西迁居的人，"正在吃饭的人们被门口明晃晃的刺刀吓了一跳，还没有收拾好东西就被驱赶着前往数英里外的关押地，一路上少不了打骂。男人们在自己的田地里或者正走在路上就被抓走，女人们被迫离开她们的纺轮，正在玩耍的孩子们也不能幸免。很多人在转过山头之前再回头想看看自己的土地，却只看见跟着士兵前来趁火打劫的暴徒和被这些家伙付之一炬的房子"。

1838 年冬天，1.6 万名切罗基人在武力看押下背井离乡迁往俄克拉荷马。一路上，即使是年迈的妇女都不得不背着沉重的行李，赤脚在冰冻的土地或泥泞的道路上艰难跋涉。成千上万的人死于饥饿、寒冷和疾病，谁想逃跑，就被残杀。一名叫杰西·伯内特的士兵写道："那是死亡征程，最后路上矗立了 4000 个沉默的坟堆。"强迫定居在新保护区的幸存者永远不会忘记路途的艰辛，他们将流亡过程称作"泪水之旅"。

1836—1837 年，亚拉巴马州东部和佐治亚州西部的克里克人、密西西比北部的奇客索人也被迫迁移。到 1830 年代末，密西西比河以东几乎所有大的印第安部落都已被迁移到密西西比河以西、密苏里河与红河之间的不毛之地。印第安人在那里扎寨，按部族划分成一系列保

1834 年
印第安贸易法和印第安交流法延期。

1835—1842 年
塞米诺尔战争。

1837 年
马丁·范布伦就任总统。

被迫迁徙的印第安人

护区，周围的防御工事将他们圈在里边与保护区外的白人隔开。印第安人被迫适应完全陌生的地理环境和气候条件。

驱逐印第安人

在西进开拓的道路上，最大的受害者是固守自己生活方式的印第安人。他们被节节驱赶出自己的家园，被迫不断地西迁，最后走上了大部分灭绝的悲惨道路。

整个19世纪的大部分年代里，美国政府都设法驱逐土著印第安人，为白人移民扩张扫清障碍。印第安人的大规模西迁是从安德鲁·杰克逊入主白宫开始的。在他的建议下，1830年5月，国会通过《印第安人移居法》，批准给予印第安人密西西比河以西的联邦土地，换取他们占据的东部和南部土地。这一法案成为大规模驱逐印第安人的法律依据。此后，大批政府官员、土地投机商、迁移承包人和白人占地者纷纷涌向东部的印第安部落，与印第安人"谈判"。为使印第安人同意迁移，威胁、欺骗、贿赂，无所不用其极，有些部落酋长甚至是在被灌醉后签约的。

对于不愿迁移的印第安人，政府往往动用军队驱赶、屠杀。到1846年，西北部的印第安人几乎全部迁出。南部地区印第安人经过3次塞米诺尔战争，到1842年也被全部赶出密西西比河以东地区。据统计，到1850年，联邦政府共与印第安人缔结了245个割地条约，以9000万美元换得了印第安人180多万平方千米土地。东部的印第安人已全部迁到密西西比河以西地区。

美国政府对印第安人的屠杀和驱赶，为白人大规模的西进运动扫清了道路，但给印第安人及其文明带来了毁灭性的影响。大批的印第安人在迁移过程中死于疾病、饥饿和劳累。印第安人在原有文明基础上的发展被迫中断，与其余先进文明的接触也被隔断了。与此同时，迁徙还增加了印第安部落间的矛盾，赞成迁移的条约党与反对迁移的民族党互相斗争，削弱了印第安人的整体力量，使其在反抗白人的战争中遭到失败。

跨过密西西比河

　　美国人从大西洋沿岸扩张到几百英里外的阿巴拉契亚山脉以西，用了差不多 150 年的时间，接着又花了 50 年的时间推进到密西西比河沿岸。从 19 世纪 40 年代，大批开拓者又跨过密西西比河向西挺进，掀起西进的浪潮。短短十几年的时间，已经推进到了得克萨斯、落基山脉和太平洋沿岸地区。西部拓殖运动给 19 世纪的美国生活方式涂上了传奇的色彩，但拓荒生活并不像田园诗那么富于浪漫气息，它是一场披荆斩棘的艰苦的奋斗。

　　每当春天来临，移民们就开始为向西部的长途跋涉做准备。著名的俄勒冈小道，起点在密苏里州的堪萨斯城，一直向西跨过大平原并穿越落基山脉南道，从这里再向北进入俄勒冈或向南抵达加利福尼亚北部海岸，全长 3000 多千米，乘坐马车也需要半年左右的时间。它是美国最长的陆路通道，但也是兴建铁路之前通往太平洋沿岸最近的一条陆路。

　　通往西部的路途上充满艰辛，后半段路程的山区和沙漠地形更是格外艰苦。每个人都要经受艰苦磨练，对人的忍耐力更是一场严峻的考验。除了旅途的漫长难捱，陡峭的山峰，崎岖的山路，大片的荒野，以及水流湍急的河流——这是内战之前成千上万的白人移民在西迁的过程中必须跨越的障碍。

　　移民们通常只能携带种子、农具、枪支、口粮和牲畜等最重要的生活必需品。一路上男人们的工作主要是赶马车、喂牲畜、装车，不时地修车、保养车；为补充肉食捕猎野牛和羚羊；还要负责安全保卫。妇女们忙于家庭杂务也不轻松，在天亮以前就早早起来，打柴和收集牛粪做燃料，生火、煮饭、挤牛奶、清洗，还要照顾孩子。移民们带的食物并不能坚持到目的地。因此，野菜和浆果也是拓荒者的家常便饭。此外，各种事故、疾病和突如其来的灾难，是移民们随时都要面临的问题。疾病常常是由于劳累过度、饮用脏水、蚊虫叮咬、营养不良、毒蛇咬伤所致。伤寒、痢疾和高烧这类疾病夺去了许多移民的生命。霍乱和疟疾是移民中最可怕的流行病。由于缺医少药，很多人都不能康复。移民们还要遭遇野牛的袭击、草原上的野火和洪水泛滥、暴风雪

1837 年

密歇根作为第 26 个州加入联邦。

1838 年

8 月，查尔斯·威尔克斯上尉率领探险队从弗吉尼亚出发前往南极考察。

1840 年

威廉·哈里森当选总统。

现代棒球出现。

西部区域

　　这一概念是随着边垦地的向西移动而不断变化的。在 18 世纪末，阿巴拉契亚山脉以西被称为西部；后来，随着扩张的推进，在密西西比河以西地区形成了一个新的西部，即中西部，而阿巴拉契亚山以西、俄亥俄河以北的区域被称为老西部；由中西部继续向西直到太平洋海岸的地区才是现今美国的真正西部，即远西部。

等不可预见的灾难。

1846 年 4 月初,一大队移民从密西西比河东岸的伊利诺伊州出发,目的地是西部的加利福尼亚。他们在一位 62 岁的富有农场主乔治·唐纳的带领下沿俄勒冈小道前进。这队移民总共 87 人,27 辆四轮马车载满了各种食物、饮料及生活必需品,甚至还有床和炉子。到了怀俄明,他们查阅了指导手册后,决定从大盐湖的南边抄近路,这样可以少走 640 千米的路程。但是不久他们就遇到了险要的山隘,只能缓慢向前行进,有一段约 58 千米的路他们竟然走了 21 天。直到 10 月底他们才到达内华达山脉的东部。

就在他们准备通过最后一道屏障——特拉基隘口时,几场早降的大雪封住了去路。避寒的衣物、剩余的食物和随行的牲畜也多被几十英尺深的大雪掩埋了。在两个多月的时间里,为了活命,他们被迫吃老鼠、吃毛毯,甚至是鞋子。到后来,活着的人为了不被饿死,只好吃刚死去的同伴的肉。最后,为了避免坐以待毙,大家决定由体力尚好的 17 人组成小分队拼死一搏,越过隘口去求援。他们只带了 6 天的食物,每人每天两条手指粗的干牛肉。

一个多月后,只有 7 个人活着到达了一个美国人定居点。救援人员赶到特拉基隘口时,他们看到的惨状是无法用语言来形容的。已经死去的一些人由于被活人当做了食物,尸体都是残缺不全的,即使还活着的人也由于长期的饥饿、严寒和恐惧,多处于半昏迷状态。出发时 87 人的队伍,最终只有 47 人活了下来。这是陆路大道上发生的最悲惨的故事。

就像这批移民,在 19 世纪 40 年代,有成千上万的开拓者从俄勒冈小道到达了西部,但也有很多人永远留在了这条小道上。尽管旅途艰辛,但是几乎没有移民对西迁的决定感到后悔。一位移民这样写道:"凡跨越大平原的人……永远不会忘记难以忍受的干渴、滚滚的热浪和严寒、饥肠辘辘和筋疲力尽的滋味……但是在完成任务和克服困难后的满足感远远超过了损失,而且使这样的经历永远铭记在心。"

西进运动

　　从独立到 19 世纪 60 年代初，美国大致出现过四次涌向西部的移民大浪潮。前三次的移民运动都是翻越阿巴拉契亚山、向俄亥俄河和密西西比河的新边疆前进；第四次始于 19 世纪 30 年代末，一直到 60 年代初被内战打断。此次西进的浪潮是越过密西西比河全线向太平洋推进。

　　移民的最大动机是经济因素。进入 19 世纪，美

穿越大平原

国的人口不断增长。1800—1820 年间，美国人口从 530 万增加到 960 万，几乎翻倍。这既有自然增长，也有大批移民。城市的发展吸引了一部分人口，但大多数美国人仍然是自耕农。此时东部的农用土地已基本上分割完毕，有些土地已经透耕。南方有种植园制和大批黑人劳动力，后来者基本无法插足。与此同时，西部本身越来越对白人具有吸引力。1812 年，战争基本上消除了西部扩张的传统障碍——印第安人的抵抗。战后，联邦政府继续奉行在西部驱赶剩余部落的政策。1815 年，通过签署一系列协议从印第安人手中攫取了大量土地。正是大片肥沃的土地吸引东部地区的白人移民加入到了西进的行列。

　　移民们常常是成群结伴去往西部。大多数是以家庭为单位的，也有单身的人与某家庭合伙同行的。这些旅途中的同伴在到达目的地后仍然住在一起，形成新的社会团体，内陆的劳动力短缺使邻里之间逐渐建立了互助体制，集体内定期建筑谷仓、平整土地、收割庄稼，移民群体在小型家庭单位的基础上逐渐建立起繁荣的农场经济。

不平静的北部边界

今天 6400 千米长的美国—加拿大边界是世界上最和平的国际边界之一。而在南北战争前的几十年里,美国与英属北美之间的边界地带却是十分紧张的。

东北部边界在 1783 年的《巴黎和约》中有规定,即沿魁北克和新斯科舍的分界线溯圣约翰河而上,经其源头向北以圣劳伦斯河与大西洋之间的高地来划分美加边界。但这一规定其实模糊不清:圣约翰河并不明确,所依据的高地也一直无法找到。结束 1812 年战争的《根特和约》仍没有解决两国的边界问题。

1837 年加拿大东部地区爆发反英独立运动,革命失败后,其领导人威廉·麦肯齐流亡美国,得到美国东北边境地区一些民间组织的大力支持。当年 12 月 29 日夜晚,一群加拿大人越过边境,焚毁了一只停泊在布法罗水面为加拿大流亡者运送物资的美国小船——"卡罗琳"号,杀死了一名美国人阿莫斯·德菲。美国政府当即向英国提出抗议,并逮捕了自称是凶手的加拿大人亚历山大·麦克劳德。英国政府以焚毁船只是集体行动为由要求释放麦克劳德,并扬言只要宣布处死麦克劳德就立刻开战。"卡罗琳"号事件使美英关系急剧恶化,双方都在边界增加军事力量,战争大有一触即发之势。后因法院证明麦克劳德系酒后胡言,案情发生时根本不在现场,局势才得以缓和。

1839 年争端再起。当年 1 月,缅因州土地官员麦金太尔在边界地区驱逐加拿大伐木者时,被加拿大拘捕。两个月内上万缅因人聚集在阿鲁斯图克河沿岸准备一战。联邦政府批准缅因州招募一支 5 万人的军队,甚至拨款 1000 万美元准备用于战争。但当时美国刚刚陷入空前严重的经济危机,无力发动一场大规模的战争,英国也无意扩大事态。于是,阿鲁斯图克战争便成为一场未宣布的不流血的战争。

最终,1842 年 8 月的《韦伯斯特—阿什伯顿条约》平息了这些争端。美英双方确定了这一地区的边界,美国分到 1.8 万平方千米的土地。缅因边界争端至此结束。

西北部的争端主要是关于俄勒冈的归属问题。俄勒冈地区具有极高的经济价值。繁茂的森林盛产木材,纵横交错的河流提供了丰富的渔产，它还是北美大陆著名的皮毛之乡。这一地区除今天的俄勒冈州，还包括部分华盛顿、爱达荷、蒙大拿州的领土及加拿大的部分领土。1818 年的《英美条约》规定伍兹湖至落基山的美加边界以北纬 49° 为界，而位于落基山脉以西的俄勒冈则由两国共同占有。

1840 年代初开始，大量迫切需要土地的美国人涌入俄勒冈，其人数迅速超过当地不列颠人口。短短几年时间，美国移民已遍及太平洋海岸地区。这迫使美英政府着手解决俄勒冈的地位问题和边界划分。

1845 年，扩张主义者詹姆斯·波尔克入主白宫，在他宣誓就职的那一天，他对瑟缩在雨伞下的人群做出保证："我国对俄勒冈的权利是明确无疑的……我们的人民已经在准备和妻子、孩子一起占领这片土地从而完善这种权利。"他要求国会授权其终止美英对俄勒冈的共同占有，提出要以北纬 54°40′ 为界。一时间，"北纬 54°40′ 或战争"的口号响彻美国上空，美国人大有不惜为俄勒冈而战的架势。英国人则认为美国总统的演说富有侵略性，《伦敦时报》警告："思维混乱、傲慢好斗的……波尔克的要求如果付诸实施，就将成为英美之间战争的最清楚不过的原因。"

不断变化的国际形势为美英的最终妥协搭建了舞台：美墨战争迫在眉睫，美国不可能同时进行两场战争；对于英国，由于海狸几乎灭绝而导致毛皮贸易萎缩，在这一地区的利益正在减少，而工业革命产生的财富也使得殖民地没有 18 世纪那么重要了。于是双方在 1846 年 6 月签订《俄勒冈条约》，最终将北纬 49° 线向西延长作为美英俄勒冈的界线。

至此，美国与英属加拿大的边界全部划定，美国领土又增加了 70 多万平方千米。

 知识链接

天定命运论

天定命运，是美国在 19 世纪 40 年代大陆扩张时期形成的扩张主义理论。其思想可以追溯到殖民地时期，当时它被英国殖民者用来维护英国在北美的扩张。该理论宣称盎格

鲁—撒克逊人命中注定要占领、拓殖和开发新大陆，世界上没有其他任何一个民族可以承担如此艰巨的任务。美国独立之后，这一思想就开始与领土扩张联系起来。1846年1月，在国会关于俄勒冈问题的辩论中，马萨诸塞州共和党参议员罗伯特·温斯罗普首先使用了这一词汇。

天定命运的含义有三：其一是指美利坚合众国建立的必然性。在北美大陆范围内建立一个自由、联合、自治的共和国——这就是天定命运，上帝赐福这块土地为"美洲的以色列"。其二是指美国领土扩张的合法性。它意味着上帝已经预先安排向尚未明白确定的地区——北美大陆或整个西半球扩张，这就如同密西西比河要流向海洋一样，完全是自然法则。其三是指传播民主制度的神圣性。民主制度是如此尽善尽美，以致不会受到任何国界的限制。扩张是上天安排的启发邻近国家遭受暴君蹂躏的人民大众的一种手段。它不是帝国主义，而是强行的拯救。

"天定命运论"在19世纪40年代中期盛极一时，当时被广泛地用来论证美国吞并俄勒冈、兼并得克萨斯、侵略墨西哥的合理性，而且在其后兼并古巴、购买阿拉斯加、吞并夏威夷过程中，也一直是美国统治阶级最重要的理论之一。

波尔克先生的战争

詹姆斯·波尔克是安德鲁·杰克逊的忠实追随者,所以人称"小山核桃"。他也是在杰克逊的支持下被提名为总统候选人,并最终战胜对手入主白宫的。作为总统,波尔克是以扩张口号问鼎白宫,以扩张主义精神发表就职宣言,并以扩张政绩载入美国史册的。

波尔克个子矮小、身材瘦削,留着一头蓬乱的灰白头发,而且为人呆板、固执,毫无幽默感,但意志坚定、性格顽强,行事从不懈怠。在北卡罗来纳大学时,他曾专攻数学和古典文学以锻炼智力,并以第一名的成绩毕业。毕业后做过律师、军官、议员。

在白宫任期的四年时间里,据说他每天工作近 18 个小时。他给自己设定的执政目标是:解决俄勒冈问题;取得加利福尼亚;降低关税;实行独立的财政制度。这位坚毅、顽强、寡言、从不懈怠的总统在不到四年的时间里一一实现了自己的计划,被誉为最高效的总统。但因过度辛劳使健康严重受损。离开白宫后,他只享受了 3 个月的退休生活就去世了,年仅 54 岁,是自然死亡的总统里最短命的一个。

1845 年 3 月 6 日,在波尔克就职后的第三天,墨西哥驻华盛顿公使提出抗议,反对美国国会通过的关于合并得克萨斯的决定,说这是"侵略行为",并宣布断绝两国的外交关系。但波尔克谋取加利福尼亚和新墨西哥的计划并未因此受到影响。当年 11 月,波尔克任命约翰·斯利德尔为特命全权公使前往墨西哥,秘密商谈购买墨西哥领土事宜,但遭到了墨西哥政府的严词拒绝。外交努力的失败促使波尔克转而寻求武力掠夺的机会。

1846 年初,波尔克命令扎卡里·泰勒将军率领一支美军跨过纽埃西斯河(当时美西的界河)并占领墨西哥境内的格兰德河(美国宣称的界河)北岸。这是明目张胆的侵略行径。1846 年 4 月,一队墨西哥骑兵跨过格兰德河与美国军队发生冲突,造成一些美国士兵伤亡。

詹姆斯·波尔克像

1824 年
墨西哥通过殖民法吸引美国向得克萨斯移民。

1830 年
墨西哥政府禁止美国继续向得克萨斯移民。

1833 年
墨西哥取消得克萨斯移民禁令。

1836 年
得克萨斯宣布从墨西哥独立,成立孤星共和国。

这正是波尔克所期待的开战借口，他迅速号召美国人民武装起来，并在国会发表战争咨文说："我们的忍耐已经到了极限，在不断的威胁后，墨西哥最终跨过了我们的国界，让美国人的鲜血留在了美国人自己的土地上。"他声言"战争发生了"，然后又不诚实地补充道："尽管我们接近全力去避免战争，但由于墨西哥人的行为，战争依然发生了。"1846 年 5 月，美国国会向墨西哥宣战。

战争开始后，美军兵分三路向墨西哥领土挺进，在年底就占领了新墨西哥和加利福尼亚。尽管墨西哥军队在人数上超过美军，而且熟悉地形，但其武器装备落后，指挥不力。总的来说，这场战争从一开始对墨西哥人就是一场军事灾难，但墨西哥政府既不愿意求和，也不愿意丢掉墨西哥的北部领土。直到 1847 年 9 月首都墨西哥城被攻陷之后，墨西哥政府不得已接受了美国的条件。

1848 年 2 月双方签署《瓜达卢佩—依达尔戈和约》，根据条约，墨西哥承认格兰德河作为与得克萨斯的边界；美国只象征性地支付 1500 万美元的补偿金，便得到了墨西哥的加利福尼亚和新墨西哥两个领地，包括今天的加利福尼亚州、内华达州、犹他州、亚利桑那州以及新墨西哥、科罗拉多和怀俄明各州的一部分，总面积达 137 万平方千米，占墨西哥领土的一半以上。这些兼并使今天的美国大陆领土基本成形。

但墨西哥战争的代价也是高昂的，这场战争长达 18 个月，1700 多名美国人在战斗中丧生，4000 多人受伤，另有上万人死于痢疾和慢性腹泻等疾病。还有一张 9700 万美元的账单，外加根据条约所支付的款项。但更为深远的影响还在于，随着大量新领土的吞并，引起了一场有关是否将奴隶制延伸到新领土上的激烈辩论。而这一辩论将以一场几乎毁灭合众国的内战而告终。所以在战争刚开始时，哲学家拉尔夫·爱默生就曾预言："美国将会征服墨西哥，但会像一个人吞了砒霜一样倒地而亡。墨西哥会毒害我们。"

知识链接

兼并得克萨斯

得克萨斯原为西班牙的殖民地，1821 年墨西哥独立后成为墨西哥的一个省。19 世纪

20 年代, 墨西哥政府犯下大错: 为了开发该地区, 采取了鼓励外来移民的政策。此举最终引狼入室, 美国移民大量进入得克萨斯。到 19 世纪 30 年代初, 移居得克萨斯的美国人已经超过当地墨西哥人总数两倍以上, 而且还在不断涌入。为削弱美国人在这一带的势力, 1830 年, 墨西哥政府开始限制美国移民入境, 并鼓励非美国人进入得克萨斯。但为时已晚。

由于得克萨斯土地适合棉花作物生长, 所以大部分美国移民都是南方人。而且前往那里的种植园主大都携带奴隶, 于是得克萨斯便成为一个蓄奴省。但蓄奴在墨西哥属于非法。此外, 移民还一直与故土保持紧密的经济文化联系, 这都使得美国移民与墨西哥政府之间的摩擦不断。1835 年开始, 美国人和墨西哥人之间的零散战役时有发生, 而墨西哥政府向该地区增兵后使冲突逐渐升级。

1836 年 3 月, 得克萨斯人宣布脱离墨西哥独立, 由美国总统杰克逊的行伍伙伴和密友萨姆·豪斯顿将军任总统。因其"国旗"上只有一颗星, 时人谑称之为"孤星共和国", 虽然力量对比悬殊, 但在美国军队的协助下, 得克萨斯军队取得了胜利。被俘获的墨西哥总统桑塔·安纳被迫签署和约, 允许得克萨斯独立。随后, 得克萨斯人通过新宪法, 宣布奴隶制为合法, 选举豪斯顿为总统, 并提出加入美利坚合众国的要求。1837 年 3 月, 美国承认了"孤星共和国", 但合并问题因为南北方在奴隶制问题上的分歧而被搁置。直到 1845 年 3 月 1 日, 总统约翰·泰勒签署了国会通过的合并决议, 允许得克萨斯加入合众国, 12 月 29 日, 这块占地 100 万平方千米的土地正式成为美国的第 28 个州。

加利福尼亚淘金热

1848 年 1 月 24 日，也就是在与墨西哥签订条约获得加利福尼亚之前的一个星期，一位名叫詹姆斯·马歇尔的磨坊工人在水磨的进水槽中发现了几颗发光的黄色矿物质颗粒。他把这种颗粒放在石头上用铁锤敲打，试验其延展性，结果发现能敲出不同的形状且不破碎。马歇尔兴奋地对一起劳动的工人高喊："噢！我的上帝！我发现了金矿。"这一消息几周之内就传遍了太平洋海岸地区，几个月之内就传遍了整个美国。12 月，美国总统波尔克向国会发表国情咨文，正式宣布"内华达山脉的丘陵地带发现大量黄金散矿"。淘金热随后爆发。

1849 年春天，成千上万的淘金者涌向加利福尼亚，他们通常被称为"四九人"，其中半数以上是美国人，来自社会各阶层及各领域，还有被主人带过来的黑人奴隶。田地播种到一半就放弃了，房子还没盖完就停工了，农民们抵押了正在经营的农场，拓荒者离开正在开垦的土地，工人们放下手中的工具，公司职员告别他们的岗位，甚至牧师也放弃了他们的布道坛，他们全都拥到船上，挤在路上——许多人只带着随身的行囊。淘金高峰期，整个加利福尼亚的气氛都几近亢奋和贪婪。一段时间内旧金山几乎成为一座空城，居民们都跑到山区寻找金矿；城市主要报纸不得不停刊，因为既找不到工人也没有读者。最后一份报纸告诉读者："整个国家，从旧金山到洛杉矶……只有一种利欲熏心的叫喊声，金子！金子！金子！"一年之内，加利福尼亚的人口从 1.4 万增加到 10 万；1852 年时，这个数字已经超过了 25 万。这也是美国历史上最大的一次人口迁徙。

淘金者居无定所，采矿营地通常位于加利福尼亚的河谷、峡谷或小溪河床一带。一旦听到有人在某地发现新金矿的风声，矿工们就会立刻蜂拥而至；一旦某地再也找不到黄金时，他们便收拾行囊离开继续前往下一处。所以，采矿营地和城镇常常会像蘑菇一样在一夜之间出现，然后又很快消失。大多数采矿营地垃圾成堆，到处是临时搭建的店铺和肮脏的小屋。营地上最显眼的建筑十之八九是兼做旅店和妓院的酒吧和赌场。短时间内涌入大量的移民，使加利福尼亚成为最不安定的地区，酗酒、赌博、斗殴成为社会常态。一个新来的人说，

"在短短的 24 天里，我们目睹了谋杀、恐怖、流血死亡、暴徒行凶、鞭刑、绞死、自杀和殊死决斗等事件。"在 19 世纪 50 年代初，仅旧金山就发生了 1000 起谋杀案。由于军政府无法控制局面，只得由有权势的商人来组织治安维持会，通过私刑和成立民众法庭来维持秩序。

加利福尼亚的淘金者

淘金热似乎给了人们迅速发财的希望，但能找到黄金而致富的只是一小部分，大多数"四九人"从未淘到足够的黄金来支付他们的生活费用，还有的人甚至连占地发掘的机会都没有。自杀很常见，疾病也很猖獗，霍乱和坏血病困扰着每个采矿营地。在 1849 年到达加利福尼亚的人当中，五分之一的淘金者不到 6 个月就丧命了。还有许多人带着失望一贫如洗地打道回府——每年有 3 万人。不过更多的人留了下来。因为除了淘金，别的机会也很多。淘金热导致加利福尼亚劳力严重短缺，因为男性劳工都放弃工作拥挤到了黄金矿场。这种紧缺为许多想找工作的人创造了机会。

加利福尼亚的淘金热持续了不到 10 年。早期都是用金属丝网筛选砂砾和泥土而获得金子——这被称之为"淘金盘"或"淘砂盘"。要么，就是让流水通过一个被称为"淘金槽"或"冲洗槽"的盒子。但是到了 19 世纪 50 年代的中期，随着地表黄金被淘洗殆尽，用凿子、铁锹和洗金盘淘金的方法已经过时。采矿工业用大型的机器开掘竖井，建造工厂以碾碎包含黄金的石英，个体矿工的作业被机器替代。1860 年代，淘金热迅速降温，加利福尼亚神话般的淘金时代宣告结束。

 知识链接

觊觎加利福尼亚

加利福尼亚位于海岸山脉和内华达山脉之间，这里气候温和，雨量充沛，土壤肥沃，阳

光充足，非常适合农业生产，自然资源也相当丰富。旧金山湾水深、平坦，被认为是"世界上最便利、最宽敞、最安全"的海港。此前，这里一直是西班牙的殖民地，但西班牙政府却没有对这片富裕的土地进行有效的开发利用。进入19世纪后，这里仍然人口稀少，没有学校，没有工业，甚至没有防御保护，几乎还是简单的农业社会。

1821年，墨西哥从西班牙的统治下赢得独立后，加利福尼亚成为墨西哥的一个州。墨西哥当局允许美国的商人把美国的商品带进该地区，也允许美国人来这里定居。到19世纪20年代晚期，美国狩猎者已经时常出入此地，美国船只开始涉足兽皮和动物油脂贸易。加利福尼亚的牧场生产大量的牛皮和牛油脂，美国东部商人将餐具、杂货、装饰品等带到加利福尼亚，然后把换得的牛脂运往秘鲁，用以制作蜡烛；将兽皮卖给新英格兰的制鞋匠。其中一些人为了经商方便，学习西班牙语，加入墨西哥籍改宗天主教，因此很快成为加利福尼亚的大地产主并控制了一些企业。

19世纪40年代，美国拓荒者开始进入加利福尼亚。随着移民的增加，美国政府也越来越关注加利福尼亚的发展，并想方设法试图把这一地区并入美国版图。时任国务卿的布坎南在给驻墨西哥公使的信中说："占领圣弗朗西斯科湾和港口对美国至关重要，获得这一地区而带来的利益是如此重要，在这里——枚举纯属浪费时间……总统希望你尽最大努力争取使该地区由墨西哥转归美国……同获得这一地区的价值相比，付出的金钱可以不计。"美国人的野心暴露无遗。

爱尔兰马铃薯难民

19世纪40年代，爱尔兰遭遇前所未见的巨大灾难：一种不寻常的病虫害侵袭了大面积栽种的马铃薯作物，马铃薯从地里挖出来几天之后就开始发黏、腐烂，成为一大堆发臭的黑色烂泥。不仅地里的马铃薯，窖藏的马铃薯也都遭受了病虫害。

马铃薯是爱尔兰最基本的大宗食物。大面积的灾难性歉收导致1845—1849年毁灭性的"马铃薯饥荒"。与之相伴的饥荒病——痢疾、斑疹伤寒和成群的寄生虫——也遍布爱尔兰的乡村。据目击者报告，到处能听到孩子们痛苦的啼哭声，他们看起来像骷髅，由于饥饿而变得面容消瘦，四肢如柴，身上除了骨头、手和手臂以外就没有什么了。大批尸体没有装进棺材就被埋在几英寸深的泥土里了。

在这场灾难中，将近100万人死于疾病和饥饿，另有200万人离开他们的家乡迁移到英国、加拿大和美国。其中移民美国的有100多万人。一批批把北美的木材和粮食运往欧洲的货船，从利物浦到波士顿，返程时满载爱尔兰饥民。大量移民挤在轮船上，在拥挤、肮脏的条件下，高达10%的移民没能到达北美，就死于痢疾、斑疹伤寒和营养不良。

幸运到达美国的绝大多数移民在登陆时也是一无所有。他们无法迁往中部内陆购买土地，而且也不习惯美国农场的孤独生活。同时，农村很少有天主教教堂和神甫，不能满足他们的宗教信仰需求。当时，也几乎没有什么新移民去南方，因为那里土地昂贵，工厂稀少。当地普遍使用奴隶，几乎没有给自由体力劳动者留下什么机会。因此，爱尔兰人绝大多数聚集在东部城市的进口港及附近地区，在城市里从事非技术性劳动。大量爱尔兰男人受雇于修建运河和铁路的工程队。其他人则在铸铁厂、钢铁厂、仓库和造船厂工作。许多爱尔兰妇女也找到了类似家仆、洗衣女工或新英格兰纺织工人等工作。1845年，爱尔兰人只占洛威尔工厂工人数量的8%，到1860年，他们占到了50%。

到1850年，爱尔兰人占美国的外国出生人口的43%。在纽约和波士顿两座城市更是占到人口的一半以上，费城的爱尔兰人数也几乎相当。这些爱尔兰的新移民由于工资收入非常低，很难维持家庭最

1830年代

南（天主教）爱尔兰大规模移民开始。

1837年

"土著美国人协会"开始努力限制移民。

1845年

爱尔兰马铃薯饥荒导致大批美国移民。

1848年

德国革命失败导致大量美国移民。

无所知党

1849年纽约成立的排外主义组织，最初称"星条旗会社"，其成员宣誓不投票给任何外国出生者或天主教徒候选人。几年间，这个团体成长为美国的第三党，称美国党。当被问起这个组织时，他们会说"我什么都不知道"，故又被称为"无所知党"。该党是内战前反移民运动的先锋力量，但当1850年代后期奴隶制度成为焦点议题后，这一组织的

影响逐渐减弱。

1850 年
本土主义者联合颁布"星条旗最高法令"，以反对移民。

起码的生活标准。许多人住在简易工棚当中，房舍简陋破旧，家人安全没有任何保障，不得不忍受着高犯罪率、传染病、卖淫、酗酒和婴儿夭折的折磨。同时，爱尔兰移民还饱受成见和反天主教偏见。他们被描述为愚昧、肮脏和拒绝同化的排他群体。许多雇主在招工时甚至挂出"不招爱尔兰人"的牌子。所以，当时的纽约大主教形容爱尔兰人是"世界上能找到的最贫穷最可怜的群体"。

作为少数群体遭受歧视产生的一个主要后果就是：爱尔兰移民积极参与政治活动，以争取平等的权益。在 19 世纪 20 年代以前，爱尔兰裔美国人被财产资格挡在了政治大门之外。但 1826 年，纽约州的法律取消了选举权的财产限制。此后，爱尔兰人形成了一个强大的投票团体。1828 年选举中，大量爱尔兰人的选票为爱尔兰裔候选人杰克逊竞选的胜利作出了贡献。当时的一份报纸警告人们注意这股政治新势力："这明显是一场爱尔兰人的胜利。这些外国人胜利了。"因为非洲裔美国人、妇女和印第安人多年之后才被授予选举权，所以，爱尔兰男性选民是第一个对美国施加政治影响的少数群体。

爱尔兰移民对美国最大的冲击是促进天主教在美国的发展。到 1860 年，天主教成为美国最大的宗教。多年来遭受的歧视和迫害，激发了爱尔兰天主教徒对教会教义的强烈忠诚，他们坚信教义"权威高于一切"。这让美国新教徒感觉恐惧，担心天主教的传播会危及美国的制度。这也是导致 19 世纪 40、50 年代土生白人排外主义浪潮高涨的原因之一。

准备移民的爱尔兰人

知识链接

第一次移民高潮

整个 19 世纪，美国的土地供应一直充足且价格相对便宜，而劳动力则稀缺且相对昂贵。因此，美国对移民一直有非常大的吸引力。这个国家能够提供给他们从事耕作或城市职业的机会。一位移民在信中说："这里没有不吃晚餐上床的孩子，也没有袋子里不装好早餐就出门工作的丈夫。"而且，美国政府在19世纪上半期基本上对外来移民采取了自由放任政策。由于缺乏劳动力，各个州对外来移民也普遍持欢迎态度。地广人稀的西部各州更是千方百计地吸引海外移民来发展自己的经济。

在19世纪初，每年大约只有5000移民来到美国。但是到了19世纪30年代，到美国的移民人数激增为60万人。到了19世纪40年代，这个数字又攀升到170万人。到了1850年代，由于整个欧洲的农作物歉收，移民的人数已经高达260万人。19世纪60年代，美国人口为3100万，每8个居民中有超过1名是在国外出生的。移民浪潮的出现有多种原因。18世纪中叶欧洲开始的工业革命和农业革命，大大推动了破产农民、失业工匠和无地雇农移居海外。19世纪上半叶欧洲的自然灾害和宗教政治迫害也是大规模移民运动的重要原因。

新移民来自不同的国家和地区：英格兰、法兰西、意大利、斯堪的纳维亚、波兰及荷兰，但绝大多数人来自爱尔兰和德国。美国1850年外国出生的移民中，爱尔兰人大约占45%，德国人占20%以上。到1860年，美国的爱尔兰裔移民超过150万，德国移民接近100万。1848年加利福尼亚发现金矿后，中国也有大批的移民涌入美国。但中国移民在各国移居美国的总移民数中所占的比例极少，到19世纪50年代中国移民只有3.5万人，大多从事矿业劳动。来自世界各地的大量移民推动了内战以前美国工业和农业的发展。

新英格兰"洛威尔女孩"

罗得岛模式

　　在新英格兰北部以外的纺织工厂，家庭模式是一种普遍的工作模式。这种模式也被称为罗得岛模式，主要是因为罗得岛工厂依赖水力，经常设在荒无人烟的地区，所以工厂会雇佣所有家庭成员，将农民全家从农场迁移到纺织厂。男人从事繁重劳动，妇女和小孩从事轻型劳动。

　　弗朗西斯·洛威尔是波士顿的一位商人，1813 年，他在马萨诸塞州的沃尔塞姆开办了一家纺织厂。为了和英国竞争，他把纺、织、印染合并在一起，重新安排各种工序，并集中使用动力。这样，他的工厂便可以一头输入原棉，一头出产布匹，节省许多中间环节，从而大大降低了成本。此外，他在人力资源上也进行了革新，那就是开始大量招聘女性工人，这在美国尚无先例。

　　当时的美国社会，女性仍然扮演着操持家务的传统角色，外出打工者极少。洛威尔工厂给女工的工资要低于男性，但是对于此前并无创收机会的妇女来说，这笔收入已有足够的吸引力。很快便有大量妇女前来工作，其中绝大部分是未婚年轻女子。她们多来自新英格兰农民家庭，20 岁左右，通常是在结婚之前出来工作一段时间，几年后攒足了工资再回家结婚生子。这些女孩被称为"洛威尔女孩"。

　　但因为新英格兰人恪守严格的道德规范，所以为消除家长的不安和顾虑，工厂主保证承担向"洛威尔女孩"提供良好工作环境的责任。她们集体住在厂内秩序而清洁的宿舍和公寓里，配有总管似的管理员，负责监督女工参加正常的教会活动。厂里的伙食和管理也很好。作息时间有严格规定，女工若有不道德行为会立刻遭到解雇。厂里还设有讲堂和图书馆，尽管每周 6 天，每天 13 小时都要围着针织机工作，一些女工还是有时间组成学习小组，出版文学杂志并去听课。

　　1822 年，洛威尔以他的名字命名创建了一个新式工业园区，在这个园区，这种新型的工厂制度——洛威尔模式得到推广。"洛威尔女孩"也引起了公众的关注，因为她们不像典型的女工，她们很特别，她们看起来健康、开心。来自英国的参观者对这个精心设计的红砖工厂纷纷给以好评。当时在英格兰和欧洲其他工业区，女性的工作环境通常相当恶劣。

　　英国议会的一项调查就表明，女性矿工遭受着难以想象的非人待遇，她们必须在扭曲狭窄的巷道中拖着重重的煤车向前爬行，衣不蔽体，肮脏不堪。与之相比，洛威尔纺织厂简直就是女工的天堂。英国小说家查尔斯·狄更斯对洛威尔之行印象深刻，他把洛威尔与英国的工业城镇做了比较，认为英国的工业城镇"弥漫着痛苦"，而美国的工厂女工"都穿戴整齐，显得非常健康。她们都有少女的举止风度……她们工作的厂房和她们自己一样都井井有条"。

到 19 世纪 30 年代，洛威尔已成为美国最重要的纺织中心，号称"美国的曼彻斯特"。这种大量使用女工的纺织厂模式也很快普及开来。不过，洛威尔具有家庭关爱式的工厂并不长久。由于工厂增长速度太快，纺织业市场竞争日益激烈。制造商很难像起步时那样维持员工的高生活标准，保持合理诱人的工作环境。

新一代企业主不再强调社区价值而开始强调效率与利润。他们驱使工人与机器加快工作速度。工作时间不断延长，工资却被日益削减。而随着住宅楼日渐陈旧，住户日渐增多，住宿条件也一天不如一天，劳动条件日益恶化。工厂的女工们开始组织起来抗议。1834 年，洛威尔纺织工人工会——工厂女子协会成立，罢工抗议削减员工工资；两年后，工会再次罢工抗议工厂宿舍租金上涨。但两次罢工均未获胜，1837 年的经济萧条却导致了工会的解体。

到 1840 年，洛威尔工业园区共有 32 家工厂建立起来。这个快乐的田园小镇变成了一个喧闹、污秽和阴郁的工业城市。19 世纪 40 年代中期，一度作为文明工业发展楷模的洛威尔市，已经变成一座破烂不堪的贫民窟，空气里充满烟雾、噪音和臭气。只有极少数本地出生的妇女还愿意继续在纺织厂工作。纺织厂老板也进而看好争议较小的劳力资源——移民劳工。从爱尔兰移民来的妇女逐渐替代了本地出生的女工。

第一台机车开始投入使用。

19 世纪 30 年代
工厂体制在纺织业和制鞋业普及。

1834 年
洛威尔女工举行罢工。

1845 年
妇女劳工改革协会在洛威尔成立。

1852 年
5 月，美国妇女教育协会成立。
6 月，约瑟夫·魏德迈创建无产者同盟。

1853 年
800 名德裔美国人在纽约集会成立美国工人同盟。

知识链接

工厂体制的创立

工厂体制的创立者是被称为"美国制造业之父"的塞缪尔·施莱特。施莱特是来自英国的移民，他出生于英国德比郡，幼年在阿克莱特的纺织厂里当学徒。学徒期满后，曾在工厂参加了一段时间的管理工作。他不仅熟悉纺纱机的每一个部件，而且具有丰富的管理经验。他偶然在报纸上看到美国各地都在奖励和资助研制新式纺纱机的消息，就决定来美国发展。但当时英国政府限制技术人员移民国外。1789 年 9 月，他化妆成农民躲过海关的盘

纺织厂中的女工

查，悄然离开了英国。两个月后，施莱特在纽约上岸。几经周折，他最后与普罗维登斯的一家机械制造公司签订了试制新型纺纱机的合同。1790 年 12 月 20 日是美国工业史上一个具有重要意义的日子。这一天，在罗得岛州的帕特基特新建的工厂里，施莱特研制的三部新型纺纱机开始运转，生产出令人满意的棉纱。从此，美国的棉纺织业开始了使用机器进行生产的时期。

施莱特从英国带来了制造新型纺纱机的先进技术和管理经验，他经营的棉纺厂是美国的第一家现代工厂，标志着美国工厂体制开始创立。18 世纪末期，许多不满劳工工作效率的商人和手工艺老板，创建了第一批现代化的工厂。在工人集中的车间里，雇主们实行严密的监视，要求工人必须严格遵守时间，违规者要受到重罚或被开除。在 1820 年的时候，新英格兰地区还只有 35 万名工人在工厂工作。此后使用机器的纺织厂越来越多，规模越来越大。到内战前夕，工人的人数已猛增到 200 万了。新英格兰也逐步发展成为美国的第一个纺织工业基地。到 1860 年时，这里的棉纺业吸引了 70% 的投资，生产了美国 75% 的布料。

机械奇才怀特尼

18 世纪末，一项天才的发明给棉花加工带来了革命，使棉花产业的巨大增长成为可能，这就是轧棉机的出现。它操作起来简单轻松，但加工速度却比 50 个人手工作业还要快。这一机械的发明者是当时年仅 28 岁的伊莱·怀特尼。

1765 年，怀特尼出生于马萨诸塞的一个贫穷农场，有着与生俱来的机械天赋。12 岁的时候，他就自己制作了一把"能拉出很好曲调"的小提琴。15 岁时，他接管了父亲生产钉子的作坊，三年后业务扩大，又开始生产女士帽子上用的别针和男人用的手杖。但年轻的怀特尼并不满足于仅仅做一名小作坊主，因此在 23 岁时他放弃了父亲的作坊去读大学。1792 年，从耶鲁大学毕业的怀特尼踏上了去南方的旅程，想找一份家庭教师的工作。

1793 年，怀特尼接受格林夫人的邀请去她的种植园度假。格林夫人是独立战争中著名的英雄纳撒尼尔·格林将军的遗孀，她的种植园在佐治亚的萨凡纳附近。在参观期间，怀特尼对种植园出产的短纤维棉花产生了浓厚的兴趣。他看到奴隶们费力地把棉籽从棉绒中分离出来——这是使得生棉的处理成本很高的主要因素——便不由得陷入思考。格林夫人注意到了客人的机械才能，鼓励他尝试发明新的方法。

怀特尼注意观察了一只猫用爪子抓一只小鸡，结果抓到的只是满爪鸡毛，这使他大受启发。他制作了一个实心的木制圆筒，带有许多无头的钉子，一排隔栅把棉籽挡在外面，而棉绒则被钉子扯下，再用一把旋转的刷子把它们清理下来。就这样，怀特尼成功地解决了棉籽与棉绒分离的难题。

1794 年，怀特尼为他的发明申请了专利，这项发明最后带给他的经济收益不超过 10 万美元，对历史上一个最伟大的小发明来说，这个

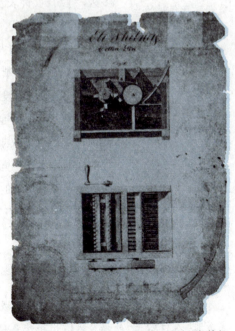

怀特尼手绘的轧棉机

1794 年
伊莱·怀特尼获轧棉机专利权。

1807 年
罗伯特·富尔顿设计的"克勒蒙特"号汽船在哈得逊河试航成功。

1819 年
装有蒸汽机的帆船"萨凡纳"号首航大西洋成功。

1834 年
塞勒斯·麦考密克申报自动收割机专利。

1838 年
塞缪尔·莫尔斯向公众表演电报机。

1844 年
塞缪尔·莫尔斯从华盛顿向巴尔的摩成功发送第一份电报。

1846 年
滚筒印刷机发明，快速印刷报纸成为可能。美联社成立。

1848 年
美国科学促进协会在费城成立。

数字实在不算多。他用这笔钱建起了一家枪炮厂。怀特尼是一个典型的清教徒，寡言少语，专心致志，生活简朴，是个一辈子只对工作感兴趣的单身汉。他经常连续干活一直到躺在地板上不知不觉地睡着了。他有许多助手和徒弟，其中有些人并不喜欢像他那样刻苦地工作，常常会因为难以忍受而逃跑。

当时步枪制造——每支步枪由工匠手工精心制作——的速度非常缓慢，而美国熟练的工匠很少，劳工成本非常高。怀特尼试图通过改进生产方式解决这一问题。他认识到，美国要想在制造业上赶超英国，就必须以容易训练的半技术工人取代能工巧匠，这样的工人可以从一波接一波的移民中招收。于是，他设想把枪支分解为不同的部件，然后发明各种生产这些不同部件的模型和机器。在这些模型和机器中生产出全部一模一样的部件，可以相互替换。最后只需把这些部件组装起来便可造出一支枪。

怀特尼的枪炮厂是第一个实现这一构想的工厂。他发明了一种机器，使步枪每个部件的生产标准化。于是制作程序可以在几个工人中进行分工，一个工人可以用其他人制作的零件组装成一支步枪。没过多久，缝纫机、钟表及其他复杂商品的制造都开始采用相同的模式。到 19 世纪 50 年代，英国专家对他们在美国发现的那些东西分外惊讶——用机械方法大规模生产的标准化产品，包括：门、家具及其他木制品，靴子、鞋、犁、割草机、木螺丝、锉刀、钉子、锁、轻武器、螺帽、螺钉……这份清单没有尽头。

这些产业几乎全都位于"奴隶线"以北。所以，如果说怀特尼的轧棉机使得南方奴隶制得以幸存下来并繁荣兴旺的话，那么可以说，他的标准化生产也同样给北方的工业带来了力量，让它在适当的时候可以去碾碎奴隶制的捍卫者。

知识链接

北方的工业革命

19 世纪 20—50 年代，美国经济领域开始经历一场工业革命。工业革命的出现有很多原因：人口增长，包括自然增长和外来移民、交通通信的发展、新科技带来的工厂体制和商品批量生产、大批工业劳工的就业，以及管理大型工业企业的实体出现。由于各地的经济发展状况极不平衡，在工业发达的北部新英格兰地区，工业革命于 19 世纪 50 年代已经完成。其主要标志是机器制造业的出现，当时处于领导地位的纺织工业已经基本上实现了机械化。新英格兰地区开始成为美国的一个重要工业基地，不断向其他地区输送产品、设备和技术人才。西部地区的工业因此得以迅速发展，从 19 世纪 50 年代开始就出现了工业中心西移的趋势。美国的工业产值在半个多世纪里从微不足道的地位，进入了世界前四名的行列，由 1820 年约占全世界的 6% 上升到 19 世纪 60 年的 15%，仅次于英国、法国和德国。

工业革命从根本上改变了美国生活的各个领域。尤其北方工业地区在家庭结构和家庭行为、女性社会地位、人们休闲娱乐和接触大众文化方式等方面，都出现了前所未有的重大变革，这一变革拉大了北方和南方的距离。成千上万的北方人开始重新定居，从乡村的农场和村庄进入迅速兴起的工业城市。新的中等职业的就业机会激增，男人从事代理商、银行家、经纪人、职员、商人、专业人员的人数越来越多。新型工业经济产生的大量财富，也增加了富裕阶层的人数，同时创造出了人数众多的新兴中产阶级阶层，贫富差距也进一步拉大。

内 战 时 期

　　19 世纪上半叶，工业革命的兴起使北方的资本主义经济迅速发展。而南方随着植棉业的勃兴，奴隶制种植园经济也在不断扩展。但实行强迫劳动的奴隶制已经成为资本主义发展的严重障碍。极其残酷的压迫和剥削激起黑人奴隶以各种方式进行反抗斗争，广大人民群众和正义人士也要求铲除残酷的奴隶制度，废奴运动在北部各州迅速开展。此外，随着经济的发展，北方和南方已经形成了截然不同的经济利益。北方希望对进口制造品征收高关税，保护新兴产业抵御外国竞争；而南方人主张自由贸易，因为他们希望进口廉价的英国商品，以此作为向英国纺织厂提供棉花的交换条件。

　　南北双方的矛盾和冲突日益激烈，西部领地问题成为争夺的焦点。这表现为对于是否允许奴隶制进入新开发的西部地区这一问题的持续争论。南方坚持他们有权利把奴隶带到新并入美国的西部土地，而北方认为南方的奴隶主集团不应该获得更多的用于奴隶制的土地。双方达成的妥协一次又一次失败。年复一年，找不到双方都可以接受的中间立场，南北冲突构成的政治危机日益严重。及至 1860 年共和党人亚伯拉罕·林肯当选总统的时候，很多美国人都认为合众国不能以半奴隶半自由国家的形式继续下去了，必须放弃其中之一。随着 11 个南方州从合众国脱离出去建立了一个独立的南部邦联，为保留奴隶制做最后的努力。于是，一场决战不可避免地爆发了。

林肯召开内阁会议制定《解放宣言》

　　1862 年 9 月 22 日,林肯召开内阁会议,表示要以总统战时特权颁布一道行政令,释放南部邦联各州的所有奴隶。当有几位内阁成员反对时,他明确指出:"解放奴隶是上帝严正的命令。"《解放宣言》的颁布使 300 多万黑人获得解放。

棉花王国的崛起

南方植棉业的迅速发展是 19 世纪初的事, 在此之前, 南方始终没有找到一种能够广泛种植、效益又好的作物。

烟草曾是一种主要作物, 但烟草种植会迅速导致农田贫瘠, 大多数烟农很难固定在一个地方长期经营。而且, 烟草市场的不景气也使烟草价格频繁波动。所以, 越来越多弗吉尼亚、马里兰和北卡罗来纳烟草种植区的农民不得不转向其他作物, 如小麦种植。水稻虽然是一种售价稳定、利润较丰的作物, 但水稻需频繁灌溉和排水, 生长期又长, 因此水稻种植仅限于南卡罗来纳和佐治亚的沿海低洼地区。

海湾地区的甘蔗种植者同样享有自己相对稳定的市场, 但甘蔗种植需要大量劳力, 甘蔗生产需要对碾磨机器进行巨额资本投资, 只有比较富裕的种植园主才有实力涉足这一领域。并且甘蔗易受霜冻影响, 所以甘蔗种植除路易斯安那南部和得克萨斯东部较小地区之外, 并没有扩展到其他更多的地区。长绒棉是另一种效益较好的作物, 但该品种像水稻和甘蔗一样只能在有限地域——东南沿海地带——种植。

当时唯一可以在南方内地广泛种植的农作物就是短纤维棉, 但这种棉花的绿色棉籽极难剔除, 所以皮棉加工——棉花销售前一项费时费力的基本工序——是其面临的最大障碍。直到 1793 年轧棉机的发明, 恰逢其时地解决了问题。此前, 一个黑人最紧张地劳动一整天未必能清拣出一磅棉绒, 而伊莱·怀特尼发明的轧棉机极大地提高了棉花纤维的脱籽效率, 一个老年黑人妇女一天就可以轻易地清拣出 50 磅棉花。怀特尼的天才发明使得棉花产业的巨大增长成为可能。

而 19 世纪 20 年代的英国、19 世纪 40 年代的新英格兰, 纺织业的发展使棉花需求增长迅速。随着轧棉机开始在南方各地普遍应用, 棉花的生产效率大大提高。后来机器逐渐改进, 皮棉加工效率又增了一倍。虽然棉花产量大幅上升, 但价格仍然居高不下。对于南方人而言, 短纤维绿籽棉花是他们可以栽培的最有前景、也最可能获利的农作物。不久以后, 这种棉花就成为农作物的首选, 也成为此后南方社会财富的主要来源。

1800 年
弗吉尼亚奴隶暴动失败。

1808 年
美国禁止进口奴隶。

19 世纪 20 年代
烟草价格开始下跌。美国西南地区棉花业蓬勃发展。

1849 年
棉花价格上扬刺激皮棉生产进一步繁荣。

在棉花需求猛增的情况下,现有棉田已经不能满足经济增长的需要,雄心勃勃的人们纷纷迁往尚未开垦的土地开发新的棉花种植区。只要一个地方有200天连续没有霜冻和大约95毫米的降雨量,绿籽棉就可以生长。棉花的种植第一次覆盖了南卡罗来纳和佐治亚的内陆山丘,并向北延伸到弗吉尼亚州的一部分地区。在1812年战争中,安德鲁·杰克逊打败印第安人之后,富饶的亚拉巴马中部地区、密西西比州的北部地区和密西西比河下游的三角洲地区都迅速种上了白绒绒的棉花。

植棉业飞速发展的结果,在南部形成了一个宽阔的棉花地带。它包括南卡罗来纳、佐治亚、亚拉巴马、密西西比、阿肯色以及佛罗里达北部、密苏里东南部、田纳西西部、得克萨斯东部和北卡罗来纳部分地区,总面积达100多万平方千米。棉花地带处处是棉花,19世纪20年代一位旅行者描述在南方看到的景象:码头上是堆积如山的棉花,所有的仓库里、货船上都是棉花。报纸上登载的、人们所谈论的都是一个主题——棉花! 棉花! 棉花!

比棉花生产数量增长更重要的是它对美国经济的重要作用,棉花逐渐成为美国最主要的出口货物。在1810年以前,棉花占美国出口产品的比例不到10%,至1820年已达到33%,从19世纪30年代中期开始占到全国所有出口货物总值的一半以上。到内战开始前,英国所需棉花的80%来自美国,棉花在美国的贸易出口总量中已占近2/3,每年带来近2亿美元的利润。如此,某一地区的产品已经支配了整个国家的出口,并影响着美国的贸易收支、可资利用的信用和进口支出。

此外,棉花也刺激了美国其他地区的经济发展。棉花的运输、保险和最后的支配权主要都落到了北方商人的

南方的棉花种植园

手中, 北方的商人也因此受益。而西部的农民则为新棉花种植园中大量的奴隶提供了粮食和生猪。因此, 大约从 1815 年开始, 在接下来的几十年中, 棉花和奴隶创造了使整个国家受益的奇迹。棉花因此成为国家经济中至关重要的因素。

由于棉花的地位和作用如此重要, 南部奴隶主阶级变得不可一世, 认为他们手里掌握的"那根小小的、细弱的棉绒, ……能够把世界绞死"。1858 年, 南卡罗来纳的一位参议员狂妄地叫嚣:"如果不供应棉花, 将会发生什么情况呢……英国就会人仰马翻, 除美国南部以外的整个文明世界也将随之倾覆。不, 你们不敢向棉花宣战。世界上没有任何力量敢于向棉花宣战。棉花就是国王。"的确, 当时棉花在控制力以及影响力方面已经成为王者。

知识链接

奴隶制复兴

奴隶制的强盛、发展以及持续并非必然现象。18 世纪末, 奴隶制看起来是一种快要消亡的制度。被卖到新大陆的奴隶的数量正在下降, 而且奴隶的价格也在下跌, 因为由奴隶种植的主要作物——烟草、水稻和蓝靛——已无利可图, 所得收入甚至还不够支付他们的生活费用。一位法国的旅行者说, 南部各地的人们都在谈论有关废除奴隶制和采用其他方式来增加财富的问题。

然而, 19 世纪初沛然兴起的植棉业奇迹般地挽救了垂危的奴隶制。南方种植园主终于找到了一种利用奴隶制并有利可图的新方法, 使烟草市场衰落后出现萎缩的奴隶制重新获得生机, 重新扩大实力, 并更加紧密地和南方经济固定在一起。棉花种植面积的扩大, 刺激了对奴隶的需求, 奴隶价格飞涨, 奴隶的数量也逐渐增加。1790 年美国只有 70 万奴隶, 到 1820 年这个数字翻了一番达到 150 万, 20 年后达到 250 万, 而 1860 年奴隶人数接近 400 万。1807 年国会通过禁止国际奴隶贸易法令之后, 奴隶数量的增长主要来源于奴隶的自身繁衍和国内奴隶贸易的繁荣。从事奴隶繁殖的弗吉尼亚州 30 年间出口奴隶近 30 万。

但奴隶制的复兴也使 19 世纪上半期的南方社会没能发生根本性的变革。1800 年时它主要是一个农业区, 基本没有重要城镇, 没有工业发展, 依赖奴隶劳工的种植园体制主宰着经济; 1860 年时依然如故, 只是该体制对地方经济的控制有增无减。"南方在成长, 但并不在发展。"结果, 南方和北方的差距越来越大。

密苏里危机与妥协

　　南北方之间第一次公开的重大政治冲突，是由密苏里申请加入联邦的问题引发的。虽然最终危机通过妥协得以化解，但时任国务卿约翰·昆西·亚当斯却颇有先见之明地表示："目前的这个问题只不过是一篇序言——只不过是一大卷悲剧集的标题扉页而已。"

　　密苏里领地是 1803 年路易斯安那购入地的一部分，1819 年，密苏里的居民人数已经超过 6 万人，达到了建州的最低要求，于是提出申请加入联邦。当时的密苏里蓄奴制已经在事实上存在，在 6 万多居民中约 1 万人是奴隶。但是对于密西西比河以西的土地，美国联邦政府没有关于奴隶制存废问题的明确规定。1787 年的西北土地法令也只是规定在密西西比河以东、俄亥俄河以北地区禁止奴隶制。密苏里是否以蓄奴州身份加入联邦，没有先例可循。当年 2 月，密苏里申请作为蓄奴州加入联邦，当法案提交众议院讨论时，来自纽约州的议员詹姆斯·塔尔梅齐提出了一项修正案：禁止向该州继续引进奴隶，并规定此后该州出生的所有奴隶子女在 25 岁时成为自由人。

　　塔尔梅齐修正案一经提出便引起强烈反响，南北方自 1787 年宪法通过以来第一次就奴隶制问题展开大辩论。分歧主要是在南方的种植园主与北方的工业企业主之间。北部想在新的领土上建立自由州，以扩大其产品的销售市场和获得更多自由劳动力，所以坚决支持塔尔梅齐修正案；南方则想把使用奴隶劳动的种植园经济扩展到新的领土，以解决单一作物带来的地力衰竭问题，所以强烈表示反对这项修正案。

　　此外，西部新建州的归属还决定着南北双方对联邦权力的划分。根据联邦宪法规定，国会中的众议员按各州人口比例产生，而参议员则不论州的大小，每个州一律选派两名。因此，美国西部的新开发地区以自由州还是蓄奴州地位加入联邦，关系到南北双方在国会内席位的多寡，也即双方在联邦政府中势力的强弱。在此之前，一半是有意一半是巧合，新州加入联邦都是成双成对，北方一个，南方一个。密苏里申请加入联邦时，美国有 11 个自由州，11 个奴隶州，南方和北方在国会各有 22 名参议员。接受密苏里会使这种比例失衡，导致未来政治力量分配不均。

这场辩论不仅在国会激烈进行，而且波及整个社会。报纸、杂志上在这个时期刊载的都是有关这一问题的文章。北方各自由州的人们激烈反对奴隶制，他们到处举行集会、宣传、鼓动人们起来一致抵制密苏里法案的通过。同样，南部蓄奴州也坚决反对修正案，并以脱离联邦相威胁。内战大有一触即发之势。

最后，经过修正的密苏里法案在众议院以一票多数通过，但由于参议院拒绝接受修正案，该法案最终被搁置起来。直到1820年，当由马萨诸塞分离出来的缅因申请加入联邦时，南北双方才就密苏里问题达成妥协：密苏里和缅因分别作为蓄奴州和自由州加入联邦；在1803年购买的路易斯安那的其余领地上以北纬36°30′划界，界限以北的任何地区禁止推行蓄奴制，南部可以组建蓄奴州。这就是美国历史上著名的"密苏里妥协案"。

这个解决方案对南方和北方都很公平：眼前，参议院的均势得以维持；今后，南方还有望把阿肯色和佛罗里达组建成蓄奴州加入联邦，北方则可以在路易斯安那大片的未开发土地上建立自由州。至此，持续一年之久的危机宣告结束。美国政治又恢复了往日的平静。南方和北方也因此保持了此后30多年的平衡。

但很明显，地区矛盾并未得到根本解决，"这只是个缓兵之计罢了"。密苏里危机已充分暴露了联邦国家奴隶州和非奴隶州的政治分歧。托马斯·杰斐逊曾比喻，这次冲突"就像黑夜中响起的火警一样，把我从睡梦中惊醒，使我惊恐万分"。在冲突中他看到"地平线上的一个黑点"，最终说不定"变成龙卷风向我们袭来"。

知识链接

道格拉斯提案

1854年，伊利诺伊州参议员斯蒂芬·道格拉斯向国会提出"堪萨斯—内布拉斯加法案"，主张重新规划艾奥瓦和密苏里以西的内布拉斯加领地，将内布拉斯加领地一分为二，即堪萨斯和内布拉斯加。因为这一新领地位于36°30′的密苏里妥协线以北，按照密苏里妥协案的规定是应当禁止奴隶制的。所以，为了使南方人接受他的提案，道格拉斯增加一项条款，规定由地区立法机构自行决定新领地上是否实行奴隶制，道格拉斯称之为"人民主权"原则。这是在奴隶制问题上的折中，实际上等于废除了此前的密苏里妥协案。经过3个月激烈的争论，国会参众两院最终于1854年5月通过了道格拉斯提案。

由于法案中规定两个领地的奴隶制地位问题应由民众投票决定，这促使反对奴隶制的北方人和拥护奴隶制的南方人竞相争夺各自的地盘。内布拉斯加远离南方，奴隶主们没有多大的兴趣，因此堪萨斯就成为双方争夺的焦点。从法案通过伊始，南北双方就竞相向堪萨斯移民。北部废奴主义者组建了一个新英格兰移民资助公司，负担反奴隶制移民前往堪萨斯的交通费。密苏里州尤其担心其西邻的堪萨斯变成一个自由州，从而使密苏里周围三个相邻州都变成自由州，那密苏里的奴隶制度将很难维持。所以，恐慌的密苏里州奴隶主们成立了"击退威胁我们边界的狂热主义浪潮"组织，并大肆在堪萨斯兴建宅地，以期赢得南部对该领地的控制权。

曾任密苏里州参议员的大卫·艾奇逊说："我们正在进行一场豪赌。如果赢了，我们就能把奴隶制扩张至太平洋东岸；如果输了，我们将失去密苏里、阿肯色、得克萨斯等州以及所有的领地。在这个游戏中，我们必须大胆冒险。"

黑人女英雄塔布曼

　　哈莉特·塔布曼曾是一名奴隶，逃亡成功后她便积极投身于帮助奴隶逃亡的"地下铁路"工作，成为最活跃的向导。她曾冒着南方重金悬赏缉捕的危险，在10年的时间里勇敢地返回南方19次，一共救出300多名奴隶。人称"黑摩西"或"摩西祖母"（塔布曼曾化名"摩西"）。

　　所谓的"地下铁路"，既不在地下也不是铁路，而是由废奴主义者和逃亡的奴隶用一系列房屋、地道和道路精心筑成的秘密通道，其干线就像蛛网一样纵横交错，分布于特拉华、马里兰、弗吉尼亚、密苏里等州。其中两条最主要的干线：一条在中西部，从南部经俄亥俄到加拿大；另一条在东部，沿东海岸由南而北。"地下铁路"的组织者被称作"经理"。所谓的"车站"就是指废奴主义者和逃奴同情者的寓所，逃奴可以暂时落脚，在这里吃饭、休息。"乘务员"就是带路人，而"乘客"就是指逃亡的奴隶。

　　"地下铁路"多在夜间"行车"，靠北极星辨别方向。奴隶逃跑之前，通常先躲在奴隶主种植园附近的森林或沼泽中，等到夜深人静的时候，再逃往俄亥俄河，一旦过了这里就有"地下铁路"的"乘务员"护送了。他们可能会将奴隶们从一个黑人教堂转到一个白人农民的谷仓，再转到一个贵格会的礼拜堂，再转到一个黑人木匠的店铺，直到把他们送到北部各州或加拿大。

　　1820年，塔布曼出生在一个奴隶家庭，从6岁起，她就经常被奴隶主出租给其他人使用，受到许多非人的待遇。有一次被人用一个两磅的秤砣重重地打在头上，结果使她不得不终身忍受周期性癫痫发作的痛苦。她的三个姐妹被奴隶主卖掉了，再也没有能够相见。1849秋天，塔布曼决定逃往北方自由州。她穿越浓密的树林和冰冷的沼泽，追随北极星，朝自由的北方前行。一路上小心翼翼，以防被带着猎狗追捕逃亡黑奴的警察抓到。最后，在废奴主义者和教友派的帮助下，塔布曼获得了自由。

　　此后，塔布曼参加了"地下铁路"的工作，多次潜回南方营救奴隶。她靠着聪明、大胆、细心、果断，躲过了一次又一次的危险。一次

1830 年
9月，首次黑人代表大会在费城召开。美国殖民协会帮助美国奴隶移民建立利比亚国。

1831 年
1月，废奴主义报纸《解放者》在波士顿发行。

1832 年
1月，新英格兰反奴隶制协会成立。

1833 年
美国"反蓄奴协会"在费城成立。

当她潜回马里兰州时，突然遇到以前奴隶主的一个邻居奴隶主。幸好她携带了两只鸡作为掩护，于是及时将鸡放出假装捉鸡，使得那人没有认出她。还有一次在火车站发现捉拿奴隶的人正在搜查开往北方的火车，她立即果断地带领她帮助的逃亡奴隶们乘上开往南方的火车，然后再转道北行。当然还有铁的纪律。在逃亡过程中她不允许有人掉队被捕。她曾经决定如果有人半道突然改变主意，想打退堂鼓，她一定会将这个人枪决，以免透露消息。不过很值得庆幸的是，这个决定从来没有执行的机会。她曾经自豪地说："我从没有丢失一个我带出的人。"

塔布曼（左）与她解救的奴隶

一部"地下铁路"的历史，充满智勇双全的乘务员奋不顾身的生动记录。据估计，"地下铁路"工作人员至少有 3000 人，他们中很多人都是像塔布曼一样逃亡成功的奴隶，他们愿意协助更多的奴隶获得自由。正是凭着他们的献身精神，1830—1860 年间，每年约有近 2000 名黑奴通过地下铁路成功地逃往北方。仅在俄亥俄一州，1830—1860 年间，获得帮助而逃亡成功的奴隶估计就不下 4 万人。虽然这种方式解救的奴隶不是很多，但在很大程度上表现了废奴运动解救黑奴的决心和力量，增强了南方黑人奴隶追求自由解放的信心。

美国内战期间，塔布曼在联邦军队中担任护士和厨师，同时由于她在"地下铁路"担任"乘务员"的多年经历，对乡村地区特别熟悉，因此不时潜到南方作侦查，获取了很多有价值的信息。1863 年，她还策划了一场对南卡罗来纳州南方军的袭击，并帮助几百名奴隶成功逃亡。

美国内战后，塔布曼努力推动提高妇女和黑人的地位，要求为孤儿和穷困的老人提供栖身之地。1908 年，她用自己的大部分养老金在纽约州的奥本建立了一个非洲裔美国人养老院，收容奥本地区的老人和穷人。她本人也在这里服务并最终在此逝世。

知识链接

废奴运动

19 世纪 30 年代，在反奴隶制斗争中，有组织的废奴运动逐渐形成，最著名的代表人物是威廉·加里森。1831 年，他创办了废奴刊物《解放者》，在发刊词中表示要为全体奴隶的立即解放而奋斗。1833 年，他同其他废奴运动的领袖成立了全国性废奴组织——美国反奴隶制协会。废奴运动在北方迅速发展，及至 1838 年已建立 1350 个分会，会员人数达25 万。

废奴运动主张立即无条件废除奴隶制。其主要论据是：奴隶制违背基督教教义，因为耶稣教导说四海之内皆兄弟；奴隶制违背美国革命有关人权的基本原则，剥夺了黑人的种种权利；奴隶制在经济上是不健全的，生产效率低，人力物力浪费惊人；奴隶制对于国家的和平安定是个威胁，奴隶主以暴力维持其统治使南方变成了一座军营。

1840 年，由于在对政治行动、教会和妇女权利等一系列重大问题上的分歧难以调和，废奴运动出现分裂，形成了不同派别，主要有道德说教派、政治行动派和暴力派。加里森是典型的道德说教派，他反对废奴主义者参加政治活动和组织政党，力主采用道义说服的手段来感化奴隶主释放奴隶。政治行动派于 1840 年 4 月成立了美国第一个废奴主义政党——自由党，后并入土地党。其成员利用国会讲坛积极宣传废奴思想，猛烈抨击奴隶制度，坚决反对奴隶制的扩张。少数的暴力派则认为必须用暴力的手段才能解决奴隶制问题，其最著名的代表人物就是白人废奴主义者约翰·布朗。

废奴运动为奴隶制的最终覆灭和黑人奴隶的解放做出了重要贡献，1865 年林肯总统曾高度评价了废奴运动的历史作用："我只不过是个工具而已。是加里森的逻辑和道义力量，是全国的反奴隶制人民，是军队，成就了这一切。"

引起大战争的小妇人

1850 年

1850年妥协案生效。

1850 年"逃奴缉捕法"

是 1850 年妥协案的主要组成部分。内容包括：允许任何非洲裔美国人被遣送到南方由其主人指认；剥夺逃跑奴隶需经陪审团审判和为自己辩护的权利；规定被指控的逃跑奴隶交给专门的政府特派员审判；要求所有的美国公民协助捉拿逃跑的奴隶。

1852 年

《汤姆叔叔的小屋》出版。

1853 年

富兰克林·皮尔斯就任总统。

7 月，黑人全国代表大会在纽约州罗彻斯特举行。

1854 年

4 月，宾夕法尼亚州的阿什蒙学院成为美国第一个专门培养黑人青年的高等

1862 年，林肯总统在白宫接见斯托夫人时曾说："你就是写了一本书，引起一场伟大战争的小妇人吗？"林肯所提到的"书"就是指《汤姆叔叔的小屋》，这一句玩笑话充分反映了这部长篇小说的巨大影响。

斯托夫人原名哈丽雅特·比彻，1811 年出生于康涅狄格州的一个牧师家庭，从小受到神学的熏陶，一生基本上都是在宗教的氛围中度过的。哈丽雅特 14 岁时，全家搬到波士顿，几年后又迁至俄亥俄州的辛辛那提，父亲莱曼·比彻被任命为辛辛那提莱恩神学院院长。哈丽雅特后来嫁给了莱恩神学院的教员卡尔文·斯托，成为斯托夫人。

位于俄亥俄河河畔的辛辛那提市是北美废奴运动的中心之一，在市区经常能听见反对奴隶制的激昂演讲。辛辛那提还是各地逃奴的中转站，他们通过"地下铁路"到达辛辛那提然后逃往加拿大或北方各自由州。斯托夫人的丈夫和几个兄弟都是激进的废奴派活动家，莱曼·比彻的家里就曾安置过逃奴，这使斯托夫人有机会亲耳听到逃奴诉说悲惨的遭遇，控诉奴隶制的种种罪恶。斯托夫人还与朋友一起访问过肯塔基州梅斯维尔的几个种植园，耳闻目睹了黑奴劳动和生活的惨状，这些都成为她日后创作的宝贵素材。

1850 年，斯托先生受聘去缅因州工作，于是全家迁到新英格兰北部。同年，国会通过了一部更加严厉的"逃奴缉捕法"，该法案的实施引发了暴风雨般的抗议：一些北方立法机关通过了人身自由法以阻挡此法案的执行；北方的废奴主义者成立救援委员会破坏逮捕和审讯逃奴的行为；还有许多城市爆发了直接反对该法案的暴动。在这一过程中，斯托夫人成为一名坚定的废奴主义者。她决心拿起笔来，用一部小说从道德上和情感上揭露和控诉黑暗的蓄奴制。

据说，一次在教堂做礼拜时，突然创作灵感涌上心头，汤姆叔叔的遭遇渐渐在她脑海里形成一个完整的故事。当天下午，她回到家关上门就奋笔疾书起来。稿纸不够，她就用食品包装纸代替。写完第一章后，斯托夫人念给丈夫和孩子们听。他们深受感动，斯托先生鼓

励妻子说:"这样写下去,你就可以写一部了不起的书。"

　　从 1851 年 6 月起,《汤姆叔叔的小屋》开始在华盛顿的一家废奴主义刊物《民族时代》上连载发表。据说连载完以后,斯托夫人说:"这小说是上帝自己写的,我只不过是她手里的一支笔。"1853 年全书正式出版,由于题材取自现实生活,人物形象生动感人,因而立即产生巨大反响,很快成为畅销书。第一年销售量就达到 30 万册,进而成为美国首部销售量达到百万以上的小说。这本书后来还被改编成剧本在美国北部各州巡演。

　　一部虚构的著作竟会在北方如此流行,这让南方人倍感震惊。这个有关奴隶的故事,影响着美国人的家庭生活、关于共和国的理想以及基督教的信念。在南方和北方,她的小说激发了地区间更加尖锐的冲突。美国历史上很少有文学作品对时事进程产生过如此巨大的影响,它像楔子一样深入美国人的心灵,为美国废奴运动赢得了 200 万同情者和支持者,有力地推动了废奴运动。因此,柯克·门罗认为,斯托夫人"不仅在世界著名妇女中是出类拔萃、名列前茅的,而且在决定美国人民命运的最关键的历史时刻,她的影响超过其他的任何一个人。……当然,废除奴隶制不是、也不可能是一个人能功成业就的事,它是众人的事业,但是,《汤姆叔叔的小屋》所产生的影响是最伟大的,最深远的"。

　　斯托夫人后来还写过关于奴隶起义的小说和其他一些作品。1896 年去世,终年 85 岁。

学府（1866 年改名林肯大学）。

《汤姆叔叔的小屋》广告

知识链接

1850 年妥协案

　　1849 年 9 月,加利福尼亚申请建州,南北方之间的冲突再次被引发。密苏里妥协之后,联邦始终是按对等原则接纳新州,此时是 15 个自由州和 15 个蓄奴州。南方人担心加利福尼亚如果作为一个自由州加入联邦，就会打破部分权力的平衡。因为自由州人口增长迅速，已经在众议院的席位中占大多数，因此南方人就要力争在参议院中保持权力的平衡。

1850年1月，曾设计密苏里妥协案的亨利·克莱提出一个综合性议案，试图解决南北双方的主要问题。由于所牵涉问题关系重大，克莱的议案在国会引发了一场持续8个月的激烈辩论，几乎每个人都会反对议案中的这项或那项条款。直到1850年9月，通过把议案拆解，一次只讨论一项议案的做法，才使得这些妥协方案勉强获得通过。这就是"1850年妥协案"，其主要内容包括：加利福尼亚作为自由州加入联邦，从此结束了奴隶州和自由州的平衡状态；新墨西哥和犹他组成领地，在奴隶制问题上由其自行决定；首都哥伦比亚特区禁止奴隶贸易，但并不废除奴隶制；重新制定了一部更严厉的"逃奴缉捕法"。

妥协案通过，暂时化解了爆炸性的局势，解决了当时的每个焦点问题，把分裂和内战推迟了长达10年。但南部奴隶主阶级和北部资产阶级都不满意，双方的基本矛盾也没有解决。当时的一家报纸发表评论一针见血："不可否认的事实是，南部的制度是这次地区争论的起因，除非该制度被摧毁或者北部对其存在不加反抗，否则双方便没有一个永久的真正的解决办法。"

极端废奴主义者布朗

1859 年 12 月 2 日上午 11 时，在整个美国北部，教堂的钟声都敲响了，各地全都降了半旗，建筑物上悬挂了黑布。这一切都是为了哀悼一个人的死，拉尔夫·爱默生甚至将其与耶稣基督做比较，说这位新圣徒的死让"绞刑架与十字架一样光荣"。这个人就是约翰·布朗。

1800 年，约翰·布朗出生于康涅狄格州，一生做过制革工人、家畜贩子、羊毛商人和土地投机者等各种职业，为养活 20 个孩子忙碌了大半辈子。1855 年，布朗移居堪萨斯，当时堪萨斯正就以蓄奴州还是自由州身份加入联邦的问题争吵不休。布朗是一位极端废奴主义者，坚决反对奴隶制，他相信上帝选择他来摧毁万恶的奴隶制。1856 年，他在堪萨斯发动波塔沃托米袭击引发了当地持续的流血冲突。两年后，他在密苏里州又指挥了一次袭击，杀死一个奴隶主，解放了 11 个奴隶。

返回东部后，布朗又制订了一个旨在推翻奴隶制的武装起义计划。他准备首先夺取弗吉尼亚州与马里兰州交界的哈珀斯费里军械库，把周围乡间的奴隶武装起来，然后将队伍开拔到附近群山中建立游击活动根据地，进而向南推进到田纳西和亚拉巴马，通过策动黑人奴隶大批逃亡和不断制造奴隶暴动事件打击南方奴隶主的统治。他相信在这些地方可以掀起大规模的奴隶暴动，那些奴隶会蜂拥而至参与他的行动。

1859 年 10 月 16 日夜，59 岁的布朗率领一支 20 人的队伍（其中 5 个黑人），从马里兰州的农场越过波托马克河，在夜幕的掩护下，向弗吉尼亚的哈珀斯费里军械库进发。一路上进展顺利，并未遇到拦截，所以他们很快就占领了联邦的军火库和一个生产武器和军需品的工厂。然后，布朗派出几支小分队扣押人质和解救奴隶。但当地黑人并没有像布朗所期待的那样成群结队地投奔起义军，倒是弗吉尼亚州长迅速调集地方武装包围了起义者。随后，罗伯特·李率领的联邦军队也赶来增援。双方发生交火，起义者临危不惧，始终坚守阵地，同数以千计的敌人激战一天两夜，终因寡不敌众而失败。其中 9 人阵亡（包括布朗的两个儿子），6 人逃脱，布朗等 7 人被捕。

1852 年
富兰克林·皮尔斯当选总统。

1854 年
《堪萨斯—内布拉斯加法案》通过。

1855—1856 年
"流血堪萨斯"事件爆发。

1856 年
詹姆斯·布坎南当选总统。

1858 年
明尼苏达作为第 32 个州加入联邦。
6 月，美国强迫清政府签订中美《天津条约》。

1859 年
约翰·布朗袭击哈珀斯费里军事基地。

1861 年
堪萨斯加入联邦。

一周之后，布朗等人受到弗吉尼亚法庭的审判。在法庭上，布朗慷慨陈词，抨击奴隶制的罪恶。他否认到弗吉尼亚来是犯了引发暴力罪，说他唯一的目的是解放奴隶。他还表示："为了把正义的事业进行到底，如果有必要牺牲自己的生命，我愿意把自己的鲜血与我孩子们的鲜血以及这个国家数以百万计的奴隶的鲜血凝聚在一起。这个国家的权利被邪恶的、残酷的和不公正的法令所践踏。现在我告诉你们，你们要我的命，就来吧！"

约翰·布朗在监狱外亲吻黑奴的孩子

起义者最终被以叛国和阴谋煽动叛乱的罪名判处绞刑。临刑前，布朗在监狱里写下了不朽的遗言："我，约翰·布朗，现在坚信只有用鲜血才能洗清这个有罪的国土的罪恶。"被处决当天，整个北方都把他当做英雄和圣徒殉难。他在法庭上的最后陈述第二天就在《纽约先驱报》上刊出。一直坚持非暴力方式的废奴运动领袖威廉·加里森说，布朗的死使他终于明白了"需要用暴力"来摧毁奴隶制。他在波士顿的会议上说，如果奴隶主反对立即解放奴隶，"就会丧失生存的权利"。

北方人对布朗的哀悼也使许多南部的白人深思：为什么如此多的人赞美这样一个狂人？布朗是凶手、暴动者，他破坏南方的秩序，是一个危害国家安全的人，但波士顿、纽约和费城的人们却在称颂此人的原则和行为。事实已经很清楚，在这个国家中，南北两地具有如此大的差异，南方的混乱引发了北方的欢呼。这使愈来愈多的南方人坚信脱离联邦和成立南部蓄奴联盟是保护他们的财产和生活方式的唯一办法。一个南方人在 1859 年写道："我一直拥护联邦，但是我不得不承认北方人认可哈珀斯费里暴行……动摇了我的忠诚。"

形势正如流行歌曲所唱的那样，布朗的尸体躺在"坟墓中很快腐烂"，但对他血腥举止的记忆却在"进一步发展"。

堪萨斯冲突

1854 年《堪萨斯—内布拉斯加法案》通过后,蓄奴州和自由州争先恐后地向堪萨斯移民。及至 1855 年 3 月,第一批小市镇已建立起来,堪萨斯的居民达到上万人。当时领地上还没有政府机构,在随后的立法机构选举中,几千名密苏里人远道跋涉堪萨斯参加了投票,结果南方奴隶主势力在立法机构中占据了多数。紧接着,又建立了领地政府,制定了维护奴隶主利益的法律。反对奴隶制的居民不承认这个由奴隶主操纵的非法政权,他们在托皮卡召开代表大会,制订了一部反奴隶制的地区宪法,并且成立了自己的政府。这样就出现了两个领地政府对峙的局面,双方的摩擦很快上升为流血冲突。

1856 年 5 月,一伙支持奴隶制的暴徒闯进堪萨斯的一个自由镇劳伦斯镇,捣毁报社、焚烧房屋、掠取财物,导致 1 人死亡。两天后,激进的废奴主义者约翰·布朗带着另外 6 人,对奴隶制支持者的定居地波塔沃托米发动报复性袭击,杀死了 5 人。此后,双方的游击战争持续了数月,共造成 200 多人死亡。暴力甚至发生在国会大厅,马萨诸塞州的参议员查尔斯·萨姆纳因其演讲中的尖刻言辞,遭到了南卡罗来纳州议员布鲁克斯的暴打。

直到 1858 年 8 月,堪萨斯公民投票否决了规定堪萨斯为蓄奴州的《莱康普顿宪法》,堪萨斯的流血冲突才随之结束。此后,随着自由移民人数的不断增加,堪萨斯州开始完全掌握在反奴隶制的立法机构手中。但由于国会阻挠,堪萨斯仍不能作为自由州加入联邦。直到 1861 年 1 月,南部蓄奴各州脱离联邦,堪萨斯才终于被接纳。

驴象相争之始

　　1876 年刚好是美国独立 100 周年，全美国都举行了盛大的欢庆典礼，这也为当年的总统大选增添了不少热闹。著名政治漫画家托马斯·纳斯特在《哈泼斯周刊》发表了他创作的一幅漫画，他将这次竞选描绘成马戏团演出，画中有一个跷跷板，一边坐着一头长耳朵驴子，代表民主党；另一边坐着一头长鼻子大象，代表共和党。人们因此戏称 1876 年大选是"驴象之争"。

　　这幅画的原意是讽刺两党轮流坐庄的政治现实，后来却为两党欣然接受。民主党认为驴子诚实、倔强、谦虚，而大象保守、缺少活力；共和党则认为大象稳重、高大、坚强，而驴子粗俗、不够稳健。驴和象就成为两党自我喜好及互相攻击的形象标记。"驴象之争"也成为美国政治竞选的形象描绘，也是美国两党制的喻词。

　　民主党是 19 世纪 20 年代由民主共和党分裂而来。以杰克逊为首的一派在 1828 年杰克逊入住白宫后正式称为民主党，其主要支持者包括南部种植园奴隶主、一些同南部在经济上有联系的北部商人、银行家和船主，还有西部边疆的农业垦殖者、北方城市工人等。民主党在杰克逊时期获得迅速发展和壮大，并长期保持美国政坛第一大党的地位。只是由于受到南方种植园主的控制，民主党被认为是奴隶制度的保护伞。

　　在共和党成立之前，美国政坛的第二大党是辉格党。辉格党为北部资产阶级所控制，也有一部分在经济上和北部有联系的南部奴隶主。19 世纪 50 年代，随着奴隶制存废问题的矛盾日益激化，民主党和辉格党内部都发生了严重分裂。共和党就是在旧政党分化改组的情况下成立的，其成员主要是北方派辉格党人、民主党内的反堪萨斯—内布拉斯加法案人士，还有其他一些小党派的部分成员。1854 年 7 月 6 日，在密歇根州的一次集会上，共和党正式成立。随后就在北部各州以燎原之势迅速发展。

　　民主党与共和党的首次竞争是在 1856 年。当年 6 月，共和党在费城召开全国代表大会，提名来自南卡罗来纳州的约翰·弗里芒特为总统候选人。他们的竞选口号是"自由土地、自由言论，再加弗里芒特"。民主党推出的是来自宾夕法尼亚州的詹姆斯·布坎南。在竞选中双方互相攻击，民主党把共和党描绘成激进主义的温床，说共和党是破坏团结的党，说弗里芒特是损害团结的废奴主义者。而共和党则反击说，民主党是扩大奴隶制阴谋集团的帮凶。

大选结果是民主党人获胜。布坎南一举拿下了所有南方州和5个北方州，共赢得174张选举人票。弗里芒特获得130万张普选票，占总票数的33%。这对一个新成立的政党来说已经是了不起的成绩，表明共和党已成为美国政治上举足轻重的角色，可以跟民主党分庭抗礼了。

1860年的总统选举注定是美国历史上斗争最激烈的选举之一，是决定美国存亡的最关键选举。共和党提名亚伯拉罕·林肯为总统候选人，他公开声明"我天生是反对奴隶制的"。民主党因南北两派意见相悖出现分裂，南部提名来自肯塔基州的约翰·布莱肯里奇，北部提名来自伊利诺伊州的斯蒂芬·道格拉斯为候选人。民主党的报纸轻蔑地把林肯描述为一个三流的律师，一个微不足道的家伙，一个喜欢开粗俗而笨拙玩笑的人，一个说话不合语法的人，一个丑八怪。南方人还威胁说，林肯的当选将导致他们脱离联邦。共和党人感觉胜券在握，所以他们的策略是让林肯本人置身选战之外，在幕后发挥作用保持共和党的团结，而让民主党人去犯政治自杀的错误。

1860年11月6日，大选结果揭晓，林肯获得了选举人团的大多数选票，以绝对优势战胜了对手，成功当选为美国第16任总统。但在这次投票中也隐藏着不祥的征兆：美国历史上第一次通过明显的地区性投票选出总统。林肯虽然囊括了除新泽西以外所有北部自由州的选票，但却没有得到南部10个蓄奴州的一张选票。所以，许多南方奴隶主认为林肯当选是纯地区性和纯北方

1892 年
由全国农民组织组建的人民党在圣路易斯成立。

1897 年
美国社会民主党在芝加哥成立。

1901 年
7月，美国社会党成立。

1919 年
8月，美国共产主义劳工党成立。
9月，美国共产党成立。

1864 年大选中共和党的选票（左为林肯，右为竞选搭档约翰逊）

性的胜利。林肯后来描述得知大选结果后，"我回到家中，但只睡了一会儿，因为那时我意识到一种从未有过的责任已落在我的肩头"。的确，林肯和美国人民正面临着共和国成立以来最为严重的危机。

因为蓄奴州舆论普遍认为，共和党执政是对蓄奴制的一个严重威胁，那将意味着更多的废奴运动、更多的逃亡奴隶、更多的人身自由法令、更多的约翰·布朗袭击以及通过不友好的联邦立法的更大的可能性。新奥尔良《蜜蜂报》甚至宣称："如果再不宣布政治独立，我们就要完蛋了。"林肯当选总统，共和党执政直接导致了内战的爆发。

知识链接

政党的演变

合众国成立之初，围绕对宪法的解释、经济政策及外交政策走向就开始出现不同的政治联盟，即以汉密尔顿为首的联邦党人和以杰斐逊为首的共和党人（1794 年改称民主共和党）。当时这两个党派的主要战场是国会，活动范围较小，尚未在社会上建立自己的组织，所以只是一种政治派别，是政党的雏形。

1800 年杰斐逊当选总统后，民主共和党开始长期主导美国政坛，联邦党由于在 1812 年战争中执行亲英政策遭到人们的反对而战后瓦解。但由于没有强大的竞争对手，民主共和党进入 19 世纪 20 年代也开始分化，以约翰·昆西·亚当斯为首的一派 1825 年改称国民共和党，另一派以安德鲁·杰克逊为首在 1828 年称民主党。1834 年，国民共和党与一些不满杰克逊的民主党人又共同组建了辉格党，其名字源于英国 19 世纪成立的反皇室特权的政党。该党采纳了联邦党人的许多观点，被视为联邦党人的继承者。辉格党在长达 20 年的时间里一直是美国第二大党。这一时期，不论是民主党还是国民共和—辉格党都已越出议会的圈子，在社会上广泛活动以争取选民和上台执政。美国近现代意义上的政党形成。

20 世纪 50 年代，资本主义迅速发展，日益壮大的北方工业资产阶级与南方奴隶主阶级矛盾尖锐，围绕着奴隶制存废问题的斗争，加速了民主党和辉格党新的分化组合。已经沦为南部奴隶主阶级政治代表的民主党同辉格党中南部的一些人联合起来，仍以民主党的名义活动；而代表北方工业资产阶级利益的北方辉格党也联合北方的一部分民主党人士，于 1854 年组成新的政党——共和党。

自此，以民主党和共和党为名称的两大政党固定下来，沿袭至今，成了美国政治舞台上的主角。

南方各州宣布独立

"我们不是敌人，而是朋友。我们千万不要变成仇敌。虽然情感也许曾经遭到伤害，但不能隔断我们友爱的纽带。那一根根记忆的奇妙之弦，从每个战场和爱国志士的坟墓，伸展到这片辽阔土地上每一颗充满活力的心房和每一个家庭，若经我们本性中的善念再度拨动——而且一定会加以拨动——将重新奏出响亮的联邦协奏曲。"这是林肯在 1861 年 3 月 4 日的就职典礼上发表的感人演说。

此前，南方已经有 7 个州宣布脱离联邦。南卡罗来纳是最先脱离联邦的。在林肯当选总统后不久，该州就通过了一项《分离法令》，宣布不再承认联邦宪法，并解散与其他州的联邦关系。随后通过的《分离事业宣言》又回顾了各州对奴隶制的威胁，声称一个纯粹的地区性政党（共和党）把一个"言论和目的都敌视奴隶制"的人推上了总统位置，而这个总统不仅提出"政府不能忍受长期半奴隶半自由状态"，还表示奴隶制度"正在走向灭亡"。

1861 年 2 月初，7 个州的代表在亚拉巴马州的首府蒙哥马利召开大会，通过了美利坚（南部邦联）临时宪法，并选举来自密西西比州的杰斐逊·戴维斯为总统。2 月 18 日，戴维斯宣誓就职并着手组建临时政府。

新内阁白手起家：总统的办公室设在一家旅馆的客厅中，财政部则蜷缩在一个银行的房间里，"房间空空如也，没有办公桌、椅子或其他办公的用具"。财政部长克里斯托弗·梅明杰只好用自己的钱购置了办公用具。在组阁初期的日子里，当一名上尉拿着戴维斯的授权书，到财政部索要毯子时，他发现只有一位职员在办公。这位职员把自己身上仅有的几美元给了上尉，并解释说："我证实此刻国库里只有这点钱。"虽然政府面临严峻挑战，但南方平民表现出了普遍的热情和不断增强的民

1860 年
南卡罗来纳州脱离联邦。

1861 年
2 月，南部 7 个蓄奴州宣布成立"美利坚诸州同盟"，简称"南部同盟"。
4 月，南部同盟军攻占萨姆特要塞，内

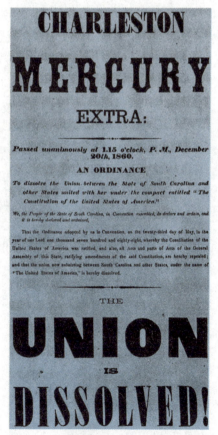

南卡罗来纳宣布脱离联邦的传单

战爆发。

7 月，国会授权总统召集 50 万志愿军。

1862 年

南方邦联实施征兵法。罗伯特·李就任邦联军队总指挥。

族主义意识。寻常百姓谈到南方时骄傲地称其为"我们的国家"，并以"南方人民"自诩。

　　林肯就是在这种严重的国家危机中就职的。就职当天，从南卡罗来纳州查尔斯顿港传来消息，该港口内的一处军事基地——萨姆特要塞的联邦守军只剩下 4—6 周的给养了，当时南部邦联的军队已经用火力把这个要塞包围了起来，如果得不到援助，联邦守军就只能撤离该岛。尽管这个要塞的战略价值不大，但它是当时南卡罗来纳州内唯一未被叛军占领的联邦要塞。如果容忍南部叛军轻易将它占领，必然使联邦原则受到致命的损害。而且，南部叛乱分子不断叫嚣："让你们总统试试向萨姆特增援吧，战争的警钟将响彻南部的每一个山头和河谷。"

　　在接下来的两个星期，事态发展非常迅速。4 月 4 日，林肯决定派出远征队解救萨姆特要塞，向 69 名守军增加补给。消息传到蒙哥马利，南部邦联总统戴维斯及其内阁决定武力夺取要塞。邦联军先向驻军指挥官罗伯特·安德森少校发出最后通牒，要求其投降，但遭到拒绝。12 日凌晨，南方邦联军队向萨姆特要塞发射出了第一颗炮弹。安德森少校率领守军坚持了 30 多个小时，最后在弹尽粮绝的情况下，于 14 日下午被迫降下联邦的星条旗投降。

　　次日，林肯宣布发生了"叛乱"，并发布命令征召志愿兵，随后宣布封锁南部港口，国家进入战争状态。与此同时，弗吉尼亚脱离了联邦，邦联国会随后选择弗吉尼亚的里士满作为首都。在弗吉尼亚带动下，又有 3 个蓄奴州先后宣布脱离联邦。但靠近北方的 4 个蓄奴州——特拉华州、马里兰州、肯塔基州和密苏里州仍继续留在联邦。

　　在经过多年危机与妥协之后，国家终于选择使用武力来解决双方之间的争吵，美国内战正式开始了。

知识链接

南北力量对比

　　北方的优势是明显的。北部拥有全国 34 个州中的 23 个，领土面积占全国的 3/4，自由人口近 2200 万；南部邦联共 11 个州，900 万人口，其中近 350 万是奴隶。而且南方人中也有许多是支持联邦的，有些人战斗一开始就离开了家乡，还有些人留在南方但仍然以各种方式支持联邦。除南卡罗来纳州外，在邦联政府各州内都有军团为联邦政府而战，总数大约为 10 万人。

北部资产的价值是南方的 2 倍，金融资本是南方的 10 倍，而且可投入的资金是南方的 8 倍。南方的工业生产能力也远远低于北方。1861 年，南部联盟只有 1.8 万家生产企业和 11 万工人，相比之下，北方有 11 万家生产企业和 130 万有效劳动力。北部拥有美国几乎所有钢铁、军火和绝大部分纺织、皮革等工业。南部邦联各州的工业总产值在战争前夕只占全国的 7%，而北部仅纽约 1 个州的工业产值就 4 倍于南部所有分离州。此外，南方的交通网络是零星破碎的，而北方发达的交通使得运送军队和后勤供应能力要远远超过南部同盟。

但对 1861 年的南部来说，最大的优势是广袤的土地。只要南部同盟能严守阵地，北部就不可能通过一两场战役赢得胜利，即北部不可能立即征服南部大面积的土地。正是这个因素使南部同盟军队的指挥层勇气倍增。南部还有很长的海岸线，便于突破北部的经济封锁。另外在战争初期，南部在军事将领方面更占优势。拥有比北部更多资历深、经验丰富的军事人才。南部邦联政府还坚信"棉花王国"能吸引世界上依赖棉花的各国提供军事援助。

林肯颁布《解放宣言》

宪法第 13 条修正案

1863 年的《解放宣言》只宣布解除联邦控制地区（田纳西、弗吉尼亚西部和路易

林肯曾经自豪地说过："如果我的名字将载入史册，那就是为了这一宣言。我整个身心都投入到这项事业中去了。"他这里所指的就是《解放黑人奴隶宣言》。

早在 1860 年总统竞选时，林肯就在共和党党纲中提出，不再给奴隶制一寸新的土地。但他也答应不干涉南部各州已建立起来的奴隶制。在就职后，即面临着南方奴隶主分裂联邦的严峻局势。为尽可能地团结各种力量，林肯只提出了维护联邦统一的共同目标。他坦诚地表明："我天生是反对奴隶制度的……然而我不认为总统职位赋予我的权力是无限的，是可以使我按照自己的判断和感情采取官方行动的。"但是，"当解决奴隶制的时机到来时，我确信我一定会尽我的职责，哪怕付出我的生命也在所不惜"。

内战爆发后，随着北方节节失利和战争的久拖不决，战争造成的伤亡人数越来越大，已经超出了原来的战争目的和捍卫联邦的最初目标。大多数北方人似乎逐渐接受了战争目的就是解放黑奴的观点，许多人坚信没有任何其他目的值得付出如此重大的战争代价。林肯意识到，北方低落的士气需要通过一项正义的事业得到鼓舞，"时刻到来了，它使我感到奴隶制必须死亡，以便国家能够生存"。但需要一个合适的时机。林肯多次说："我们务必要等到打了一场胜仗之后再公布它。"安提塔姆战役的胜利使林肯终于获得了发布《解放宣言》的机会。

1862 年 9 月 22 日，安提塔姆战役结束后 5 天，林肯召开内阁会议，表示他要以总统战时特权颁布一道行政令，释放南部邦联各州的所有奴隶。当有几位内阁成员要反对时，他明确指出："解放奴隶是上帝严正的命令。"1863 年 1 月 1 日，林肯正式签署了《解放宣言》，他表示："这一宣布完全是为了正义，也是在军事上所需的合乎宪法的措施。对于这一宣言，祈愿能得到全能的上帝的恩宠与人类审慎的认同。"当林肯总统在文件上签上自己名字的时候，他说："在我的一生中，从来没有比此刻签署这个文件时更加坚信自己是正确的。"

《解放宣言》发表后，300 多万黑人获得解放。广大黑人踊跃参

军，战斗热情高涨。一位黑人在群众集会上说："如果我们不参加战斗，就是背叛了上帝、背叛了祖国、背叛了种族、背叛了我们自己。"到1863年10月，在北部8个州和南部7个州已建立起58个黑人军团，黑人士兵达37万多人。他们战斗顽强，是一支锐不可当的力量，在东部和西部战线的重大军事行动中发挥了重要作用。

威廉·卡内中士是内战中，也是美国历史上获得荣誉勋章的第一个非洲裔美国人。他原是从弗吉尼亚逃跑出来的奴隶，后来参加了马萨诸塞第54步兵师。在瓦格纳堡战役中，当擎旗手倒下后，他立即接过旗帜并带领其他士兵冲向敌人的防御工事。把国旗插在阵地上之后，卡内与敌人展开了肉搏战。最后虽然身受重伤，但还是手举国旗艰难地向后撤退。一位黑人观察家解释说，由于发布了解放奴隶宣言，非洲裔美国人才能"手举国旗勇敢地杀开一条血路"。

在南方，对战争的关注，对赢得战争的渴望，是如此地强烈，以至于人们忘掉了到底是为什么而打仗。戴维斯本人也忘了，他竟然成了最早敦促解放奴隶，以换取他们为南方打仗的人之一。当联邦军队大片大片地攻下南方、解放当地奴隶的时候，很多黑人成群结队地参军入伍。戴维斯表示："我们不得不做出选择，是应该让黑人为我们而打仗，还是让他们来打我们。"1865年3月，邦联国会最终接受戴维斯的意见，批准征募黑人奴隶入伍，并承诺给志愿参军的奴隶以自由。然而为时已晚，在黑人团实际参战之前，战争就已宣告结束了。

内战期间，共有大约18万非洲裔美国人在联邦军队中服役，占陆军总人数的10%。另有近3万名在海军中服役，占海军总人数的25%。其中大约有13.5万人以前曾是奴隶。另外，还有

斯安那南部）之外的全部南方邦联的黑人，不适用于边沿蓄奴州。1865年国会通过了宪法第13条修正案，规定在合众国所属所有地区彻底废除蓄奴制。经过长达两个多世纪的漫长历程，基于种族的强迫劳动制度终于在合众国失去了存在空间。

联邦军队中的黑人士兵

25 万名黑人参加了后勤工作。在整个战争过程中，共 4.4 万黑人为挽救联邦和捍卫美国黑人的自由而献出了生命。

安提塔姆战役

1862 年 9 月初，罗伯特·李将军率领 5 万多邦联军队挺进马里兰州西部，他把军队分成了两部分，分别攻打联邦军队防守最薄弱的几个地点。15 日邦联军队轻松地夺取了驻扎着 1.2 万名联邦军队的战略要地哈珀斯费里，随后李将军下令迅速会师安提塔姆河沿岸的夏普斯堡。此时，乔治·麦克莱伦率领的近 10 万联邦部队也正在向李将军所在的位置急速前进。一场大战正在酝酿之中。

这场大战于 17 日黎明拉开了序幕。这一天，联邦军队先后发动了 5 次进攻，李将军为避开在人数上大大超过自己的联邦军队的进攻，从一个地点转移到另一个地点。通常李将军总能准确地把握敌人的动向。而麦克莱伦将军却太谨慎了，以至于没有把所有的兵力一次性地投入战斗。当黑夜来临时，南部同盟的军队仍坚守着他们的防线。然而，李将军自己心里也很清楚，如果麦克莱伦将军第二天再次发动进攻的话，南部同盟的军队就有可能被一举歼灭。所以次日凌晨，狼狈的南部邦联军乘船南下越过波托马克河，撤回到安全的弗吉尼亚。

这就是内战中著名的安提塔姆战役，也称夏普斯堡战役。南方人根据战场所在地的城镇命名，而北方人以战场附近的河流命名。不同的名称并不能改变战役的残酷，安提塔姆战役发生的那一天是美国历史上最血腥的一天，双方一天之内伤亡 2.3 万名士兵，大约有 6400 名士兵丧生，"像树叶一样堆成的尸体遍布"夏普斯堡周围。不过，联邦军队最终控制了李将军曾占领的战场，李将军进犯北方的行动宣告失败。

葛底斯堡的血战

"87 年前，我们的祖先在这块大陆上创立了一个孕育于自由的新国家。他们主张人人生而平等，并为此而献身。……我们聚集在这场战争中的一个伟大战场上，将这个战场上的这片土地奉献给那些在此地为了这个国家的生存而牺牲了自己生命的人，作为他们的最终安息之所。……我们要下定决心使那些死去的人不致白白牺牲，我们要使这个国家在上帝的庇佑下，获得自由的新生。"这是 1863 年 11 月林肯总统在葛底斯堡国家公墓落成典礼上发表的演说。虽然全篇只用了 269 个单词，但却感人肺腑，被认为是美国文学中最伟大的作品之一。

林肯所说的"战场"就是指葛底斯堡，就在 4 个月前，这里刚刚进行了美国四年内战中最血腥的一场战役，三天的战斗中双方共阵亡了 5 万多人。残酷的战事起于 1863 年初，当罗伯特·李的部队在东部围困联邦军队的时候，尤利西斯·格兰特已经率领其部队沿着密西西比河向南部邦联军队要塞，即位于密西西比州西部的维克斯堡慢慢逼近。如果联邦军队能控制密西西比河，他们就可以把邦联各州一分为二。5 月 18 日，格兰特将 30 万南部邦联军围困于维克斯堡。他下决心要用轰炸和饥饿把他们消耗殆尽。

维克斯堡被围的困境使南部邦联军最高统帅处于两难的境地。罗伯特·李决定在北部开辟战场，他认为只要在北部打一场决定性的胜仗，不仅能解维克斯堡之围，而且北方的公共舆论就会支持结束战争。6 月 3 日，李将军率领 7.3 万人北行进入马里兰州，林肯任命乔治·米德对抗邦联军队的入侵。最初，葛底斯堡——宾夕法尼亚州南部的一个小镇，并没有被选择作为这场战争中巅峰之战的战场，但 6 月 30 日，随着双方小股部队在此发生遭遇，双方的主力便迅速向此集结，进而上演了内战中著名的葛底斯堡大会战。

7 月 1 日，双方正式列阵开战。罗伯特·李采取主动进攻战术，邦联军向联邦军防线连续猛攻两日，仍未奏效。第三天，李将军决定对联邦防线的中间地带发起最后进攻，他把所有赌注都压在这次进攻上。为了摧毁敌人的炮兵阵地，从下午 1 时起，李将军命令用重炮

1863 年

3 月，国会通过《征兵法》。

5 月，第一个黑人志愿军团队加入联邦军队作战。

7 月，联邦军队取得葛底斯堡大捷。格兰特率军攻陷维克斯堡。

11 月，林肯发表著名的葛底斯堡演说。

12 月，林肯向国会提出《关于大赦及重建宣言》。

1864 年

12 月，谢尔曼大军攻克萨凡纳，完成"向海洋进军"。

猛轰，炮击整整持续了90分钟。一位军官说，炮声比"尼亚加拉瀑布的声还大"。另一位则说："整个地球好像是在惊恐中发抖。"

当战场上安静下来的时候，南军以为对方炮火已被摧毁。乔治·皮克特少将率领他的3个师1.3万人发起冲锋。但当他们进入开阔地时，联邦军炮火突然轰鸣，南军被密集的炮弹炸得尸横遍野，最终只有5000人暂时突破了防线到达联邦军队阵地，但不是被打死就是做了俘虏，或在肉搏战中被击退。经过20多分钟的激战，皮克特的进攻以失败告终。一个南方军官描写了此次冲锋的场景："皮克特的师团消失在笼罩着整个山头的蓝色射击烟雾中，只有掉队的士兵得以生还。"

葛底斯堡血战场面

皮克特是军官中还活着的人，他骑马来到将军跟前，泪流满面地报告他的师被杀得所剩无几。李将军温和地回答说："没有关系，将军，这都是我的错，是我失去了战机，你必须尽量帮助我挽回这一败局。"之后李将军骑马来到垂头丧气的士兵们中间，一再抚慰他们说："所有这一切最终都会有好的结果……所有的好人都应该振作起来。"然后他命令皮克特重新组织一次反攻，结果皮克特刻薄地回答说："李将军，我的师再也不存在了。"罗伯特·李至此已无计可施，只好撤退。

7月4日，李将军带着沮丧和严重减员的部队冒着倾盆大雨向南撤退。米德追击不利，被林肯指责为像"老太婆赶着一群鹅跨过一条小河一样"。最终李军得以逃脱。尽管如此，这次战役对北部来说具有决定性的意义。它成为内战的转折点，从此南部不得不转入战略防御。

于罗伯特·李在葛底斯堡遭到惨败当日，被围困 47 天之久的维克斯堡南部邦联军也宣布投降。由此，联邦军队控制了整条密西西比河，邦联各州被一分为二。邦联军队再也不能从西部地区得到所需要的粮食和肉类供应，也无法用得克萨斯的棉花向欧洲换取它所需要的武器弹药。更重要的是，葛底斯堡和维克斯堡两次大捷，使欧洲各国认识到南部独立已完全不可能，南部同盟陷入彻底孤立。

知识链接

南部的困境

1863 年开始，在这场持久的战争中，北方的资源优势开始起作用了，而南部经济陷于困境，逐步走向崩溃。因为南部经济主要依赖对外贸易，靠生产棉花、烟草等大宗商品农作物，同北部和欧洲进行贸易交换，从而获取它所需的工业制成品来维持经济运转。甚至连所需粮食也大量来自俄亥俄河以北各州。而北部的封锁切断了南部棉花和烟草的出路，使南部既不能从北部市场也无法从欧洲市场换取各种必需品。

战时南部经济的最大困难是财力不足。南部邦联政府只得一再扩大发行有息纸币和公债券，1863 年起几乎所有的东西都要征税，但征收工作执行起来很难，逃税很容易。结果全部税收加起来不超过邦联政府支出的 5%，债券发行的收入不足 33%。邦联政府总共发行了 10 亿多美元的纸币，导致了严重的通货膨胀。1861—1865 年期间，物价平均向上攀升了 7000 个百分点。

由于粮食进口来源断绝，南部各州不得不大量限制棉花生产而扩大粮食作物的种植。尽管如此，由于运输工具的短缺，前线的粮食供应往往难以保证。到 1862 年春天，市民们也遇到了生活必需品短缺的困境。盐、糖和咖啡都买不到了，而且连鞋和衣服都成了奢侈品。1863 年初，南部的几座城市爆发了争抢面包的骚乱。在首都里士满的骚乱中，戴维斯亲自威胁要向抗议者（主要是妇女）开枪射击，骚乱才得以平息。南方城市的洁净也表明了城市的饥饿。里士满的一个居民注意到，每一样东西"都消费得如此干净，以至于整个城市几乎找不到垃圾和污物"。随着战争的旷日持久，南部的兵源也日趋枯竭。邦联政府动员 80% 符合服役年龄的白人参军，其中 1/3 在这场旷日持久的战争中丧生。财力、物力、人力的日趋枯竭决定了南部同盟的失败命运。

属于所有时代的林肯

亚伯拉罕·林肯无疑是美国人心目中最伟大的总统之一，这从华盛顿特区的纪念建筑就可以看出。在所有美国总统中，只有 3 位享有纪念碑纪念堂的殊荣，前两位华盛顿和杰斐逊都是开国元勋，第三位就是林肯。而托尔斯泰对林肯的评价是："即使林肯没有当过总统，他也同样有一颗伟大的心。只不过那样的话，将只有上帝知道这一点了。"

林肯出身寒微，父亲是一位最普通的拓荒者。他自幼随父母在西进洪流中漂泊，在搬到伊利诺伊州之前度过了非常贫困的童年，几乎没有受过正规的教育。长大后当过雇农、船夫、伙计、乡村邮递员、土地测量员、律师。美国内战之前，仅有的军事经历是以上尉军衔在 1832 年黑鹰战争中短期服役，林肯自己开玩笑说他"也曾参加过战斗，流过血，当了逃兵"，勉强活了下来——但不是因为同"善战的印第安人"作战，而是因为同"蚊子展开了许多血战"。当选总统之前，林肯的从政经验也很有限，1834—1840 年任伊利诺伊州州议员，此后只当了一届国会议员。

作为政治人物为人所熟知是在 1858 年竞选参议员时，林肯以"开裂之屋"为题发表演说，与对手展开了 7 次著名辩论，他强调"开裂的房子是要倒塌的。我相信这个政府是不可能永久地容忍半奴隶半自由的状态。我不希望联邦解体，我不希望房子崩塌，但我的确期望它停止分裂"。这次竞选虽未如愿，林肯却因此名声大振。两年后被共和党提名为总统候选人。

作为总统，他以政治家的远见和气度把不同观点的人团结在共和党政府周围；他主持通过了《国家银行法》，稳住了岌岌可危的财政。他把内战看作是对全民族的一次巨大考验，血的考验。当战事最为艰苦时，林肯承受着难以想象的批评浪潮。他表示："如果世界上每一个朋友都离弃我，至少还有一个朋友留着，那个朋友将驻在我灵魂中……我不是非赢不可，但一定不能错。我不是非成功不可，但一定要遵从良知。"带着这种精神，他不失时机地颁布了《解放黑人奴隶宣言》，使战争从单纯地为联邦而战变成了为自由而战，林肯也因此成为伟大的"解放者"。

1865 年林肯再度当选，内战已接近尾声，在谈到战后处理南部同盟首领时，林肯坚决表示他不想看到任何残忍的报复，什么军事审判、绞刑枪决全都不要。他连任演说的主题是——和解。他说："对任何人不怀恶意，对一切人心存宽厚，坚持正义，因为上帝使我们懂得正义。让我们继续努力完成我们的正义事业，把国家的创伤包扎起来。"这段话被刻在林肯纪念堂里被人们永远铭记。

1865 年 4 月 14 日，安德森少将再次出现在萨姆特要塞，他激动地说："感谢上帝，我终于活着看到了这一天。"当联邦的海军舰队在查尔斯港上空鸣响礼炮的时候，他又扯起了那面"经受风雨摧残已经磨损和破旧的国旗"。围观群众的眼里都噙着兴奋的泪花，意识到国家的悲剧终于结束了。合众国得以拯救，其不可分割性得以确保，其自由原则得以扩展。

然而仅仅过了几个小时，在这个国家的首都响起了一声枪响，有人在福特剧院向林肯射出了罪恶的子弹。一个惊悸的目击者报道：我们听到了一声枪响，一个一袭黑衣的人从总统的包厢跳到舞台上。他的右手拿着匕首，匕首刀刃长约 10 英寸……所有的人都跳了起来，"总统被刺了"的叫喊传遍了剧场……次日凌晨，56 岁的林肯与世长辞。这一天，正好是他在 4 年前宣布对南部同盟发起反击并征召联邦军队的日子。

林肯去世的消息传出，马克思赞扬他说："他是一位达到了伟大境界而依然保持着自己优良品质的罕有的人物。这位出类拔萃和道德高尚的人竟是那样谦虚，以致只有在他成为殉难者倒下去以后，全世界才发

林肯在观看演出时遇刺

现他是一位英雄。"陆军部长埃德温·斯坦顿在林肯的葬礼上以极端悲痛的心情说:"他现在是属于所有时代的人物了。"

知识链接

内战结束

在 1865 年的冬末春初,南部邦联军发现自己已是四面楚歌,空气中到处弥漫着失败的气息。一些军事将领建议通过体面的谈判结束战争,但总统杰维斯拒绝考虑任何投降言论,并表示如果战败,他将要求士兵们分散开来打游击战。他固执地说:这场战争已经来了,就必须继续进行下去,直到我们这一代最后一个人倒下,直到我们的后代接过父辈的旧式步枪继续战斗。

1865 年 3 月中旬,格兰特的 11 万大军攻入弗吉尼亚州并长驱直入,罗伯特·李率领 5.4 万人在距里士满仅 32 千米的彼得斯堡做最后的抵抗。但在联邦军的强大攻势下,不得不于 4 月 2 日撤退。眼见大势已去,里士满陷入一片混乱,奴隶主们纷纷携眷逃窜。戴维斯总统也不得不收拾档案材料,在联邦先头部队赶到之前乘火车逃跑,但最终还是做了俘虏。4 月 3 日,联邦军队终于开进被叛乱集团盘踞近 4 年的里士满。4 月 9 日,罗伯特·李率领 3 万残军向格兰特投降。至此,南北双方的军事对抗基本结束。5 月末,南军最后一支部队在新奥尔良投降。内战以北方的彻底胜利而告终。

四年内战期间,近 300 万人在南北两军中服役,即每 12 个成年男子中就有一个上了战场。伤亡人数达到了 120 万人,其中 62 万人因病或因伤死亡——超过了美国在第一次和第二次世界大战中死亡人数的总和。换一种统计方式就是,整整 2% 的美国人口死于这场战争。而在幸存者中,有 5 万人回家时都是缺胳膊少腿的。林肯总统和其他 62 万人一起,在美国最惨烈的斗争中付出了生命。

镀金时代

　　19世纪的最后30多年，是近代美国向现代美国转变的历史时期，具体表现为从农业国向工业国的发展、由自由资本主义向垄断资本主义的过渡。与此相应，美国政治、经济、社会结构和思想文化都发生了重大变化，从而为20世纪的现代美国奠定了基础。

　　战后，执掌联邦政权的北部工业资产阶级开始推行一系列鼓励工商业发展和西部开发的立法。致力于经济发展的联邦政府加之充沛的原材料资源，不断壮大的丰富的廉价劳动力，技术革新的突飞猛进，以及前景广阔、不断扩展的国内商品市场，这些因素推动美国经济呈现出罕见的高速度发展，也共同打造出充满活力的新兴工业经济。到19世纪90年代末，美国已拥有较完整的工业体系，其工业产值跃居世界首位。工业化的深入发展促使企业组织结构发生重大变化，小型分散的独立企业开始向集约化的联合生产体制转变。国家财富大幅度稳步增长，人们生活水平不断提高，更大的繁荣机遇不断出现。

　　虽然工业化大多发生在东北部，但所有的地区都经历了深远的变革，形成了全国性的互相依赖的经济。另一方面，工业化的发展成果并不能平均分配，经济发展的受益面还远不够普及。国家还有大片地区特别是南方，还有大部分人口特别是少数族裔、妇女和新移民，在经济发展中所获甚微。产业工人劳动环境的改善和个人工资的增长幅度，与企业集团的利润增长相比，则显得缓慢。新市场势力和传统习俗之间的冲突，也引起了政治动荡和社会不安。

1893 年芝加哥世博会主会场

    1893 年 5—10 月间,为纪念哥伦布发现美洲大陆 400 周年,美国在芝加哥举办了一届包括艺术、制造业、商业、园艺、矿业和海洋产业的世界博览会,总参观人次达到 2750 万。这被称为"改变美国的一届世博会",显示了美国镀金时代的经济繁荣,表明美国进入世界强国的行列。

获得解放的奴隶

内战给非洲裔美国人带来了自由,但不能保障他们不受剥削和虐待。很多以前的奴隶发现内战后自己虽然解放了,但还是不能独立。黑人废奴主义者雷德里克·道格拉斯说:"他们没有钱,没有财产,没有朋友。他们从以前的庄园中获得解放,但除了脚下尘土飞扬的路,他们一无所有……他们自由了,但是衣不蔽体,食不果腹,贫穷无助。"

得克萨斯州一位获释奴隶菲利克斯·海伍德说:"我们原以为我们会比白人更富有,因为我们比他们强壮,我们知道怎么劳作,而白人……不再能驱使我们为他们卖命了。然而事实证明这都是空想。我们不久发现自由固然使人自豪,却不会使我们富有。"因为南部白人想继续保持对黑人的统治,让他们像以前一样地工作和生活。为了达到这一目的,1865—1866 年初,在批准宪法第 13 条修正案的同时,整个南方的州立法机构颁布了一连串针对黑人的法律,统称"黑人法典"。

每个州的黑人法令都不一样,但有一些内容是共同的,如黑人没有选举权、参政权和陪审权。有的州规定,只有涉及黑人案件时黑人所提供的证据才被认定有效;严禁黑人与白人通婚,违者将被判重罪或受到终身监禁;有的州规定,黑人无权自由迁徙和选择居住地点,有些州还专门划定了黑人居住区,并实行特别通行证制度;有的州甚至规定,黑人不得随意接近白人,也不得以表情、语言和行为"侮辱"白人,而雇主则有权对黑人实行体罚和鞭笞。

在黑人居多数的各州,黑人法典更为严酷。南卡罗来纳州规定,黑人除根据劳动合同在种植园的土地上从事耕作外,一律不准从事其他行业或职业。在密西西比州,黑人在从事某行业前需购买特别许可证。他们还要签订年度劳动合同,未被雇佣的黑人失业者会被处以严厉的罚款,如不能支付,会被迫到替他们支付法院费用的农场主那里出卖廉价劳动。

黑人法典实际上否定了黑人的解放,拒不承认黑人在政治、经济和社会各方面应享有的基本权利。

除了立法手段,南部各州还纵容白人种族主义者使用恐吓、威胁和暴力等手段来抵抗重建政府,压制黑人获取社会和经济平等的

1863 年

林肯宣布初期重建计划。

1865 年

4 月,安德鲁·约翰逊接任总统。

黑人法典在南方颁布。

国会成立联合重建委员会。

1866 年

共和党在国会选举中获胜。

三 K 党在南方成立。

1867 年

3 月,国会通过共和党激进派的《重建法案》,南方各州成立新政府。

1868 年

安德鲁·约翰逊遭弹劾,但弹劾未成功。

12 月,约翰逊总统宣布无条件赦免南部叛乱者。

宪法第 14 条修正案

1868 年 7 月在国会通过,规定凡出生在美国或归化美国的

人都自动成为美国公民，受州法律和国家法律的同等保护。这就从宪法上界定了公民的范围，使美国黑人获得了公民身份，享受法律的平等保护。

1870 年

最后一个南方州重新加入联邦。

1872 年

5 月，国会通过《大赦法》，恢复全体南部公民的公民权。

各种努力。南方的一个编辑写道："我们要么重新实现白人统治，要么把国家变成黑人的墓地。"三 K 党就是这一时期兴起的恐怖组织。该组织最早出现在 1866 年夏，由原南部同盟 6 名退伍军官在田纳西州建立，不久即扩展到其他南部各州。成员来自南方白人社会的各个阶层。三 K 党党徒通常在秋天选举的时候尤其活跃。他们戴着白色面具，穿着白色长袍，使用皮鞭和套索，骑着马在乡村横行霸道，制造恐慌。

　　1866 年 5 月，田纳西州孟菲斯市，白人暴徒向黑人居住区发动袭击。在持续 3 天的冲突中，46 名黑人被杀，80 多人受伤，还有多所黑人校舍、教堂和房屋被烧毁。同年 7 月，在新奥尔良发生一起更为骇人听闻的残杀黑人事件。当地黑人和激进派举行反对黑人法典的群众大会，突然遭到大批白人暴徒袭击，与会群众"像猎物一样遭到屠杀"，导致 48 人死亡，160 多人受伤。南部其他地方也不断发生类似的流血事件。南卡罗来纳州的三 K 党活动尤其猖獗，约克县几乎所有男人都加入了该组织，他们制造了 11 起谋杀案和数百起鞭笞案。

　　整个战后重建最终也不是一场成功的运动，它没有给非洲裔美国人带来任何法律保护或物质资源，以确保他们真正的平等地位。奴隶制只是在法律上消亡了。然而，就算自由仅仅是一个承诺，它也已经激发了黑人争取获得"种族民主、公正平等和经济机会"的希望。佐治亚州的一位黑人牧师说："任何人都应该知道一个人自由了总好过做一个奴隶，即使我什么也没有，但我宁愿要我的自由。"

知识链接

南部重建

　　内战结束后，重建面临两大问题，一是南部各州如何重返联邦，实现统一；二是刚刚获得解放的黑人应有的权利和地位是什么。两个问题纠缠在一起：对退出联邦的前南部各州不进行改造而很快重新承认它们，就必然会置黑人的权利于不顾；而强制实行非洲裔美国人的平等权利，就会引起南部各州的抵制和动乱。

　　行政机构和立法机构都为重建运动制定了规划。总统规划是林肯在 1863 年宣布，约翰逊在 1865 年进行了修改，它具有调和的性质，其目标主要是重新接纳分离各州，尽快实

现国家统一。国会
规划是在 1866 年间
形成的，要求对重新
接纳南方各州制定
较为苛刻的标准，同
时着眼于社会改造。
约翰逊重建纲领在
南部各州的实施，
一度造成南部政治
出现倒退和反动。
1867 年 3 月，国会
通过激进重建纲领，

里士满被解放的奴隶

对南部各州实行军事管制，进而建立民主政权，并实施一系列民主改革。然而 19 世纪 70
年代中期后，北方不断为自身经济政治问题困扰，对南方重建的兴趣逐渐减弱。而北部资产
阶级地位的日益稳固也导致共和党妥协倾向加强，加之两党在全国范围内势均力敌的局面
再度形成，结果造成了 1877 年南北妥协。重建遂以民主党重新掌握了南部各州的政权而
告终。

　　南方重建没能为黑人提供社会平等和实在的经济机会，大多数黑人在政治、经济和社
会生活方面仍受着严重的歧视。但不可否认的是，它是获得人权和经济利益过程中非常重
要的第一步，为黑人争取进一步权利和地位奠定了基础。

黑人教育家布克·华盛顿

吉姆·克劳法
　　19 世纪末南部各州制定的种族隔离法的总称。包括诸如禁止种族间通婚，在火车和公共交通中，在公立学校以及饭店、酒吧、影剧院等公共场所实行隔离等规定。吉姆·克劳原是美国

　　1895 年，在佐治亚的亚特兰大棉业博览会上，一位黑人发表了一篇关于南部黑人地位的著名演说，在演说中他讲述了这样一个故事：一艘船停泊在南美洲海岸，船上淡水已尽，船员们只好把水桶投入海中碰碰运气。结果，在原来以为只有咸水的地方汲起了亚马逊河的清水，全船人员幸免于难。这位黑人就是 19 世纪末美国最有影响的黑人领袖布克·华盛顿。

　　由这个故事引发思考，华盛顿提出了著名的"就地汲水"原理。他认为黑人不必枉费精力向非洲移民或与白人相抗衡，而是要尽量利用现有条件改善与白人的关系。他主张种族和睦，号召黑人通过教育自助自救，从而改善整个黑人种族的境遇和地位。他说："我们必须从生活的最底层开始，而不是最高层。"华盛顿的演说以放弃政治斗争为主要倾向，所以也被称为"亚特兰大妥协"。华盛顿本人则受到激进派的攻击，被蔑称为与白人妥协的"汤姆叔叔"。

　　然而这种攻击并非公正，华盛顿从未背叛过黑人事业，只是他在为自己的种族奋斗的时候，不是感情用事而是注重实际效果，懂得采取更合法更策略的方式。他说："不错，我们应该享受法律保障的一切权利，这一点很重要；然而，更重要的是，我们应该为行使这些权利做准备。现在，在工厂里挣 1 美元的机会比起在歌剧院里消费 1 美元的机会更有价值。"华盛顿自己也曾是一个奴隶（母亲是黑奴，父亲是白人），饱尝种族压迫之苦。他在自传《从奴隶升起》中回忆了自己从生为奴隶开始的奋斗，体现出了可贵的自强不息的精神。

　　内战结束后的美国南部，种族主义猖獗，在当时历史条件下采用暴力斗争极其困难，而且收效并不理想。华盛顿曾表示："在我们美国，没有一个区域的人应该对奴隶制的开端完全负责……凡是一种制度，一旦和国家的经济、社会生活发生了联系，要想把它取消，绝不是轻而易举的事情。"面对现实，他选择了一条切实可行的道路，那就是淡化政治。

　　他公开主张放弃毫无成功希望的政治斗争和民权斗争，认为"争取社会平等的鼓动完全是不切实际的空谈"，转而强调教育和产业，

致力于提高黑人的教育水平和经济地位。他认为只有通过教育，这些被解放的奴隶才能真正提高自己，只有学会谋生的手段，黑人的经济状况才能得到改善，并逐渐达到事实上的平等。而通过这种自助的道路，总有一天白人会改变种族偏见，黑人将获得充分的公民权。正是怀着这样一种信念，1881 年他在亚拉巴马州创办了塔斯克基师范工业学院，开始倡导塔斯克基运动。

根据社会需要和黑人的实际情况，塔斯克基学院主要是教授黑人农业知识和手工技艺，鼓励学生努力学习和培养实用技能。而对于大多数学院开设的社会科学和自然科学中的基础学科都予以忽略。从最初 1 个教员 30 个学生的简陋起点开始，华盛顿最终把这所学校办成了一所向黑人提供工业技术教育的著名学府。拥有 200 名教员，1500 名学生，上百幢校舍以及 200 万美元基金。很多黑人，特别是塔斯克基附近的黑人农民学习农业技艺，掌握实用技术，从中确实受益不浅。

1900 年，华盛顿召集黑人企业家在波士顿组成全国黑人企业联盟，并当选为主席，更加壮大了塔斯克基运动的声势。在华盛顿的影响下，黑人从事专门技艺及商业的日渐增多，塔斯克基运动也以其独特的指导和示范作用而风靡一时，给绝望中的广大黑人指明了一条出路，也唤起新一代黑人的信心——通过提高自我来改变社会地位。

南方各州的种族隔离政策实际上也为黑人们提供了新的经济机会，这不能不说是对种族隔离的一种讽刺。最先走向富裕的恰恰就是在南方隔离区为黑人自身提供服

剧作家 T. D. 赖斯于 1828 年创作的剧目中的一个黑人角色的名字，后来逐渐变成了贬抑黑人的称号和黑人遭受种族隔离的代名词。

1895 年
布克·华盛顿在亚特兰大棉业展览会上发表著名演说。

塔斯克基学院

务的黑人，这包括保险、银行、葬礼、酒吧、理发等各行各业。一些前
奴隶最终获得了个人财产，成为小企业主或进入职业阶层；少数黑人
开办了银行和保险公司，专门服务于黑人社团，积累了相当的财富；大
多数黑人中产阶级从事医生、律师、护士或教师等职业。黑人在一定
程度上改善了自己的经济地位。

知识链接

种族歧视与隔离

　　联邦宪法第14、15条修正案明确规定了黑人的公民权与选举权。但自1877年妥协、
民主党在南部占优势后，各州保守势力处心积虑地剥夺黑人的选举权。如把投票点设在远
离黑人居住区的地方，或是在沿途制造障碍，或是在选票上做文章——以假充真或有意发
放多种选票让黑人选民难以区分，还有暴力恫吓等手段。此外，南部各州又通过立法限制
黑人选举权。1890年密西西比州通过州宪法的修正案，要求选民缴纳两美元的人头税，并
接受文化测验，合格者方能进行选民的登记。这一规定将大量黑人排斥在选举大门之外。
1895年南卡罗来纳州也通过类似宪法修正案，还附加了两年居住期和300美元财产的限制。
1898年路易斯安那州更是别出心裁地制定了一项"祖父条款"，规定凡在1867年前享有选
举权的成年男子及其后代得以免除教育、财产及纳税的限制而行使投票权，否则无权参加选
举。很显然，1867年时没有任何一名黑人在路易斯安那州享有选举权，这等于将黑人从选
民名册上一笔勾销。

　　在剥夺黑人选举权的同时，种族隔离的做法也在南部各州蔓延开来。1875年，田纳西
州制定了第一则吉姆·克劳法，在火车和公共交通中实行隔离。此后各州陆续颁布了一系列
隔离法，几乎涉及南方生活的每个角落。黑人与白人不能同乘一节车厢，不能坐在同一间候
车室，不能使用同样的厕所，不能在同一餐馆就餐，甚至不能进同一家剧院。许多公园、海
滨不许黑人进入，许多医院不接受黑人病人。到20世纪初，这些法律已经制度化，并发展
成完整的种族隔离体系。

大平原的印第安人

大平原的范围东起密苏里河西至落基山脉，南起得克萨斯北迄美加边界，是美国最后的西部边疆。内战前，约有 25 万印第安人散居在大平原和山麓地区，他们以捕捉野牛为生。

内战结束后，白人开始大量涌入大平原进行拓荒和开发。为清除移民定居的障碍，美国政府对印第安人发动了连续不断的战争。在长达 30 年的讨伐中，美国军队对印第安人进行的战斗多达上千次，致使 4300 多名印第安人战死。与此同时，美国军队疯狂扑杀野牛。一个美国军官说："尽你所能杀死每头野牛。杀死一头野牛也就等于杀死一个印第安人。"

野牛是大平原印第安人衣食和各种用品的主要来源。野牛身上的每一部分都被印第安人取来利用。野牛肉是印第安人的主食。野牛的粗毛被织成毯子和披肩，牛皮被制成皮革，用来做帐篷和床，缝制皮衣和鞋子。没有鞣的皮革被制成过河的小舟、马鞍、马笼头、拴马绳、套索和鞭梢。野牛角被制成长柄勺和匙。野牛骨被制成马鞍架、战棒、取下牛毛的刮刀和装大碗的器具，或磨成锥子。野牛腱被用来做弓弦、穿珠子和缝衣、帐篷的线。牛胃被制成喝水的水袋和其他容器。野牛角和蹄被煮后可以制成胶，用来黏固箭头或黏合其他许多东西。从牛头和牛肩上取下的长毛被用来捻编成马缰绳。牛尾被用作蝇刷。野牛粪晒干后可以当柴烧。所以，有人把野牛形象地比喻为印第安人"奔驰的百货商店"。

随着联合太平洋铁路的修建，巨大的野牛群被分割成南北两部分，对野牛的野蛮大屠杀也随之开始。铁路公司雇用职业猎人捕杀野牛，为上千名筑路员工供应鲜肉。一位绰号"野牛比尔"的猎手就与铁路公司签订了供肉协议，他因在 17 个月中杀死 4280 头野牛而闻名遐迩。铁路通车后，太多的野牛影响了铁路的运行。有一次，当一个巨大的野牛群像一股持续不断的流水穿过铁路时，一列穿越大平原的火车被延误了整整 8 个小时。有时，一列行驶中的火车会被突然受惊吓乱闯的野牛群撞翻。

运营商为了保证行驶安全和提高火车速度，雇用一批专职猎人枪

1847 年

新墨西哥的印第安人暴乱，杀死州长。

1851 年

为西部印第安人部落制定的"集中"政策出台。

1862 年

联邦太平洋铁路公司授权成立。

1864 年

中太平洋铁路公司授权成立。

1867 年

国会通过《与印第安人建立和平法》以结束对印第安人的战争。

1868 年

3 月，迫使南、北印第安人迁往指定的两个保留区。

1869 年

第一条跨全美铁路"联合太平洋铁路"竣工。

《道斯法案》

　　即《印第安人土地专用权法》，1887 年国会通过，主要规定解散作为法律实体的印第安人的部落，把部落的土地分配给成员个人；联邦政府保有 25 年托管权，托管期满时把土地所有权交给个人并授予美国公民的资格；分配土地给现有部落成员后，余下的保留区土地向非印第安人定居者开放。

杀野牛。由于各条铁路及其支线相继修建，以枪杀野牛为职业的猎人日益增多。野牛行动迟缓笨拙，视力很差，不惧怕声响。尽管嗅觉灵敏，但当人们逆风逼近它时，这种嗅觉功能便失去了作用，所以很容易被捕杀。铁路公司还招揽业余打猎爱好者，以捕杀野牛作为娱乐。铁路的短途客车把来自欧洲和美国东部的打猎爱好者载到野牛的故乡，车厢是安在轮子上的室内射击场。

　　野牛的商业价值被发现后，枪杀野牛群的活动变得更加猖獗。1871 年，宾夕法尼亚的两个制革工人成功地把野牛皮制成了可以利用的皮革，制革厂开始以每张 1—3 美元的价格收购，野牛骨也被运到东部磨成粉末作为肥料出口。为此，许多猎人和投机分子或乘车或骑马或徒步都争先恐后地涌向大平原，杀牛取皮掠骨，攫取新的致富资源。到 1878 年，大平原南部的野牛群已经灭绝；至 1883 年，北部的野牛群也都被消灭。据估计，在短短不足 20 年时间，整个大平原被杀死的野牛多达上千万头。印第安部落虽以美洲野牛为生，但他们尊重这一作为生活来源的生物，而白人在他们眼里显然已经发疯了，"他们无休止地猎杀只是因为他们喜欢，而我们猎杀野牛是为生活所迫"。

　　随着野牛被灭绝，印第安人的生存系统受到致命打击。失去生活所依的印第安人只能接受美国政府的强制"同化"安排，1887 年国

印第安人猎杀野牛

会通过的《道斯法案》解散了作为法律实体的印第安人部落，将其土地分配给成员个人。但印第安人得到的土地只占总面积的 1/3，其余 2/3 则向非印第安人定居者开放。通过这种方式，联邦政府成功地降低了印第安人对土地的占有率，完成了对印第安人土地的最后一次大规模夺占。到 19 世纪末，疾病和贫穷将美国印第安人减少至 20 万人，其中大多数生活在联邦政府的监管之下。

知识链接

横贯大陆的铁路

　　与欧洲的铁路系统不同，美国的铁路是在没有任何规划或是政府的管理下发展起来的。早期的铁路只限于地方自行修建，所以像芦草般杂乱，而且多建在可以直接得利的人口稠密地区。第一条铁路于 1830 年开始运营，1840 年美国铁路总长已超过 4800 千米，几乎是当时欧洲铁路总长的两倍。

　　为了适应西部开发的需要，1862 年 7 月，林肯总统签署《太平洋铁路法案》授权联邦太平洋铁路公司建设一条从内布拉斯加州的奥马哈出发向西穿过大平原的铁路；授权中央太平洋铁路公司建设一条沿着加利福尼亚萨克拉门托的崎岖山脉向东横穿山谷的铁路。到 1869 年 5 月，东西相向修建的联合太平洋铁路与中央太平洋铁路在犹他州的普罗蒙特里接轨，大西洋沿岸和太平洋沿岸正式通车。

　　第一条横贯大陆的铁路对美国经济发展的意义，胜过 19 世纪其他任何技术革命或工业成就。通过铁路建设，北美大陆分散的、孤立的各个社会转变为一个统一的、经济独立的国家。美国在全国范围内拓展了产品市场，增加了批量生产，刺激了大众消费，促进了经济专业化，带动了城市化的高速发展。到世纪交替之际，美国已有 5 条横贯大陆的铁路线了，总长度达到了 11.2 万千米，并附有无数条通向商业中心城镇的支线。

传奇的西部牛仔

"一名瘦削的年轻人，悠闲地倚在墙上……比画中的形象更漂亮。他的宽边帽推在脑后，猩红色的大方巾松松地打个结，从脖子前垂下。他的一个拇指漫不经心地钩住斜挎在髋关节的子弹带。身上的尘土清晰地表明，他跨越了辽远的地平线，从某个遥远的地方，艰苦地骑行了许多英里而来。"这是 1902 年出版的欧文·威斯塔的小说《弗吉尼亚人》中对牛仔的经典描写，也是人们通常对美国西部牛仔形象的认识。

美国西部现实生活里的牛仔与传奇故事、西部影片中的牛仔有着巨大差距。电影和小说经常把牛仔的生活浪漫化，但他们所从事的工作远非那么迷人或者回报丰厚。现实中的牛仔，其真实身份一般都是牧场主或牧业公司的雇佣工人，他们的主要工作是管理牛群和长途赶牛。一个好的牛仔起码要具备三项基本技能：熟练的骑马技术、高超的套索能力和娴熟使用六响枪的本事，也就是集骑手、套索手和枪手于一身。牛仔的构成，也不像好莱坞大片宣传的那样，几乎都是清一色纯正的盎格鲁—撒克逊人。实际上，美国西部牛仔是一个混合群体，他们中不少是印第安人、黑人或墨西哥人，还有内战退伍军人、矿工。西奥多·罗斯福说："他们是来自各个地方的狂野灵魂。"

牛仔的生活既枯燥乏味又充满了挑战和危险。在牧场里，牛仔每日的例行工作中最主要的就是"走马巡边"。因为牛群散放在牧区，为防止牛群走失和牧群混杂需要沿牧场的边界不断巡视。日复一日的巡边生活非常艰苦也非常单调，一个牛仔每日要在马背上骑行数小时，有时可能几天都遇不到一个人。自备的饭食极其简单，居住的营地也非常简陋。除了巡边，割牛角是牛仔们必须干的一项危险工作。得克萨斯长角牛的双角非常锐利，为了防止牛角伤人和牛之间相撞相残，牛仔们每隔一段时间就得把每头牛的双角尖割掉。此外，牛仔们还要承担牧场里的许多其他杂事。春季要四处把陷入泥沼中的牛救出，夏日要在牧场上挖防火线以防草原火灾，秋季要收割牧草为牛群储备饲料，冬季要确保牛不被冻死和饿死，捕猎伤害牛群的野兽等，一年四季忙个不停。

除了牧场的工作，牛仔们的另一项艰巨而重要的工作，是长途驱赶牛群到牛镇出售或去大平原北部牧区育肥。要在数月之内长途跋涉数百至上千英里，把一群野性十足的长角牛平安地驱赶到目的地绝非轻而易举之事，也不是靠一个牛仔个人之力所能完成的。在长途驱赶中，牛仔每日都处在高度紧张之中，大部分时间骑在马上，十分辛苦。在数千头牛行进的牛道上，常常是烟尘滚滚、蹄声震天，所以尘土和噪声是牛仔们必须忍受的折磨。在长达几个月的时间里，牛仔们每天只能睡四五个小时，如果遇到坏天气或有意外发生，能睡一个小时就算幸运了。所以在牛道上，牛仔们感到最难受的是睡眠不足。

漫长的牛道，一路上到处是险峻的高山和湍急的河流，稍有疏忽，就会造成巨大损失。恶劣多变的天气，突然降临的暴风雪，会让数以百计的小公牛冻死在牛道上。电闪雷鸣的暴风雨之夜则可能导致牛群突然炸群惊逃。安静的牛群会突然像集体触电一般，一瞬间全都立起身来，疯狂地在黑夜中四处奔逃。这时的牛仔只能冒着随时可能被疯狂的牛群顶落马下、践踏而亡的危险，四处围追堵截，想尽办法逼迫牛群围成圈转，并不断把他们向中心赶拢，使圆圈挤压得越来越小，最终压缩成密密麻麻的一大团，这样牛群才会逐渐地安静下来。此外，还有来自拦路劫匪和印第安部落的袭击。因此，赶牛者不仅要有熟练的专业技能，还须具备足够的勇气、胆量和智慧。

查尔斯·古德奈特就是一位以"赶牛大王"著称于世的西部牛仔。1868年，古德奈特和他最得力的助手奥利弗·洛文带领着一群牛仔，赶着价值4万美元的3000头牛，从得克萨斯中北部的达拉斯出发，穿过变幻莫测的佩科

弗雷德里克·雷明顿笔下的西部牛仔

斯谷地,再向北经过新墨西哥和科罗拉多的东部,行程 1.2 万多千米,历尽千辛万苦终于成功抵达怀俄明南部的夏延镇。由此也开辟出了一条赶牛新道——古德奈特—洛文小道。此后,古德奈特率领牛仔伙伴们,将得克萨斯的牛一群接一群地赶往北方,他也因此发家致富,1877 年与人一起创办了著名的 JA 牧场,成为成功的牧牛场主的代表。

 知识链接

牧畜王国的兴衰

内战结束后,美国的工业化和城市化以空前的规模和速度展开,西部的开发也加大了力度,步入新的阶段。城市化的发展,使美国国内外市场对肉类的需求日益增加,仅靠内战前密西西比河以东原有农场饲养的牲畜已无法满足这种需求。这刺激了牧牛业和牧羊业竞相发展,促成了西部牧区的繁荣。在东起密西西比河西到落基山、南始格兰德河北迄加拿大边界的广大地区迅速兴起一个辽阔的牧牛王国;一个牧羊帝国也同时崛起,疆域覆盖从太平洋沿岸至密西西比河之间的广袤土地。在美国西部史中,牧牛王国和牧羊帝国合称"牧畜王国"。

西部铁路网的形成方便了牛羊的外运和向新牧区的输送,不仅扩大了牧区的范围,而且把西部的牧业产品与东部和外国的市场紧密地联系在一起。1875 年后,现代屠宰方法和冷库等设备的采用,为牧场主提供了极其便利的肉类和皮革加工、贮藏及运输的条件,进一步促进了牧业的发展。但 1885 年以后,由于散放游牧的掠夺式经营超过了草地的承载能力,导致牛羊争牧和牧草资源的枯竭。而大批拓荒农场主把草地开垦成农田也形成农牧争地的局面。此外,国际市场上澳大利亚和阿根廷的激烈竞争使美国西部牧区产品处于不利地位。诸多因素使得靠天然牧场开放游牧的牧畜王国,在繁荣兴旺了 20 余年后迅速衰落下去。此后,现代化的定居规模经营开始取代原始传统的游牧方式。

洛克菲勒石油帝国

　　世界首富比尔·盖茨把洛克菲勒作为自己唯一的崇拜对象，他曾说过："我心目中的赚钱英雄只有一个名字，那就是洛克菲勒。"洛克菲勒的名字是与美国石油工业的兴起联系在一起的。

　　1839 年，约翰·D.洛克菲勒出生于纽约州哈得逊河畔的一个小镇，14 岁时随父母搬到了俄亥俄州的克利夫兰。父亲是个小商人，家境并不富裕。洛克菲勒中学毕业后找到的第一份工作是在一家商行当簿记员。几年后他离职与克拉克合伙创办了一家经营谷物和肉类的公司。1859 年，宾夕法尼亚开挖出世界第一口油井，成千上万人像当初采金热潮一样涌向采油区。盲目的开采很快导致原油价格下跌，洛克菲勒抓住时机转向石油提炼投资。

　　1863 年，洛克菲勒和克拉克联合一个在炼油厂工作的化学家安德鲁斯合伙开设了一家炼油厂。安德鲁斯采用一种新技术提炼煤油，油厂的发展迅速。但不久之后，洛克菲勒和克拉克在经营方针上出现了严重分歧不得不分道扬镳。洛克菲勒从克拉克手中高价买下公司股权，把公司改名为"洛克菲勒—安德鲁斯公司"。洛克菲勒不断扩充炼油设备，使公司日产油量达到 500 桶，年销售额也超出百万美元，成为克利夫兰最大的一家炼油公司。

　　当时，石油业秩序还非常混乱，盲目生产，竞争激烈。洛克菲勒初进石油业时，克利夫兰有 55 家炼油厂，短短几年时间倒闭了一多半，只有 26 家生存下来。洛克菲勒意识到只有把企业扩大才能抵御惊涛骇浪的冲击。于是他联合了两位资金雄厚、信誉较好的投资者，于 1870 年创建了资本额 100 万美元的标准石油公司，不久之后即控制了克利夫兰其余 26 家炼油厂中的 21 家。1879 年底，标准公司已控制了 90% 的全美炼油业。到 1880 年公司成立 10 周年时，全美生产出的石油，95% 都是由标准石油公司提炼的。自美国有史以来，还从来没有一个企业能如此完全彻底地独霸过市场。洛克菲勒的石油帝国日渐成型。

　　但洛克菲勒也感到，随着他的石油帝国不断发展，因本身庞大而导致的难以控制的危险性也越来越大。正是此时，洛克菲勒的法律

1859 年
美国首座油田在宾夕法尼亚开工。

1862 年
美国铺设第一条输油管道。

1870 年
洛克菲勒成立标准石油公司。

1874 年
马克·吐温与查尔斯·沃纳合著的长篇小说《镀金时代》出版。

1876 年
纪念独立一百周年博览会在费城开幕。

1882 年
洛克菲勒创办第一家托拉斯。

1888 年
共和党人本杰明·哈里森当选总统。

1889 年
南、北达科他州，蒙大拿州，华盛顿州加入联邦。

1890 年
怀俄明和爱达荷州
加入联邦。

1901 年
得克萨斯发现斯平
德托普油田。

顾问塞缪尔·多德提出了"托拉斯"的构想，即各家企业不再各自为政，而是以高度联合的形式组成一个综合性企业集团。在多德"托拉斯"理论指导下，洛克菲勒于 1882 年 1 月召开标准石油公司的股东大会，成立一个 9 人董事会，由洛克菲勒任主席。股东们将本公司的所有资产以信托形式交给董事会，董事会则把所有这些公司当做一个特大公司经营。就这样，洛克菲勒如愿以偿地创建了一个史无前例的联合组织——托拉斯。

1884 年，洛克菲勒把公司总部由克利夫兰迁到纽约，标准石油公司成了全世界最大的石油集团企业。洛克菲勒通过不断的兼并和扩张垄断了美国的石油工业，成了蜚声海内外的"石油大王"，也成为美国历史上第一个十亿富翁。

1896 年，57 岁的洛克菲勒结束对标准石油的直接管理，正式退休了。他将人生后 40 年的全部精力都投入到了慈善事业上。1913 年，他设立了"洛克菲勒基金会"专门负责捐款工作。他每年的捐献都超过 100 万美元，累计捐款总额高达 5 亿美元之多。洛克菲勒坚信他人生的目的是"从其他恶性竞争的商人们身上赚取尽可能多的金钱，而用此金钱发展有益人类的事业"。

洛克菲勒赞助的主要是医疗教育和公共卫生领域。今天的两所美国顶尖大学——芝加哥大学与洛克菲勒大学都是他创办的。他还出资成立洛克菲勒研究所，资助北美医学研究，包括根除十二指肠寄生虫和黄热病。他对黑人族群非常关照，斥巨资提升黑人教育，广设学校。以他名字命名的基金会培养了 3 个国务卿、12 个诺贝尔医学奖获得者和众多的科学家。

知识链接

托拉斯帝国

　　19 世纪 80 年代，美国开始出现较高级的垄断组织——托拉斯。托拉斯一般由许多生产同类商品的企业或与产品有关的企业合并而成，旨在垄断销售市场、众多原料产地和投资范围，增强竞争力量，以获取高额垄断利润。加入托拉斯的各个股东公司将其股票交由董事会而领取一种所谓信托券成为股东，但也因此失去了在生产、商业和法律上的独立性。企业经营事务和财务活动完全由董事会负责，原业主仅作为股东按股份取得红利。它的管理机构虽然由股东代表选举产生，实质上受大股东的控制。1882年美国企业史上出现了第一个托拉斯——标准石油公司。这一托拉斯帝国共有14个石油公司参加，此外还控制了其他26个石油公司的多数股票。

托拉斯巨兽（关于标准石油公司的漫画）

他们掌握了美国产油区的各大铁路，建筑了四通八达的输油管，拥有自己的仓库码头，还有上百艘海轮，控制了全美90%的石油。

托拉斯是完整的企业联合组织，因此较为稳定可靠。19世纪末20世纪初在美国迅速蔓延扩展。继在榨油、炼铝、酿酒、制烟、屠宰等行业出现托拉斯后，自然资源开发和运输领域也出现了组建托拉斯的高潮。20世纪初年，作为主要垄断组织的托拉斯已遍布美国的工厂、矿山、油田、铁路、交通运输以及公用事业各个部门。1904年的统计资料表明，美国各经济部门的440个大托拉斯共拥有资金204亿美元，而其中1/3的资金掌握在最大的7家托拉斯手中。产值在100万美元以上的企业有1900家，只占整个制造业企业总数的2.2%，但其产值却占制造业总产值的49%，所雇职工人数占行业职工总数的1/3。

钢铁大王卡内基

"一个人死的时候如果拥有巨额财富，那就是一种耻辱"，这是著名慈善家、钢铁大王安德鲁·卡内基的名言。他的这一观念影响了很多人，包括同时代的洛克菲勒和后世巨富比尔·盖茨等。

1835 年，卡内基生于苏格兰一个手工纺织工人家庭，12 岁时因生活所迫随父母移居美国宾夕法尼亚州。为了生存，卡内基先是进了当地一家纺织厂当童工，薪水是每周 1.2 美元。不过他的才能非常适合时代的需要，很快就脱颖而出：从电报公司的信差，到铁路公司的报务员，再到铁路公司经理，步步高升。但是卡内基并不以此满足，他想干一番自己的事业。

1865 年，卡内基果断辞掉铁路公司的职务，与人合伙创办了一家联合钢铁厂，迈出进军钢铁业的第一步。他具有敏锐的观察力，能够挑选出最优秀的下属，而他的冷酷无情，使他能在充满残酷竞争的钢铁业中生存下来。别人都是在经济状况好的时候建造新工厂，而他却喜欢在艰难时期拓展事业，这样成本会低很多。他后来回忆说，在 1870 年代，"我许多朋友都需要钱……我买下了他们五六家公司。正是这个为我带来了钢铁业的主要利润"。

当时美国的钢铁生产经营极为分散，从采矿、炼铁到最终制成铁轨、铁板等成品，中间需经过许多厂家。中间商在每个产销环节层层加码，致使最终产品的成本很高。卡内基决心建立一家供、产、销一体化的现代钢铁公司。他大胆引进当时欧洲最先进的托马斯转炉炼钢法，生产出富有弹性、更加坚韧的优质钢铁，同时大大降低了生产成本。为了加强产品运输网络建设，他投资修建了钢铁厂与五大湖之间的联合铁路，并买下整个科尼奥特海港，组建自己的运输船队。他还把触角伸向销售领域，自己培养专业销售人员，建立起自己的销售子公司。这样，卡内基整合了钢铁生产的各道工序，将生产、仓储、运输和销售各环节之间外在松散的关系变成了有机的内在联合，从而大大降低成本，提高了效益。

1881 年，卡内基与弟弟汤姆一起成立了卡内基兄弟公司，其钢铁产量占美国的 1/37。到 19 世纪 80 年代末，卡内基兄弟公司已成为全世界最大的生铁和焦炭制造者，每天大约能生产 2000 吨生铁。1892 年，卡内基把卡内基兄弟公司与另两家公司合并，组成了以自己姓氏命名的钢铁王国——卡内基钢铁公司，他持公司半数以上股份。到 19 世纪末 20 世纪初，卡内基钢铁公司已成为世界上最大的钢铁企业。它拥有 2 万多员工以及世界上最先进的设备，它的年产量超过了英国全国的钢铁产量，它的年收益额达 4000 万美元。至此，卡内基终于攀上了自己事业的顶峰，成为名副其实的钢铁大王，与洛克菲勒、摩根并立为当时美国经济界的三大巨头。

1900 年，年逾花甲的卡内基宣布将"不再努力挣更多的财富"。他曾说过："人生必须有目标，而赚钱是最坏的目标。没有一种偶像崇拜比崇拜财富更坏的了。"第二年，他把自己一手创立的钢铁公司以 4.8 亿美元的价格卖给了金融大亨摩根。他的愿望就是将自己一生积累的财富捐赠出去。他在自己所著的《论财富》一书中，批评了将财富作为遗产传给家人，或死后才留给社会的做法，主张拿出与获得财富同样的智慧将它在生前就合理地回归社会。

卡内基在华盛顿创立了卡内基协会，主要用来发展科学、文学和美术事业。该协会曾建造一艘"卡内基"号海洋调查船，修正了世界航海图；还在加州山顶上建造威尔逊天文台来观察太空。与此同时，卡内基在他的第二故乡匹兹堡创办了卡内基大学。后来又在美英各地捐资创办了各种学校和教育机构以及近三千座图书馆。卡内基说过："当你为社区兴建图书馆，就像为一个沙漠引进一条水流不竭的溪流。"在随后的几年中，卡内基又陆续设立了大学教授退休基金、总统退休基金和作家基金等。此外，他设立了卡内基国际和平财团，专门资助为世界和平作出贡献的人们。

1911 年，年迈的卡内基又以仅余的 1.5 亿美元设立了纽约卡内基公司，即卡内基

1895 年
波士顿开通美国第一条地铁。

1900 年
1 月，卡内基在匹兹堡创建卡内基理工学院。

慈善家安德鲁·卡内基

金会，他希望这个机构在他身后运用他留下来的财富，将他的慈善事业永续运营下去，"在这个世界上做真正永恒的善事"。

知识链接

美国现代基金会

卡内基可以说是美国现代基金会的开创者。在《论财富》一书中，他认为致富是依靠美国社会制度，因而致富后需回报社会，将一部分财富返回社会改善其他社会成员的生活质量。而返回财产的最好方式是以提高整个社会的生存能力和应变能力为目的的基金会。1911年，卡内基以1.25亿美元巨额资金设立了纽约卡内基公司，即"卡内基基金会"。名字叫公司，它却是一家实实在在的基金会，而且是当时美国资金规模最大的现代化基金会。

卡内基的理论在美国产生了较大的影响。1913年洛克菲勒以1亿美元为起点建立了洛克菲勒基金会。从卡内基到洛克菲勒，从福特到凯洛格，从索罗斯到比尔与梅琳达·盖茨，到目前为止，美国全国基金会已有大小5万家，其中比较重要的产生社会影响的约有1000家。基金会活动内容极为广泛，在社区服务、教育、社会福利、科学研究、医药卫生以及有关可持续性发展等多个领域，不但对美国社会有深刻影响，而且在全世界发挥着不可忽视的作用。

如洛克菲勒基金会从成立之初到1949年，一直持续不断地根据中国的需要推出资助项目。除了协和医学院及其附属医院的建立，中国20世纪20、30年代开始起步的各自然科学的学科建设，以及周口店北京猿人头盖骨的挖掘和鉴定，都曾得到它的资助。著名的晏阳初的平民教育运动，它是主要资金来源之一，由此引发出燕京大学社会学系的建立、公共卫生人员的培养和对经济学、图书馆学的扶助。

"琼斯妈妈"的斗争

　　玛丽·哈里丝是美国劳工运动的先驱，是19世纪末美国最具传奇色彩的工人活动家之一。她宣称自己就是羽翼未丰的工人运动的"妈妈"，所以人称"琼斯妈妈"。"为死者祈祷，为活着的人努力斗争"，这是她一生的战斗口号。

　　哈里丝1837年生于爱尔兰，后因家乡发生马铃薯饥荒而随父母移居加拿大，1861年完成学业后她来到美国田纳西州的孟菲斯以教书为生。不久后她结了婚，成为琼斯夫人，丈夫曾经是钢铁劳工协会的成员。不幸的是，1867年的一场黄热病使她失去了丈夫和4个孩子。极度悲伤的琼斯夫人搬到芝加哥以开裁缝店为生，但1871年的一场大火又吞噬了她的房子和所有财产。接连失去亲人、家园、财产的琼斯夫人，目睹社会的不平等不公正现象尤其愤怒，开始全身心投入劳工运动。

　　她以教育家和组织人的活跃角色参与了许多全国性的运动，呼吁提高工资、缩短工时、改善工作环境和停止雇佣童工。她奔波于全国各地，忙于招募工会会员，支持罢工工人，吸引媒体关注，筹集资金，领导游行，穿梭跋涉于发生劳资纠纷的地区，还以非凡的勇气与商业巨头甚至警察做斗争，难怪一个地方检察官称她是"美国最危险的女人"。

　　琼斯妈妈作为一个劳工权利的维护者，尤其关注当时广泛存在的"童工"这一特殊群体。内战之后，美国的童工越来越多。工人阶级和移民父母们迫切需要收入，他们认为除了让孩子去工作别无选择。到1880年，全国每6个儿童就有1个在全职工作，每天12小时，每周6天。这就意味着，他们几乎没有玩耍的时间，也没有机会得到父母的照顾，更很少或根本没有受过教育。到1900年全国有200万童工。在南方棉纺厂几乎没有黑人，那里的雇工有1/4不到15岁，而这些孩子有一半不到12岁。还有一些孩子年仅8岁就被安排与成人一起劳动。

　　为了证明雇佣儿童的正当性，一位工厂主宣称这是"仁慈之举，否则他们就会饿死……他们没有超负荷工作，而且给儿童的工作都是十分轻松的。"实际上，童工做的工作和成年人一样，却只付给更少的工资。而且，工厂、作坊、矿井等都是很危险的地方，对小孩尤其如此。机器几乎没有安全设施，工厂也几乎没有排风扇或灭火器。孩子们在工作中发生事故的几率是成年人的 3 倍，而在没有通风的房间里呼吸道疾病十分普遍。但孩子们为了微薄的收入不得不在十分恶劣的环境中全天候工作。

在整个阿巴拉契亚地区，成千上万名童工在暗无天日的煤矿上班。他们站在运送煤块的传送带旁边，在持续不断的嘈杂声中照看传送带把煤块送入粉碎机打碎，到处是飞扬的煤灰。在新英格兰地区和南方，成千上万名童工在充满尘埃的纺织厂工作，他们从轰隆作响的机器上扫走棉绒，将断了的纺线重新接好。在纺纱厂工作的孩子长大到 20 岁的几率只有其他孩子的一半。钢铁大王卡内基也是 13 岁就进了一家纺织厂当童工，负责烧锅炉和在油池里浸纱管。油池里的气味令人作呕，灼热的锅炉使人汗流浃背。后来成为著名作家的艾米丽·查伯克 11 岁时就在工厂做工，每周的报酬是 1.25 美元。她说："我的记忆主要是工厂的噪音、肮脏的环境、流血的双手、酸痛的双脚和非常难过的心情。"

1903 年，琼斯妈妈组织了一次为期一周的童工游行，广泛宣传童工的悲惨遭遇。游行队伍从宾夕法尼亚州的坎辛顿镇出发，一路北上到达了纽约州的牡蛎湾，也就是当时美国总统西奥多·罗斯福的家乡。参与游行的孩子们大都发育不良或肢体残缺，很多人在机械事故中失去了手或手指。他们高举着"我们想要自由的玩"和"我们想上学"的横幅表达自己的诉求。虽然最终罗斯福总统拒绝接见这些抗争者，但正如琼斯妈妈所说："我们的游行已经起了作用，我们已经让全国关注童工雇主所犯下的罪行。"

琼斯妈妈直到 90 多岁依然担任工会组

玛丽·琼斯

织人，快要百岁生日时还在发表演说。她所领导和参与的绝大多数罢工都失败了，但她致力于社会正义事业的决心从未动摇过。让她欣慰的是，在漫长的斗争生涯中，她见证了平均工资在增加，工作条件在改善，法定工作年龄在提高，童工在减少。

知识链接

产业工人状况

城市工人的生活条件是艰苦的。有社会工作者对当时纽约市的工人家庭收入做过估计，一个典型的工人阶级家庭最低的健康和生活必需开支，一个 4 口之家每年收入在 800—876 美元之间，单身是 505 美元。但工人的实际收入低于上述标准。美国移民委员会对 1 万名工资收入者的抽样调查发现，他们的平均年收入最高为 413 美元，将近一半的人收入低于 400 美元，女工中的 2/3 收入低于 300 美元。移民家庭收入更是微薄，特别是新抵达美国的移民。据统计，一个移民家庭的平均总收入都在上述必需生活费以下。

低收入的工人们在不安全的工作条件下劳动时间又特别长，1900 年，美国产业工人有 70% 每天劳动 10 小时以上，10 年后，每天劳动 8 小时的工人也只占 8%。直到 1920 年，钢铁工人每周平均工作时间还长达 63.1 小时，一些基础流程则需要每天工作 12 小时，每周 7 天工作。超负荷的劳动导致经常发生工伤事故的惨剧。在西部工业地区，1880—1900 年间，平均每年有 3.5 万名工人死亡，53.6 万工人受伤。

工人们还面临失业的威胁。美国的经济危机和萧条造成阶段性的失业循环；劳动方式和气候的变化形成季节性的失业；新机器取代劳动力会造成结构性的失业。失业必然造成贫困。据估计，在正常繁荣年景，美国约有不少于 100 万人口处于贫困之中，即缺衣少食和居住困难。其中 400 万人是公开的乞讨者。200 多万人是一年中有 4—6 个月失业的工人。美国有几乎一半的家庭生活并不富裕。约有 170 万正当求学年龄的小孩面临沦为童工的境地。

移民洪流与排外主义

1882 年排华法案
　　法案规定在 10 年之内华人不得移民

　　赛迪·佛洛文出生在波兰的一个小村庄，母亲经营一家小杂货店，父亲务农。父亲去世后生活十分艰辛，她和妈妈便乘船投奔纽约的亲戚。赛迪只有 13 岁，却已经开始工作了，先是做佣人，后来到一家"血汗工厂"做了童工。她的妈妈在一家内衣厂找到了工作。

　　在 1815—1915 年间，像赛迪母女俩这样从欧洲移民美国的人达到 4000 万，从加拿大和拉丁美洲移民来的还有 2000 万。19 世纪最后 25 年，像佛洛文一家这样的新移民有四分之三定居在美国东北部，其余则散布在美国各个城市。

　　随着移民洪流滔滔不绝的涌入，土生的美国人和早来的移民开始产生恐惧和担忧。美国人的恐惧是多方面的。首先是害怕日益增多的外来移民会危及美国的共和政体和民主制度。宗教偏见在煽起美国排外主义情绪上起了更大的作用。先是爱尔兰和德国，继而是东欧和南欧各国东正教徒和天主教徒的大批到来，被认为是对美国新教性质的威胁。甚至有人捏造说罗马教廷有个借助天主教徒移民颠覆美国自由制度的阴谋计划，以致酿成了一系列暴徒袭击天主教机构的事件。新三 K 党的创立者威廉·西蒙斯警告说，美国不是大熔炉，"它是一个垃圾桶！……当这群外国人走向投票箱，而且他们的投票超过你的投票时，那么这群外国人已经扼住了你的咽喉"。

　　美国人还担忧移民的增长导致贫困、疾病和犯罪等严重社会问题。在这些移民中，苏格兰人保留了他们在旧大陆早已获得的吝啬鬼的名声；爱尔兰人被描绘成醉相难看、喜欢争吵的酒鬼；犹太人社会经济地位的不断提高也招致了反犹主义势力的增长，报纸的招聘广告中甚至出现"不欢迎犹太人"的话语；意大利人由于受黑手党所累而背负了污名，被指控涉嫌团伙犯罪。这种排外主义情绪也表现为对有色人种，特别是对日益增多的中国移民的歧视。

　　但更多美国人抱怨新移民纯粹是经济上的理由。美国工人，特别是非熟练工人认为移民情愿做"廉价的工作"从而压低了工资。有个威斯康星州的铸铁工埋怨说："移民几乎为很少钱而工作，似乎靠喝西北风也能活着——这我是做不到的。"

19 世纪 70 年代开始，关闭国门的呼声越来越高。首当其冲的是同本土美国人文化差异最大的移民——中国人。16 万中国人是在 1868—1882 年间陆续来到美国的。他们以极大的努力和牺牲参与了西部铁路线的建设，对加州的农业开垦也做出了巨大贡献。尤其是修建美国第一条横贯大陆的铁路。这段铁路的西段途经加州塞拉岭和内华达州一带，高山峻岭绵亘，地形复杂，气候恶劣，施工条件异常艰苦，施工进度迟缓，开工两年铺设铁轨尚不足 80 千米，很多白人工人纷纷离去。于是铁路公司开始雇佣华工，到 1869 年西段全线雇佣的筑路工人近 1 万，其中 90% 是华工。在塞拉岭开凿隧道的过程中，有上千名华工因雪崩而死亡。在华工付出巨大牺牲和血汗的代价下，中央太平洋铁路终于建成。在庆祝大会上，铁路公司招募华工的倡议者查尔斯·克劳克提醒大家："这条铁路能及早完成，大部分应归功于那些贫苦而被人蔑视的中国人。"

19 世纪 70 年代，加州发生经济危机，工厂倒闭，矿区停工，农业也因旱灾而歉收。在经济不景气的情况下，排华情绪也迅速增长。1877 年 7 月旧金山市开始了持续 3 天的排华骚动，一群暴徒和失业工人在中国城投掷炸弹、抢劫财物、捣毁店铺、殴打华人。此后，俄勒冈和华盛顿等西部各州也出现排华暴行。"中国人必须滚蛋！他们偷走了我们的工作"，成为美国工人的排华口号。1882 年 5 月美国国会通过排华法案，最终关闭了华人移民美国的大门。此后，美

美国，已侨居美国的华人被禁止加入美国国籍，而且受到其他方面的限制。1892 年法案被延长 10 年，1902 年再次被无限期延长。该法案虽然是针对中国人的，但也是美国限制外来人口的开端。

1884 年
自由女神像奠基典礼在纽约港举行。

1885 年
2 月，国会通过《合同工法》，禁止契约劳工入境。
8—9 月，西部各州发生排华浪潮。

1890 年
联邦政府设立移民局。

1894 年
限制移民协会成立。

1896 年
犹他州加入联邦。

漫画《拒绝外来移民的自由女神》（左侧为美国财政部，女神脚下是来自欧洲的"垃圾"——移民）

国又陆续出台了一系列以种族和国籍为基础限制和选择移民的政策。1890 年后,排外主义者的矛头开始转向来自东欧和南欧的移民。

　　一位名叫弗雷德里克·哈斯金的人写过一首移民歌:"我是外来移民……我为屠宰业和肉类包装业提供 85% 的劳动力。我承担烟煤矿 7/10 的劳动力。我承担羊毛厂劳动的 78%。我提供棉纺工厂 9/10 的劳动。我制作全部服装的 19/20,我制作鞋子的 50%。然而,我却是美国的一个大问题。"先是受欢迎,继之被排斥,再继之被施以暴行,这就是新移民在美国的遭遇。

知识链接

19 世纪后半期的移民情况

　　1860—1900 年,共有 1400 万移民涌入美国,其中绝大多数来自欧洲。19 世纪 80 年代以前主要来自西欧和北欧一些国家,他们在美国历史上被称为老移民;在 19 世纪 80 年代之后,来自东欧和南欧的移民逐渐居于多数,超过移入美国人数的一半,这些移民被称为新移民。他们主要来自奥匈帝国、意大利和俄国,分属于意大利人、斯拉夫人和犹太人三个民族集团。

　　新移民与早先的老移民不同,他们大都来自比老移民(爱尔兰人除外)贫穷得多的国家,原有生活都较贫困,受教育和文化程度低。以希腊东正教、罗马天主教和犹太教为主,也不能讲英语。他们中许多人是只身来到美国,以男性和青年居多,主要分散定居在密西西比河以东和俄亥俄河以北的广大地区,其中以新英格兰、宾夕法尼亚州和新泽西州居多。只有很少数去南部各州。

　　新移民大多在城市的本民族聚居区定居谋生。这些不同民族的聚居区俨然像大城市里的小城镇,被称为"被包围的飞地",如小意大利区、犹太人区、斯洛伐克人区等。这种民族聚集也反映在职业上,如意大利人主要是接替爱尔兰人充当铁路工人、建筑工人及矿工,或经营果园、葡萄园和城郊的蔬菜农场;斯拉夫人多在密歇根、俄亥俄和宾夕法尼亚等州的矿山和工厂劳动,也有些在芝加哥屠宰场和炼钢厂当工人;犹太人主要是在大城市里开店铺,做小生意,也有在雪茄厂和酿酒厂当工人的。总体来讲属于社会底层的职业。

海外扩张

　　19 世纪末,随着垄断资本主义的确立,美国的经济实力和政治生活都发生了重大变化。美国的工业总产值已经超过英国,跃居世界首位。而在北美大陆,美国通过西部开发已经将领土扩张到了太平洋沿岸,西部边疆消失。统治集团开始大力鼓励商品的输出,扩大对外贸易,夺取海外市场和原料供应地。美国历史上的扩张主义传统也为新时期的扩张提供了有力的思想武器、理论基础和历史经验。与此同时,美国积极调整政府的军事机构,增拨军费,建造新型的海军舰队,以增强远洋作战能力,为重新瓜分世界做好准备。在这个时期,美国的主要利益范围和争夺重点虽然仍在西半球,特别是中美洲和加勒比海地区,但它的视野扩大了,对亚非等东方国家,特别是对太平洋地区和远东国家发生了浓厚兴趣。

　　在海外扩张的道路上,美国首先把矛头对准了在拉丁美洲和太平洋上占有大量殖民地和势力范围的昔日世界强国西班牙,通过美西战争轻而易举地扫除了这一障碍,成功地在古巴建立起保护国体制,并攫取了菲律宾、波多黎各和关岛的控制权。继而占领了太平洋上的威克群岛,通过美菲战争使菲律宾成为美国附庸,吞并夏威夷,与德国瓜分萨摩亚,并通过“门户开放”政策打开了中国的大门。同时,加强在拉美地区的扩张和对该地区事务的影响,干预智利内战,以战争威胁迫使智利政府就范,开掘、控制巴拿马运河,把加勒比海变成内湖,并使巴拿马、海地、多米尼加和尼加拉瓜成为其保护国。

山姆大叔定做新衣

　　1898 年美西战争后，美国成功地在古巴建立起保护国体制，并获得了菲律宾、波多黎各和关岛的控制权。继而又占领了太平洋上的威克群岛，并用武力吞并了夏威夷和萨摩亚的一部分。图中裁缝正在给麦金利总统量做新衣，以适合合众国不断扩张后的巨大身材。

马汉："现代海军之父"

阿尔弗雷德·塞耶·马汉是著名的"海权论"的提出者，一生致力于海权理论和海军战略的研究，被称为"美国现代海军之父"。

马汉 1840 年出生于军人家庭，父亲曾任美国陆军军官学校——西点军校校长，他给儿子取名赛耶是为了纪念曾为西点作出过重要贡献的赛耶校长。马汉毕业于美国海军最高学府——安纳波利斯海军军官学校，之后进入海军服役，一生从军。后来他以海军上校身份进入海战学院，致力于海军史和海军战略的研究和讲授。1886 年后曾两度出任该校校长。

马汉一生著述颇丰，其中最重要的一部是 1890 年出版的《制海权对历史的影响》，著名的"海权论"就是他在此书中提出的。他详细考察了英国在 17、18 世纪同西班牙、荷兰和法国争夺霸权的多次重大海战，研究了英国建立强大繁荣的日不落帝国的历史。他认为英国的繁荣强大归根结底是因为英国掌握了制海权，建立了世界上最强大的海军。因此，他认为制海权是国家繁荣和富强的首要物质因素，对世界历史的发展具有决定性的影响。

19 世纪末的美国，处于工业化运动的关键时期，一个现代化的强大的工业国正在取代传统的农业社会，其政治经济实力空前增强。马汉提出海权思想，并将海军、商船队、海外殖民地和军事基地，甚至连国家制度、民族性和生产力等都纳入其范畴，实则蕴含着"使得一个濒临与海洋或借助于海洋的民族成为伟大民族的秘密和根据"，因此成为美国凭借其实力向海外扩张的理论依据。

马汉强调海权的发展属外线作战，以攻击为主要任务，因此美国海军不应仅限于保卫美国边疆，而要建立强大的远洋舰队，以便能在任何地方保护美国商业，并强大到足以采取主动行动。他还指出，海军的目的在于会战，而最

1883 年
国会批准建造 3 艘钢甲巡洋舰。

1890 年
弗雷德·马汉出版《制海权对历史的影响》。

1896 年
威廉·麦金利当选总统。

1898 年
3 月，美国海军第一艘实用的潜艇荷兰

阿尔弗雷德·马汉

号建成下水。俄勒
冈号战舰环绕南美
大陆航行。

1907 年
美国海军组成"白
色舰队"环航世界,
炫耀实力。

白色舰队

　　1907 年 12 月 16
日,西奥多·罗斯福
总统为了展示美国的
海军实力,派遣海军
少将罗伯莱·依文斯
率领一支由 16 艘战舰
组成的庞大舰队,进
行了为期 14 个月的环
球巡航。为了让整个
舰队更为显眼,罗斯
福特别下令所有舰只
一律漆成华丽的、具有
喜庆意味的白色,世
人因而称之为"白色
舰队"。

1909 年
4 月,海军准将佩里
等人首先到达北极。

1910 年
海牙国际仲裁法庭
宣布延长美国在纽
芬兰渔场的捕鱼权。

终的目的则为取得制海权以控制海洋,因此舰队所需要的不是速度,而是强大的攻击火力。为此,马汉提出必须改变过去以建造巡洋舰为主的老信条,而应建立以主力舰为主体的远洋进攻性海军。然而,这还不够,还必须有一支庞大的商船队作为辅助力量。马汉认为,只有"有了和平的贸易和航运,海军才能自然地、健康地成长,才有牢固的基础"。

　　除了必须建立起世界上第一流的海军外,马汉认为海权必须能确保自己的交通线安全,并同时能切断敌人的交通线。交通线愈长,则海权所能赐予的利益也就愈大。而交通线的建立,就依赖线上的各个海外基地(殖民地)与海港。因此马汉认为美国要变成海军强国,还必须在靠近美国的水域建立战略基地,在世界海洋的关键要道上建立据点和夺取殖民地。否则,在战争期间,"美国的战舰就如同陆地上的飞鸟一样,不能远离本国海岸"。

　　马汉不仅提出了海权的概念和理论,而且制定了获取海权的具体战略。首先,他主张开凿一条通过中美洲的运河,以便美国的船只能在大西洋和太平洋之间加快往来。而为了保护这条运河,美国必须尽力控制中美洲地峡附近的水域和古巴以及加勒比各岛屿等战略地点。其次,美国必须获得跨太平洋的加煤港和海军基地。特别是美国需要据有夏威夷的珍珠港、萨摩亚群岛的帕果帕果、关岛、威克岛和菲律宾,这些安全基地将确保美国开发似乎无限庞大的亚洲市场。最后从海权的意义来看,海权是为控制海洋及利用海洋以达成国家目标的能力,所以美国还要进一步与列强共同利用东南亚与中国的海洋利益。这就是马汉勾画的美国发展的必由之路。

　　马汉的海权论一提出,立即得到了美国政界、军方和舆论的欢呼。西奥多·罗斯福称赞《制海权对历史的影响》一书非常好,堪称"经典著作",美国军方也下令大量订购以供在职军官阅读。马汉本人则被聘任为海军作战委员会成员,后又成为美国海军事务委员会主席。马汉的理论则成为美国海外扩张的指路星辰。1901 年西奥多·罗斯福上台后,立即提出建立一支"其效率与世界上任何一支海军相当的"舰队。到他卸任时,美国的海军实力已跃居世界前列,仅次于头号海上强国英国。

现代海军建设

建设现代海军是美国对外扩张的必要条件。但 19 世纪 80 年代，世界上最好的海军已经改用钢铁和蒸汽机装备了，而美国海军还是一支由 142 艘过时的木质结构船只组成的舰队，没有一艘铁甲舰，其中较大的适于远航的只有 12 艘，并且都已服役多年。实际上，这是一支速度很慢、攻击能力很差、在战争中难以取胜的舰队。美国海军甚至成了人们的笑料，被称为"七拼八凑的海上破烂货"。

为适应复兴海军加速对外扩张的需要，美国政府采取了一系列措施。1883 年切斯特·阿瑟总统当政时期，国会通过一项法案，拨款建造 3 艘巡洋舰和 1 艘通讯快船，这就是有名的"白色舰队"的开始。1885 年，美国国会通过拨款以建造 4 艘现代铁甲舰的议案。同年，海军部决定在新港举办海战学院。到 1890 年海军有了很大进展，但这支"白色舰队"还不是世界级的海军，当时的英国和德国都在建造能攻击并摧毁海岸线上城市的重甲大型战舰，而美国舰队的船只是轻甲装备的快速巡洋舰，不适合任何大型海战。于是从 1890年起，美国开始大力建造第一流战舰。1890 年，国会同意为建造 3 艘一级战舰和 1 艘重量级的巡洋舰拨款，这是美国拥有新的极具进攻性的海军的开始。到 1900 年共建造了 15 艘一流战列舰和 5 艘装甲巡洋舰。至此，美国海军实力在世界各国中的地位由 1880 年的第12 位上升到 1895 年的第 5 位，再到 1900 年仅次于英法两国的世界第 3 位。在 1898 年的美西战争中，美国就是靠这支刚刚建立起来的新海军打败了西班牙。

西沃德的冰箱——阿拉斯加

1867 年
美国从俄国手中购买阿拉斯加。

阿拉斯加日
　　1867 年 10 月 18 日，美俄两国政府在阿拉斯加举行交接仪式，阿拉斯加正式成为美国领土的一部分。这一天后来被称为"阿拉斯加日"。

1892 年
民主党人格罗弗·克利夫兰再度当选总统。

1893 年
1 月，美加关于阿拉斯加边界纠纷问题提交由美英加三国联合委员会处理。

1912 年
阿拉斯加获得地区资格。

　　阿拉斯加是美国面积最大的州，位于北美洲西北角，西隔白令海峡与俄罗斯的楚科奇半岛相望。这一地区原本是俄国的美洲殖民地，是 19 世纪 60 年代美国以 720 万美元的价格从俄国人手中购得的。

　　那么，俄国人为什么要出售这块土地呢？一个重要的因素是从 19 世纪 30 年代起，俄属美洲丧失了作为殖民地的经济价值。俄国政府在 18 世纪中叶取得这块领地后，就把它交给俄国的国家垄断公司——俄美公司，以经营毛皮为主。但随着时间推移，毛皮资源逐渐枯竭，加之公司经营不善，致使殖民领地的经济日益困难。至领土转让前夕，公司已欠下巨额债务，并需要政府每年补贴才能维持经营。这样，俄属美洲不但不能给俄国带来殖民利益，反而成为政府的经济负担。

　　与此同时，19 世纪 50 年代的克里米亚战争，改变欧洲列强间的实力格局，俄国与英国关系急剧恶化。而俄国的战败表明其军事力量的薄弱。沙皇亚历山大二世担心，在未来的俄英战争中，英国人很可能利用加拿大为基地，侵吞阿拉斯加，进而威胁俄国本土。在这一情况下，沙皇产生了一个新的念头，就是在同英国这个主要敌人的对抗中，争取美国成为盟友。而让美国的领土伸展到北美的西北部，这本身就会造成对英国的牵制。加之俄国在克里米亚战后陷入严重的财政困境，有人建议沙皇卖掉不必要的资产以筹措资金，阿拉斯加这片不毛之地便成为首选。

　　1867 年初，俄国驻美大使斯多克尔男爵展开外交活动，对俄属美洲领地转让的条件进行试探。美国方面的主角是国务卿威廉·西沃德，他是一位热心美国版图扩张的政治家，一直梦想把美国的边疆扩展到北极圈。经过近一个月的谈判，1867 年 3 月 30 日双方正式签订条约，以 720 万美元成交。阿拉斯加总面积 151.88 万平方千米，720 万美元的价格相当于每平方千米 4.74 美元（平均每英亩 2 美分），比当年购买路易斯安那还便宜。

　　但这一交易在美国国会遭到了一部分议员的强烈反对。他们认为内战刚刚结束，国家百废待兴，财政极其困难，不应花钱去买一块荒凉的土地，而且这一做法还可能激怒英国人，批评这是一笔糟糕的交易。舆论界也普遍不认同，觉得阿拉斯加 1/3 的面积位于北极圈，气候严寒，人烟稀少，购买这样一块土地是无比愚蠢的事。人们嘲笑地把这块新购买的土地称作"西沃德的冰箱"。西沃德则认为 720 万美元只占美国一年支出的 2.6%，而阿拉斯加潜在的长远意义绝非金钱可比。他说："现在我把它买下来，可能确实没什么用。但也许多少年以后，我们的子孙会因为买到这块地而从中得到好处。"

经过激烈的争论，国会最终以微弱多数批准了条约，世界近代史上最大的一笔土地买卖成交。1867 年 10 月 18 日，美俄两国政府在阿拉斯加举行了交接仪式，美国星条旗第一次在阿拉斯加上空飘扬起来。1959 年 1 月 3 日，阿拉斯加正式成为美国的第 49 个州。

冰天雪地的阿拉斯加

以现在的眼光来看，美国购买阿拉斯加堪称历史上国与国之间最合算的一笔土地交易。但在 19 世纪，还无人知晓阿拉斯加的真正价值，沙皇做梦也想不到，他们当便宜货廉价处理的阿拉斯加拥有着极其丰富的宝藏。

仅仅 30 年后的 19 世纪 90 年代，阿拉斯加就发现了大量金矿，从而引发了 19 世纪末的淘金热；随后又发现了蕴藏丰富的石油和天然气，阿拉斯加出产的石油和天然气占美国总产量的 1/4。其他矿产如铜、铂、银、煤等储量也都非常大。此外，这里的森林资源丰富，鲑鱼产量居世界第一位。据最保守估算，美国人得到阿拉斯加的头 50 年，从这块土地上得到的纯收入就超过了 7.5 亿美元，而此地自然资源的总价值估计高达 5000 亿美元。阿拉斯加还具有非常重要的科研价值。特殊的地理位置为科学家观测和研究地质构造、物理海洋学与海洋化学、高空物理与高空化学、极地生物与生态环境等提供了一个极佳的天然实验室。

从战略意义上看,阿拉斯加中止了俄国政府向北美寻求势力范围的努力,同时使得美国领土向亚洲、太平洋地区大大扩展,成为连接亚洲的陆地桥梁。进入 20 世纪,阿拉斯加又成为太平洋间航空线路的中转站。二战后,阿拉斯加成为美国战略武器部署地,而美国人用导弹直接面向的正是这片土地曾经的主人——苏联。

知识链接

内战前后美俄关系

美俄是两个具有不同政治制度的大国,而且都有侵略扩张的欲望。但自 1824 年俄国放弃对北美西海岸北纬 54°40′ 以南的土地要求后,两国很少发生直接的利害冲突。所以沙皇在 1866 年说:"两国人民没有可记起的伤疤。"另一方面,两国又都遭受海上强国——英国的威胁。因而 19 世纪中叶以来,俄美两国关系一直比较友好。特别是俄国在克里米亚战争中遭受失败后,一方面希望强大的美国成为抗衡英国的力量,另一方面又想寻找机会取得使用美国港口的权益,以便在日后可能发生的英俄战争中用作俄国的海军基地。

美国内战爆发后,英法等欧洲国家宣布中立,承认南方同盟为交战国,与此同时英国还秘密向南方提供金钱、武器和其他物资方面的援助,并把英国海军舰队开入美国海域,向联邦政府施加压力。俄国与英国完全相反,全力支持北方的林肯政府统一国家。同一时期,波兰发生了反对沙皇统治的起义,英法等国照会俄国企图干涉波兰事务,这情况进一步促使俄国与美国接近。1863 年 9 月,两支俄国舰队分别驶入美国东西海岸的重要港口纽约和旧金山进行友好访问,美国人民对俄罗斯舰队给予了异乎寻常的热情欢迎和接待。进驻旧金山的俄国舰队还成功地阻止了南方舰船对该港口的攻击计划,俄美两国的友好关系得到了进一步的巩固和加强。

辉煌的小战争——美西战争

　　美西战争在美国的历史发展中占有重要地位,作为胜利者的美国开始崛起为一个强权帝国,一支全球性的力量。但这场战争本身持续时间很短,规模也很有限,在整个战争中,西班牙的子弹只打死了379名美国人,这是在美国历次对外宣战的战争中死亡人数最少的。所以有人形容道:"胜利似乎像采摘成熟的草莓那样容易得来。"美国驻英大使约翰·海则称之为"一场辉煌的小战争"。

　　战争的起因是1895年古巴人爆发反对西班牙统治的起义,西班牙政府派兵镇压。美国媒体大肆渲染古巴民众所遭受的战争灾难和西班牙人的暴行,许多美国人呼吁对古巴革命进行干预。古巴是西班牙在美洲的最后一块殖民地,美国自建国之初就想取代西班牙殖民者在古巴的地位,但由于缺乏实力不得不耐心等待时机。19世纪末的古巴独立运动给美国提供了机会,美国政府打着支援民族解放的旗号向西班牙政府抗议。1898年2月"缅因号沉船事件"发生后,美国国会全票通过决议,拨款5000万美元用于国防。

　　1898年4月25日,美国以帮助古巴摆脱西班牙暴政为由向西班牙宣战。战争从4月持续到8月,只用了不到100天的时间。战事是在古巴和菲律宾的海面和本土进行的。

　　美国的"钢铁海军"是现代化的,西班牙自然不是其对手。5月1日天刚破晓,美国太平洋舰队向马尼拉湾的西班牙舰队发起攻击。经过几小时的战斗,美国海军就击溃了西班牙的亚洲舰队,这是一次令人瞠目的胜利。美国只死了一个人,还是在操作舰上负责燃烧锅炉时死于热休克。而西班牙军舰3艘被击沉,8艘被焚毁,2艘被俘。随后,美军利用菲律宾起义军的力量共同抗击西班牙,最后占领马尼拉。

　　在古巴战场,美国一经宣战,就派出北大西洋舰队封锁古巴的北海岸。7月初,美国海军舰队以绝对优势兵力强占圣地亚哥港,被封锁在港口内的西班牙舰队试图逃跑,但必须通过一条狭窄运河才能出海,所以只能采用单纵阵顺次行进。西班牙舰队从运河里钻出来一艘,就被击沉一艘。夜幕降临前,西班牙加勒比海舰队全部被歼。这是自3个世纪前西班牙无敌舰队被英国击败以来,衰败中的西班

1895 年

古巴爆发反西班牙起义。

1898 年

2 月,美国战舰缅因号在哈瓦那港爆炸。

"缅因"号沉船事件

　　1898 年 2 月 15 日晚,美国以保护美侨为名派往哈瓦那的"缅因"号战舰发生爆炸,导致350多名官兵伤亡,这就是"'缅因'号沉船事件"。在当时的反西班牙情绪下,美国各媒体都把此事归咎于西班牙,美西战争由此爆发。多年之后(1950 年),美国海军的调查结论是锅炉故障导致了这场灾难。

1898 年

4 月,美国对西班牙宣战。

1899 年

美国正式取得对关岛的管辖权。

1900 年

4 月,国会通过《福

牙帝国海军力量受到的又一次致命打击。

陆军的主要任务是攻占古巴城市和军事据点。5月20日，美国陆军第5军团在古巴圣地亚哥附近登陆。7月初，美军向西班牙守军阵地发起进攻。在夺取战略要地圣胡安高地的战斗中，美军兵分两路，骑兵去夺取凯尔特山，步兵则由一条狭窄的小道，经过一片密林向圣胡安山下的草地进军。当时正值古巴雨季，小道一片泥泞，步兵进军速度极其缓慢。然而，西班牙军队对这里的地形非常熟悉，他们隐蔽在坚固的战地工事内，当美军走出密林要穿过草地时，遭到西班牙炮火的猛烈攻击，士兵成排地倒下去。危急时刻，美军的先进武器格林机枪发挥了关键作用。它以每分钟3600发子弹的速度向西班牙守军阵地不断扫射。在机枪的有力配合下，美军蜂拥向前，西班牙守军四散奔逃。一名勇敢的陆军中尉率先冲上了山顶。

此时，西奥多·罗斯福带领他的"莽骑兵"与潘兴率领的两个黑人骑兵团已经冲上了凯尔特山，驱散了西班牙小股守军。接着，罗斯福又率军向圣胡安山发起冲锋，山顶上的西班牙人见此情形便撤退了。罗斯福是第二个登上山顶的人。夺取圣胡安高地让美军付出了1500人伤亡（其中阵亡300多人）的惨重代价。

7月17日，在古巴人民武装的有力配合下，美军攻占圣地亚哥市，22万西班牙官兵投降。当月下旬，美军几乎在没有任何抵抗的情况下又占领波多黎各。8月12日，西班牙政府请求停战。从10月初开始，美西双方在巴黎举行了两个月的会谈，最终签订了《巴黎条约》。根据条约，西班牙放弃古巴并承认古巴独立；把波多黎各岛和西属西印度其他各岛以及马里亚纳群岛中的关岛割让给美国；将菲律宾群岛以2000万美元让与美国。

美西战争的胜利增强了美国扩张海外领土的欲望，之后麦金利政府又用武力吞并了夏威夷和萨摩亚的一部分。美国的历史进入大规模海外扩张时期。

菲律宾抗美斗争

　　早在美西战争爆发之前的 1896 年，菲律宾人民就掀起了由埃米利奥领导的反对西班牙殖民统治的独立革命运动。美国利用菲律宾人民的力量共同推翻了西班牙的殖民统治，但窃取了全部胜利成果。根据美西签订的巴黎和约，美国取得了对菲律宾的统治权。但菲律宾人民是为自己的独立而战，不是为让美国来代替西班牙当他们的新主人。当明白了美国企图吞并菲律宾的意图后，他们恢复了为独立而进行的战斗。

　　1899 年 1 月下旬，菲律宾共和国正式成立，阿奎纳多当选为总统。随后不久马尼拉爆发反美起义，美国军队立即进行血腥镇压，菲律宾人民与美国侵略者展开了英勇的斗争。1901 年底，在常规斗争中受到严重损失后，阿奎纳多率军进入北部山区改打游击战。他的军队只在有胜利把握时出击，常常偷袭小股巡逻队伍。他们烧桥梁，毁铁路，剪断线路破坏通信。他们挖陷阱、立尖桩，还虐待俘虏。阿奎纳多是希望让美国感觉这场战争得不偿失而撤军。

　　菲律宾人民的反美独立运动坚持了 3 年多。1902 年 3 月阿奎纳多被俘，7 月美国在菲律宾建立起民政政府，战争结束。具有讽刺意味的是，美国在这场战争中，较之美西战争花费了更多的钱财和牺牲了更多的生命。美国为获得菲律宾群岛付给西班牙 2000 万美元，但它为镇压菲律宾的独立运动花了 4 亿美元，共有 4200 名美军士兵丧生。最后美军投入兵力高达 74 万人。而菲律宾军队也牺牲约 2 万人，另有 20 万平民死于疾病和饥馑。

吞并夏威夷

夏威夷是 1959 年经全民公投成为美国的第 50 个州。但部分土
著居民一直认为这是一次非法的吞并，还曾爆发"独立运动"试图恢
复夏威夷王国。1993 年 1 月，在夏威夷末代女王利留卡拉妮被推翻
100 周年之际，时任美国总统的克林顿签发一项国会决议案，即通称
的"道歉决议"，公开就当年美国政府参与支持夏威夷王国政变的行
为向夏威夷土著居民道歉。

夏威夷王国是在 19 世纪初统一各岛屿部落而建立的。由于地
处太平洋的十字路口，战略位置非常重要，英法美殖民势力都曾觊觎
这个地方。但由于殖民国家间的相互牵制，谁也未能独占夏威夷群岛。
进入 19 世纪 70 年代，由于在太平洋地区商业利益的增长，美国加快
了兼并夏威夷的步伐。1873 年，美国国务卿菲什给驻夏威夷公使发
布指令，要求使夏威夷稳步向并入美国的方向运动。菲什说：美国利
益要求在"太平洋沿岸与目前正在向商业与基督文明开放的广大亚洲
地区之间的中太平洋寻求一驻足点"，而夏威夷正是打开"东方贸易
大门的钥匙"。

1875 年 1 月，美国通过《互惠条约》，准许夏威夷生产的糖免税
进入美国市场，条件只是让夏威夷承诺不向外国势力出让领土。条约
的签订极大地刺激了夏威夷甘蔗种植业和食糖加工业的发展。10 年
间，夏威夷的食糖产量从 2600 万磅猛增到 1.7 亿磅。夏威夷的经济
逐渐变为单一性殖民地经济，其蔗糖全部出口美国，而进口产品也大
部分来自美国。夏威夷对美国的依赖越来越深。可见，1875 年《互
惠条约》不仅仅是一个商务条约，它的政治意义远远超过经济意义。
正如美国驻夏威夷公使皮尔斯所说：条约的签订意味着夏威夷未来
的繁荣和稳定"将处于美国的羽翼保护之下"，"它们日后的命运将由
美国的力量来保护"。

1891 年 1 月，夏威夷国王卡拉卡瓦病逝，其妹莉迪亚·卡玛卡依
哈继承王位，成为夏威夷王国历史上首位女王，登基后改用皇室名字
利留卡拉妮。女王是一位坚定的民族主义者，即位后发起"夏威夷人
的夏威夷"运动，在土著居民支持下试图起草一部新宪法加强王权，

削弱白人控制的立法会议和外国人特权，以摆脱外部势力控制。这引起了亲美势力的不满。

1893 年 1 月，当地的美国种植园主、商人、糖厂主、传教士等组成的"兼并俱乐部"，发动了历史上被称作"糖的阴谋"政变。政变得到了美国驻夏威夷公使约翰·史蒂文斯的支持。当日，美国政府以保护美国人生命财产为由运送 150 名武装人员在夏威夷首都火奴鲁鲁登陆。女王认为不应为自己的人民带来血腥与杀戮，在美军的压力之下选择了投降，夏威夷的君主统治被推翻，次年建立了共和国。史蒂文斯宣布将夏威夷置于美国保护之下，并迫不及待地给国务卿福斯特发电报说："夏威夷之梨已经完全成熟，这是美国采摘的黄金时刻。"

但夏威夷人并不甘心屈服。1895 年，夏威夷保王主义者密谋发动起义，结果失败。女王利留卡拉妮遭到逮捕，被迫签署文件放弃未来对王位的任何要求，并受到羞辱性的公审。法庭判处她有期徒刑 5 年、罚款 5000 美元。后由于夏威夷人的强烈抗议，当局才缩短了刑期，转而将她囚禁在宫中。服刑期间，利留卡拉妮每天只能靠读书、编织和作曲打发时光。女王本身是一名作曲家，据统计，那一时期她谱写了将近 165 首

夏威夷女王利留卡拉妮

歌曲，其中大部分都很伤感。晚年的女王，靠每年 4000 美元的养老金和一块蔗糖种植田地的收益维持生活，直至去世。

1897 年扩张主义者威廉·麦金利总统上台后，决心吞并夏威夷。他表示："我们需要夏威夷就好像我们需要加利福尼亚一样强烈。"与此同时，夏威夷共和国的统治集团也积极响应，当地报纸加紧进行舆论宣传，《夏威夷星报》把夏威夷描写成"一个嫁期未定的新娘"，只等信号发出，就履行结婚仪式。1898 年美西战争后，美国正式发出信号，国会于 7 月通过"纽兰兹决议"宣布吞并夏威夷。对此举，麦

金利总统表示："兼并不是变更，是完成"，是百年来美国的商人、传教士、捕鲸者、种植场主以及军政外交人员苦心经营的最终完成。夏威夷正式成为美国领土的一部分。

知识链接

瓜分萨摩亚群岛

萨摩亚群岛位于南太平洋，由 14 个大小不等的岛屿组成。该群岛正处于太平洋交通线的交汇点，是北美大陆西海岸各港口与大洋洲贸易的中转站，也是北美洲东海岸各港口绕过南美洲南端与远东贸易的枢纽。其中，土土伊拉岛上的帕果帕果港，洋面宽阔，港静水深，战略价值尤其重大。

1872 年，美国海军军官在萨摩亚登陆，取得在帕果帕果港建立海军基地的特权，此后美国便积极谋求对萨摩亚的控制。同美国争夺萨摩亚的还有英国和德国。三国在 1870 年代末分别同萨摩亚签订了不平等条约，取得了同样的殖民特权。

1887 年，德国寻衅对萨摩亚宣战，驱逐了受到美国支持的国王另立傀儡。美国抗议德国破坏萨摩亚的现存秩序，表示决心保护美国在萨摩亚的殖民权益。国会立即通过决议，拨款 50 万美元保护萨摩亚美国人的生命和财产，另外又拨款 10 万美元用于建设帕果帕果港。这时的萨摩亚上空战云密布，战争大有一触即发之势。但德国并不想为萨摩亚同美国发生公开对抗，遂主动邀请美英代表到柏林谈判。1889 年 6 月三国达成协议，恢复萨摩亚国王名义上的统治，而岛上的一切实际被置于三国领事的共同控制之下。

但这并没有消除三国间的激烈竞争。他们各自挑唆萨摩亚的派系来反对其竞争对手，不断引起动乱甚至流血冲突。德国认为只有把萨摩亚瓜分才能解决问题。由于欧洲政治的复杂性，英国支持德国的建议。1899 年 10 月，英美德三国达成新的交易：取消三国共管协议，由德美两国加以分割。英国退出对萨摩亚的争夺，把它在西萨摩亚的权益让给德国。作为补偿，德国承认太平洋上的东卡岛和所罗门群岛的一部分为英国属地；以西经 171° 为界的西萨摩亚群岛归德国所有；包括土土伊拉岛及若干小岛在内的东萨摩亚群岛为美国所有。

老罗斯福的奋斗人生

与许多总统相识的作家沃尔特·李普曼曾说:"总统一般都不大可爱,他们为了今天这一步要付出太多的东西。但有一位总统——西奥多·罗斯福却令人喜爱,我就喜欢他。"有这种看法的不止是李普曼一人。对那个时代的很多人来说,西奥多·罗斯福不仅是一个备受爱戴的政治人物,而且是某种人生偶像,他倡导并实践一生的是关于"充满活力的奋斗人生"哲学。

罗斯福 1858 年出生于纽约,父亲是一位富有的银行家。他自幼体弱多病,视力不佳,还患有严重的哮喘。但在父亲的督促下,罗斯福坚持体育锻炼,通过把自己推向忍受的极限从而战胜自己身体的虚弱,经过长期的坚持,终于练就出强壮的体魄。当然和身体一起强壮起来的还有他那钢铁般的意志、永不服输的精神和争强好斗的性格。1880 年罗斯福以优异成绩毕业于哈佛大学。23 岁成为纽约州议会最年轻的议员,从此步入政界。

1898 年美西战争爆发,罗斯福率领一支英勇的骑兵团在古巴战场上奋勇冲杀,取得了圣胡安高地战役的胜利,成为妇孺皆知的英雄。这也为他积累了政治资本。战争结束后,罗斯福成功当选纽约州州长。初登政坛的罗斯福就表现出争强好斗的个性和敏锐的政治洞察力,而且总是乐于表达对任何话题的观点。任职期间他进行了多方面的改革,如进一步将文官制度与政治分开,限制妇女儿童的工作时间以及禁止资本家对劳工的虐待行为等。

1901 年 9 月,威廉·麦金利总统突然遇刺身亡之时,罗斯福当选副总统不到 1 年,年龄不到 43 岁,成为美国历史上最年轻的总统。3 年后,他被共和党一致提名为总统候选人,击败对手继续执政。罗斯福在竞选中许诺要对全体美国公民公平施政。当选之后,他大力推行改革。一方面向国会提出一系列反托拉斯法案,努力革除托拉斯弊端,限制其腐败力量,一方面采取一系列保护劳工和维护公共利益的措施,宣扬以公正方式调节劳资纠纷。如他干预 1902 年的煤矿工人大罢工,做出增加工人工资、实行 9 小时工作的裁定;但两年后,罗斯福又站在公司一边干预了劳工的"过分"要求。可见,他的立场不是

1898 年
西奥多·罗斯福当选纽约州长。

1900 年
西奥多·罗斯福当选副总统。
美国名人遗物收藏馆在纽约大学成立。

1901 年
9 月,麦金利遇刺身亡,西奥多·罗斯福继任总统。
11 月,陆军部长伊莱休·鲁特建立陆军军事学院。

1902 年
6 月,国会通过《开垦法》。

1903 年
美国商务劳工部成立。

1905 年
罗斯福当选总统。

1906 年
9 月,罗斯福总统规定怀俄明州的魔塔为第一个国家天然纪念物。
12 月,罗斯福总统

获诺贝尔和平奖。

1908 年
6 月,国家资源保护委员会成立。

1912 年
罗斯福挑战塔夫脱共和党总统候选人提名。

服务于某个集团,而是展现联邦政府在重大经济争端中应该发挥的协调作用和平衡作用。

在外交事务方面,罗斯福信奉弱肉强食的帝国主义扩张理论,迫使古巴、多米尼加成为美国的保护国,为美国"拿下"巴拿马运河。尤其让他引以自豪的是,1905 年出面调停日俄战争成功,罗斯福也因这项成就而获得了诺贝尔和平奖。

生活中的罗斯福一直给人一种海明威笔下硬汉的感觉。1902 年 9 月,在一次演讲旅行中,总统的马车被一辆有轨电车撞翻,罗斯福被甩到了人行道上,撞得鲜血直流,他的脸被严重擦伤,有一个膝盖伤势非常严重,以至于外科医生险些把他的腿给锯掉。但他当时坚持完成了预定的演讲。1912 年 10 月,罗斯福在前往发表演讲的途中遇刺,子弹进入右胸腔一英寸深处。人们要立即送他去医院,罗斯福却大声说:"我现在要去演讲,不做完演讲我决不去医院!"当他微笑着在讲台上出现时,所有的与会者都情不自禁地站起来呼喊着表达对他的敬佩。他从胸前口袋里掏出已被鲜血浸透的讲稿,说:"生命属于我只有一次,现在我正在享受它。"就这样,罗斯福坚持讲了一个半小时,才被送进医院。不到两个星期,他又神采飞扬地站在纽约市的麦迪逊广场公园对上万名听众讲话了。

西奥多·罗斯福的全家福

罗斯福享受权力并战斗,但他还有许多别的兴趣。他喜欢运动、旅行、打猎、露营和登山探险。他是第一个打网球、开汽车、驾飞机、驶潜艇的美国总统;他也是第一位在任期内离开国家出访(视察巴拿马运河区)的总统,但他发现,白宫在很多方面都有限制。所以他说过:"赢得总统职位就是判了自己 4 年有期徒刑。"告别白宫后,精力充沛的罗斯福多次去非洲和南美考察、狩猎,去欧洲旅行,仍然积极参与政事,直至 1919 年去世。

保护自然资源

　　美国自然地理环境优越，地广人稀资源丰富。但在西部开发过程中，乱砍滥伐原始森林、对矿产资源进行破坏性开采的现象非常严重。在美国历任总统中，罗斯福第一个清醒认识到，"国家的永久安泰和幸福不仅现在建立在、并将永远建立在国家自然资源基础上"。他警告："浪费或破坏我们的自然资源，毁灭性地使用土地，而不是在使用时增加土地的效益，将导致破坏我们的子孙后代时期的繁荣"，"浪费国家资源就是伤害子孙后代"。他认为联邦政府有责任保护自然资源。

　　罗斯福在任期内采取的措施包括：推动成立了全国自然资源保护协会作为进行教育和宣传活动的中心；在保护森林方面贯彻造林、采伐和防御火灾一体化措施，使国家森林面积增加近 41 万平方千米；为制止土地浪费现象，改由政府管理和开发西部土地，并将各州出售公有土地所得用于资助西部贫瘠地带的水利设施建设；重视开发和合理利用水力资源，委派调查团全面研究和提出综合利用方案；把 60 平方千米尚未出售的政府林地划做了国有森林保留地，收回约 30 万平方千米已被公众侵占的林地；倡议开辟了近 25 万平方千米矿产保留地，建立了 53 个野生动物保护区和 5 个新的国家公园。

　　罗斯福晚年回顾自己的政绩时，认为他一生最大的成就之一是推行了一套行之有效的保护自然资源的政策，为后代保存了大批公园、矿产和水力资源。的确，在他的大力提倡下，保护自然资源成为一场全国性的运动，并取得了可观的成就。罗斯福也因此获得了"伟大的保护主义者"的称号。

策动巴拿马独立

1902 年

2 月，国会授权总统从法国手中购买巴拿马运河开凿权。

1903 年

11 月，美国协助巴拿马人独立，新政府同意美国开凿巴拿马运河。

克莱顿—布尔沃条约

即《美国和英国关于连接大西洋和太平洋的同行运河的专约》。1850 年 4 月签订，双方约定在运河建成后共同确保运河中立，并保证运河向所有国家开放。这一条约表明美英两国都想将运河据为己有，但暂时都没有做好修建运河的准备，又担心对方独霸运河，是两国在巴拿马运河开凿权和使用权问题上既争夺又妥协的产物。

1904 年

1 月，美国派遣海军陆战队抵达巴拿马，支持新组建的巴拿

巴拿马位于中美洲南端巴拿马地峡上，北临加勒比海，南濒太平洋，原为哥伦比亚的一部分。在中美洲地区开凿运河，一直是美洲人民的长期愿望。但是，地峡地区有关国家难以单独承担开凿运河的巨额资金和技术，这就给大国的介入造成了机会，而且引起了美英法各国在这一地区的争夺。

美国早在 19 世纪中叶，就计划在这里修条运河，以缩短其东西海岸之间的海上航道。但由于英法等国也想插手，相互掣肘，加之刚刚独立的哥伦比亚对美国怀有戒心等原因，美国未能如愿。1878 年，哥伦比亚政府将运河的修建和租让权交给法国。法国虽然有修建苏伊士运河的成功经验，但却在开凿巴拿马运河时因多种因素而受挫。法国的失败给了美国可乘之机，进入 20 世纪，美国为攫取巴拿马运河的开凿权展开了一系列活动。

首先，美国利用英国同欧洲其他列强在中近东、远东和南非的争夺日益激化的时机，迫使英国于 1901 年同意废除了《克莱顿—布尔沃条约》，这使美国得以免除了共管巴拿马运河的义务，为获得开凿、管理和防卫运河的独占权扫清了障碍。接下来，美国又迫使哥伦比亚政府于 1903 年 1 月签订了具有掠夺性的条约。但没想到的是，哥伦比亚国会以侵犯国家主权为由拒绝批准条约。罗斯福事后抱怨："与哥伦比亚统治者达成协议，简直与将醋栗果冻摁到墙上一样难。"无奈之下，美国决定策动巴拿马独立，以实现其开凿巴拿马运河的计划。

1903 年 5 月，美国政府网罗巴拿马的亲美势力，组成由曼约埃尔·阿马多为领导的所谓"爱国者小组"，随即美国在报纸上制造舆论，称哥伦比亚不批准条约将会使巴拿马脱离。同时，"爱国者小组"和美国代表共同讨论发动独立革命的计划。9 月，阿马多前往美国接受具体指示。美国国务院将独立革命时需要的文件物品，如军事行动计划、密电码、独立宣言文稿、新宪法草案等，通过中间人转交给他，同时预支 50 万法郎给他以供独立革命之用。10 月下旬，阿马多返回巴拿马，用 5 万美元和许诺担任未来共和国总司令职位，收买了在巴拿马地区的哥伦比亚驻军司令，又用 3.5 万美元收买了驻当地的

一艘哥伦比亚炮舰舰长。此时，哥伦比亚政府对巴拿马地峡的异常动向有所觉察，便向科隆港派出了由 2 名将军指挥的一艘炮艇和 40 名士兵。美国政府闻讯后立即命令巡洋舰"纳什维尔"号开进科隆港，阻止哥伦比亚政府派来的军队登陆。

　　1903 年 11 月 4 日，巴拿马宣告独立，成立共和国，阿马多任总统。在就职典礼上，阿马多直言不讳地说："我们的英勇精神使全世界惊讶。昨天我们还是哥伦比亚的奴隶，而今天我们获得了自由。罗斯福总统援助了我们……罗斯福万岁！美国政府万岁！"一位美国参议员讽刺说："巴拿马人民是站起来了——像 11 个人一样！"（巴拿马独立是在美国支持下，由 7 个巴拿马阴谋分子和 4 个美国人策划搞起来的。）3 天后，美国政府承认巴拿马独立。随即就迫不及待地与巴拿马政府签订了《美巴条约》。美国用卑劣的政治手腕制造"独立革命"，使巴拿马脱离哥伦比亚，最后终于通过傀儡政权获得了对巴拿马运河的开凿和垄断权。事后，罗斯福总统不无自豪地表示："我拿下了巴拿马，运河区完全变成了我们的，巴拿马共和国也全部在我们的势力控制之下。"

　　1904 年，巴拿马运河正式动工。其间，美国总统罗斯福曾亲自前往运河区视察。1914 年，历经 10 年的运河工程正式竣工。当年 8 月 15 日，一艘美国军舰首航成功，这件事所造成的轰动不亚于半个世纪后的登月计划。巴拿马运河全长仅 82 千米左右，但它却将纽约与旧金山之间的水路航程缩短了大约 1.4 万千米，为美国带来的经济效益和军事利益难以估量。难怪罗斯福骄傲地宣称，这项外交与工程成就将"与购买路易斯安那和获得得克萨斯相提并论"。但美国史学家塞缪尔·比米斯却认为："1903 年的干涉在美国的拉美政策上是一个真正的污迹，也是一个最伟大的大污迹。"

马军政府。

2 月，罗斯福总统任命巴拿马运河委员会监督巴拿马运河修筑。

4 月，美国购买法国人的巴拿马运河公司。

5 月，获取巴拿马运河区并开始修建运河工程。

1908 年
塔夫脱当选总统。

1912 年
8 月，国会通过《巴拿马运河法》。

1914 年
4 月，巴拿马运河区建立一永久性文官政府取代巴拿马运河委员会。

10 月，巴拿马运河开通。

知识链接

控制巴拿马

　　1903 年 11 月的《美巴条约》是一个赤裸裸的殖民主义的不平等条约。条约规定，巴拿马把宽 16 千米的运河区交由美国永久使用、占领和控制，巴拿马湾中的一些岛屿也交给

罗斯福总统视察运河工地

美国使用。而且上述地区将完全排除巴拿马共和国行使国家主权的权利。这意味着上述地区从此成为巴拿马的"国中之国"。美国还拥有对巴拿马运河及两洋铁路线的"永久垄断权"。法国运河公司及铁路公司的全部财产和权利均须转让给美国。而且，今后巴拿马共和国的政治形势无论发生什么变动，都将不得影响本条约规定给予美国的特权。

除了攫取上述特权，美国还通过经济手段进行渗透。美国水果公司、中南美洲电报公司、新泽西美国商业发展公司等都在巴拿马经商。美国的一些州还在巴拿马建立了农业殖民地。美国银行业也进军巴拿马。美国商业发展银行、康涅狄格国际金融公司和西弗吉尼亚的巴拿马金融公司纷纷在运河区开展金融活动。美国企业家还在巴拿马开发交通运输，石油公司也在巴拿马兴起。

对于巴拿马人的不满和抗议，美国毫不犹豫地举起大棒。时任美国国防部长的塔夫脱表示："巴拿马共和国任何地方发生的暴动都将极大地增加美国建筑运河的困难……美国必将适当地阻止对运河建设的不可避免的干扰，镇压共和国任何地方发生的暴动。"1908 年巴拿马举行选举，美国海军以"监督选举"为名在巴拿马登陆。1918 年，美国海军直接在巴拿马驻扎。

罗斯福的推论

西奥多·罗斯福总统一贯提倡积极奋斗的人生哲学，而且他认为："对一个人来说应该奋斗不息，对一个民族来说也应该如此。"他宣称："如果我们要成为真正伟大的民族，我们必须竭尽全力在国际事务中起巨大的作用。"罗斯福是第一个把美国真正带向世界的总统。他还是一位实力决定论者，认为国际结构最终取决于力量对比而非法律准则。"手持大棒，说话温和"是他崇尚的非洲格言。为了增加"大棒"的分量，他在任期内大力发展海军，使美国海军的综合实力由世界第 7 位急剧飙升至第 2 位，拥有了与欧洲列强相抗衡的资本。

1902 年，英国、德国和意大利等欧洲国家以拖欠债务为由，出动海军舰队封锁了委内瑞拉海岸，德国军舰甚至炮轰委内瑞拉港口，传言要在该地区建立永久军事基地。阿根廷外长路易斯·德拉哥提出抗议，宣称任何国家不得借口追索欠债而对债务国进行武装干涉，这便是拉美外交史上著名的《德拉哥宣言》。美国则借口维护《德拉哥宣言》派出海军前往委内瑞拉海域巡逻。在美国的压力下，欧洲国家同意接受仲裁，危机得以化解。

时隔一年多，新建立的多米尼加共和国也遭到法、意、德、比等债权国武力索债，美国再次派出军舰阻止了欧洲的干涉。对此，罗斯福宣称，依据门罗主义美国不能允许任何欧洲国家介入拉丁美洲事务。但是他补充说，拉丁美洲国家决不允许逃避债务。他告诉

拎着大棒的罗斯福

陆军部长鲁特："如果我们打算说别插手……迟早我们必须自己维持秩序。"罗斯福并未打算将多米尼加变为殖民地，他坦承："即便我有此想法，也害怕像大蟒蛇吞食箭猪一样，结果不好。"他只是让美国政府接管了多米尼加的关税事务——这个极度贫穷的国家唯一可依赖的收入来源。55% 的关税将用于偿付债款，剩余部分交给多米尼加政府用于内政需求。

1904 年 12 月，罗斯福在致国会的年度咨文中阐释了他的政策。他声明，拉丁美洲"长期的错误行为"需要外在的干涉，鉴于在门罗主义下，没有其他国家能够介入，美国必须"行使……国际警察的权力"。次年，罗斯福在致国会的年度咨文中进一步阐述了他的观点："对和平最有效的工具之一就是门罗主义，因为它已经一直如此，并正由这个国家所发展和已为其他国家所接受。没有任何政策如同它一样有效地促进西半球的和平，和给予这一地区的每一个国家沿着他们自己的道路发展的机会。"这就是罗斯福对门罗主义的一个重大引申和发展，在历史上被称为"罗斯福推论"。

实际上，罗斯福的观点就是美国有权反对欧洲干涉西半球事务，而且为了避免第三方在拉丁美洲采取行动，美国必须自行维持西半球的秩序，如果出现行为不轨的国家，美国有权进行军事干预。罗斯福推论提出了干涉拉美各国内政的依据，是对门罗主义的继承发展。它使美国有正当理由在西半球充当国际警察，干预诸如多米尼加共和国、尼加拉瓜、海地等国的事务，平息这些国家的内乱，占领它们的港口和军事基地，控制海关关税和政府预算，消除对美国的挑战势力，同时阻止欧洲干涉。

门罗总统提出门罗主义与罗斯福对其所做的推论，反映了美国传统扩张主义和新扩张主义的区别。前者是在美国国力尚弱的情况下，为避免欧洲列强染指拉丁美洲所提出的一项外交原则，采取了明显的守势。后者则明显发出这样的信息：拉丁美洲国家是需要文明国家加以管理的落后和不文明的地区，美国应当义不容辞地承担起管理责任。相对于门罗主义而言，明显具有进攻的态势。其实质就是将"美洲人的美洲"变为"美国人的美洲"。

泛美会议

在门罗宣言发表后的半个多世纪里，美国对欧洲国家向拉丁美洲的扩张始终无力抵御。英国控制了拉丁美洲的大部分对外贸易，这使它在政治上也处于强有力的地位。相比之下，美国同拉丁美洲的贸易则处于很不利的地位，一直存在很大的逆差。更使美国难以容忍的是，它每年要从拉丁美洲买进100万美元的原料，而拉丁美洲国家却用这笔收益进口欧洲制成品。为了同欧洲列强、主要是同英国展开角逐，尤其是争夺拉丁美洲的商品市场，美国积极寻求召开泛美会议，开展同拉丁美洲国家建立所谓姊妹关系的活动。

1889年10月2日，第一届泛美会议在华盛顿召开，除多米尼加外，当时17个拉丁美洲国家的代表都应邀出席了这次会议。会议期间，他们被热情邀请前往美国各大城市参观、游览，美国企图用这样的方式显示美国的工业发展和经济实力，宣扬泛美主义以抵制欧洲的影响。在会上美国提出的讨论问题有：建立关税同盟并统一海关章程；实行货币同盟，在贸易往来中使用统一的支付手段；统一度量衡制度；建立解决美洲国家争端的仲裁法庭等。

美国在会上提出的一系列倡议是其在拉丁美洲扩张的纲领，虽然最终没能够实现，但会议的召开本身就是美国外交的一个胜利，如美国学者福斯特所说："等于是美国在拉丁美洲给英国一下结结实实的打击。"此后，泛美会议每隔4年举行一次，成为美国排挤欧洲国家、加强对拉丁美洲各国经济和政治控制的工具。

对华门户开放政策

在美西战争之前，美国除了一些商业往来以外，并未插足中国。但美国公众开始愈来愈关注中国市场，中国被称作"美国商业最好的希望"。这主要是因为中国有 4 亿人口。当时美国一家农业杂志这样计算过："一个中国人哪怕只消费我们一蒲式耳面粉，我们一年就要供应他们 4 亿蒲式耳面粉，而那还只是他们每周消费 3/4 磅面粉而已！"同样，企业家也以这样的方式规划他们的利益。新英格兰的纺织业主思忖着："如果 4 亿中国人每人穿一件美国制造的衬衫，新英格兰全部纱锭日夜开工也无法满足这一需要。多么广阔的市场！"

19 世纪末，列强在中国的争夺形势发生变化：中国东北落入俄国之手，山东成为德国的势力范围，长江流域及云南为英国控制，福建、台湾处于日本势力之内。美国感到，如果容忍列强瓜分中国的势头蔓延，"我们就会失去……世界上最大的市场"。此时，两个英国人为美国带来了政策灵感。一个是查尔斯·贝雷斯福德勋爵，此人在 1899 年代表英国商会出访中国的时候，就发现中国是块大肥肉。于是归国途中，他在纽约商界发表了演讲，大力宣传打开中国门户的主张，这让美国很受启发。还有一个叫埃尔弗雷德·希皮斯利的英国人，曾在中国海关任职长达 14 年，对中国的贸易形势了如指掌。他与美国国务卿约翰·海会晤时表示，美国尚未卷入对中国的瓜分，所以提出"门户开放"政策更具主动性。

1899 年 9 月，刚刚结束美西战争，美国国务卿约翰·海就迫不及待

山姆大叔提出"门户开放"

地发布了关于中国的"门户开放"政策，并通告美国驻英、俄、德、法、意、日等六国大使，要求他们分别向各驻在国政府递交照会，内容主要涉及：各国尊重所有国家的贸易权；各国势力范围内税款由中国政府征收；各国在各自势力范围内不强征任何歧视性税款。可见，美国的门户开放政策是在承认列强在华势力范围和既得利益的前提下，要求利益均沾、机会平等。即便如此，各大国对美国照会的态度也是不一样的。只有意大利表示无条件接受，其余各国都作了不同程度的保留，而俄国的回答是有条件的和含糊的，实际基本等于没有接受。不过约翰·海在接到各国回复后，自行宣布有关国家都已接受美国提出的原则。

　　几个月后，门户开放政策受到了考验。1900年中国爆发反帝爱国的义和团运动。八国列强组成联军侵入中国进行血腥镇压，中国也面临被列强肢解的危险。美国担心各国乘机把势力范围变为各自的殖民地，从而使门户开放政策化为泡影，便于当年7月3日向各国发出了第二次门户开放照会，宣称美国的政策是维护"中国领土和主权"以及"在中华帝国境内平等公正贸易的原则"。较之前次照会有了更为明确的含义——阻止由一个或若干列强主宰中国、独占中国利益的企图。

　　门户开放政策的提出，标志着美国作为一个大国有了它独立的对华政策，而不再追随和附和其他国家，充当次要角色，这使得美国在列强侵华活动中的地位也有了显著的提高。从此，美国更积极、更活跃地参加帝国主义大国在中国的角逐。而随着世界形势的变化和本国实力的增强，美国又不断对门户开放政策增添新的内容，做出新的解释。也正因为门户开放政策能够适应美国在不同历史条件下向中国扩张势力的需要，因此它在相当长的时期内成为美国对华政策的基石。

作为第46个州加入联邦。

1908 年
11 月，威廉·塔夫脱当选总统。

1911 年
5 月，美国参加四国银团与清政府订立《粤汉、川汉铁路借款合同》。

1912 年
12 月，塔夫脱总统提出金元外交政策。

知识链接

金元外交

　　20世纪初，随着金融资本的发展，美国国内过剩资本日益增多，迫切需要大力开拓海外投资市场。正是在这样的背景下，1909年继西奥多·罗斯福后上台的威廉·塔夫脱提出了"金元外交"政策。所谓金元外交，用他自己的话说就是"以金元代替枪弹"的政策，是为使"我们的资本家获得赚钱的投资机会而积极干预"的政策。

金元外交的主要目标是拉丁美洲，尤其是中美洲各国、加勒比海地区和墨西哥。美国政府支持和鼓励美国银行家向这些国家投资，使美国的资本像潮水般涌入拉美。通过这样的方式，美国不但获得了超额资本和商品出路，还进一步攫取了这些国家的关税、铁路方面的控制权。

落后的中国同样也是美国推行金元外交的重要场所。塔夫脱政府大力支持美国资本从争取铁路投资入手，将美国对华商品输出扩大到资本输出，使门户开放由工商业机会均等进一步扩大到在全中国享有均等的投资机会。1910年，强行加入湖广铁路借款就是塔夫脱政府在中国发动金元外交攻势的一个重大步骤。塔夫脱说："在中国鼓励金融投资……已经产生使门户开放政策得到新的生命和实际应用的效果。"

需要指出的是，"用金元代替枪弹"并不是放弃枪弹，而是以金元作为"武力的先驱"，或者将金元和武力相结合对弱小国家进行资本输出和经济侵略。每当美元不能奏效时，塔夫脱也像罗斯福一样，打着门罗主义的旗号进行武力干涉。

一战前后

　　进入 20 世纪，随着第二次工业革命基本完成和工业化全面实现，美国成为世界工厂，世界工业强国的地位也获得巩固。在社会经济制度领域内，自由资本主义已经发展为更高的阶段，从巨型企业、大银行到垄断大财团，直到垄断资本主义在美国最后确立。科学创新和技术发明也进入了突飞猛进的发展阶段，新发明层出不穷，新产品令人眼花缭乱，新的工业体制和管理体系也随之诞生和日趋完善。整个美国社会都发生了令人震惊的划时代的巨大变化，从底层到上层，从经济到政治，从思想文化到社会习俗，甚至连美国人自身的生存方式似乎都发生了根本性的变化。

　　整个 19 世纪，美国因大西洋提供的缓冲而远离欧洲纷争。然而到了 20 世纪初，一系列事件的发展结束了这个国家孤立于战争之外的和平与安宁。不断扩张的世界贸易将美国的国家利益与欧洲的命运纠结在一起，而且，蒸汽驱动的轮船和潜艇的发展意味着外国海军可能威胁到美国安全。随着大西洋彼岸的欧洲列强加紧秘密外交和军事结盟活动，最终将世界引入一场史无前例的战争深渊之中。美国在战争爆发三年后成为参战国，受战争损害不大，却在战争中发了大财，并刺激了随后若干年的经济繁荣。而欧洲各交战国在这场空前的残杀中元气大伤，古老的王朝被推翻，强大的帝国土崩瓦解。曾在 19 世纪支配全球的"欧洲时代"终结。

一战时的征兵宣传画

　　1917年美国放弃孤立主义，投身协约国方面作战。对于参战的理由，威尔逊总统在国会参众两院联席会议演说中称："权利比和平更加珍贵，我们应该为永恒的理想而战……美国有幸付出鲜血和努力的一天已经来临。这是为了美国珍视的原则而战斗，美国就是在这些原则下诞生并获得幸福的。"

爱迪生："门罗公园的魔术师"

1931年10月18日，美国政府下令全国停电1分钟，自由女神手中的火炬也暂时熄灭。这一刻的黑暗是为了悼念伟大的发明家托马斯·爱迪生的离世。52年前，正是爱迪生经过上千次实验，研制成世界上第一只白炽电灯泡，"点亮了世界"。

爱迪生1847年出生于加拿大，父亲是一个会木工手艺的农民，母亲在乡村当过教师，7岁时爱迪生随父母移居美国密歇根州。爱迪生仅受过三个月的学校教育，但他勤奋好学，并且很早就对科学实验产生了浓厚的兴趣。1869年，爱迪生发明了普通印刷机，利用这项专利权所得，他在新泽西州纽瓦克市的沃德街建了一座工厂，专门制造各种电气机械。1876年费城举行百年纪念展览会，展出过去一百年美国所发明出来的各种成果，其中包括了爱迪生的很多发明。

1876年初，爱迪生一家迁至新泽西州的门罗公园，在这里他建立了现代研究实验室的原型。那是一幢长方形的楼房，在楼下，是爱迪生自己的办公室、工作室和书房；楼上是实验室，工人的车间也在这里。在这个发明工厂，爱迪生打破了以往科学家个人独自从事研究的传统，他把许多不同专业的人组织起来，由他提出研究课题并分派任务，共同致力于一项发明，从而开创了现代科学研究的正确途径。

爱迪生说过："发明的最佳方法是充分网罗足智多谋的天才，然后把他们组织起来，顽强地去追求他们的目标。"而且，这个发明工厂成为美国许多大型工业研究机构的先驱，对美国重视实用科学研究传统的形成产生了重要影响。用亨利·福特的话说："爱迪生明确地结束了理论科学家同实用科学家的区别，使我们今天一想到科学上的发现时，总连带想起这些发现可能在现在或将来应用于人类的需要。他以严密的科学知识代替工业上光凭老经验的方法，另一方面他又把科学研究引入有用的渠道。"

发明工厂建立后，新的发明一项接着一项，新的产品一个接着一个被制造出来，人们都把爱迪生称为"门罗公园的魔术师"。1877年，爱迪生改进了早期由贝尔发明的电话并使之投入实际使用。有人评价说："虽然电话的发明无疑应归功于贝尔，但是没有爱迪生革命性

1866年
第一条跨大西洋电缆铺设完成。

1876年
亚历山大·贝尔发明电话。

1878年
爱迪生获得留声机发明专利权。

1879年
托马斯·爱迪生发明电灯泡。

1880年
美国贝尔电话公司成立。

1882年
9月，爱迪生在纽约珍珠街建立第一座中心电站。

1883年
纽约至芝加哥第一条长途电话开通。

1891年
爱迪生发明电影摄影机。

1893 年
世界博览会在芝加哥举行。

1895 年
威斯汀豪斯电力公司在尼亚加拉瀑布城建成第一个发电网。

的基础改良，它在世界范围内的应用就要缓慢得多。"不久爱迪生还发明了他心爱的一个项目——留声机。当爱迪生公开展示他的"锡箔筒式留声机"时，轰动了全世界。

此后，爱迪生又以惊人的智慧和罕见的毅力，经过十几个月的研究，进行 1300 多次实验，终于在 1879 年 10 月 21 日研制成世界上第一只白炽电灯泡。圣诞节的时候，他用几十个新灯泡装饰了实验室周围的空地，成千上万的人们蜂拥而至，来见识"门罗公园的魔术"。这位发明家夸耀说，很快他将点亮整个城镇，甚至点亮像纽约这样的大城市。此后他开始逐步改进照明系统，终于在 1882 年 9 月，美国第一座中心发电站在纽约建成，美国也因此成为电力工业的故乡。

爱迪生的生活、工作方式没有规律。工作需要时，就在中午干活，也可以在半夜干，他既不在乎今天是星期几，也不在乎现在是几点钟。如果感到累了，他会在白天大睡起来。在他的头脑中不断产生一些新的设想。不论是与朋友共同进餐，或是交谈之时，只要有了新的设想，他就会掏出笔记本，立刻记下自己的想法。一本笔记通常几天就用完了，爱迪生一生共做了 3400 本笔记。另外，爱迪生从不因为失败而气馁。为了获得某种发明，有时候要进行上千次的试验，一种办法不行再换一种，直到将问题彻底解决，这就是门罗公园的精神。

终其一生，爱迪生和他的发明工厂共获得 1093 项发明专利。除了在留声机、电灯、电话、电报、电影等方面的发明外，在电力开发、电器制造和推广电能应用等方面也为人类的文明和进步

手持灯泡的爱迪生及留声机的宣传海报

作出了巨大贡献。

知识链接

工业研究实验室

1876 年，爱迪生在门罗公园建立的第一个工业实验室，不但在爱迪生一生的事业中具有不可估量的意义，而且在美国历史上也是一个创举。因为这是美国第一个有组织的工业科学研究机构。实验室的工作人员包括科学家、工程师、技术人员、工人共 100 多人，他们在爱迪生的统一领导下，分工合作，集体研究，爱迪生的许多重大发明就是靠这个集体的力量才获得成功的。美国著名历史学家丹尼尔·布尔斯廷说："爱迪生的发明工厂是地地道道的工厂，他要在这个工厂里把发明变成大规模的买卖，以满足市场的需要。虽然这个工厂办在一个与世隔绝的村庄里，但它的目的不是要成为一个研究所或者科学思考的退隐地。正如火炉工厂把能够制造火炉的各种部件的工人调集到一起一样，爱迪生是要把能够制造一项发明物的不同部件的人调集到一起。"

20 世纪初，意识到工业研究重要性的美国工业企业先后大规模组建自己的研究部门，并雇佣大学科学家。一大批工业研究实验室迅速崛起，通用电气实验室、杜邦实验室、柯达实验室、美国橡胶公司实验室、新泽西美孚石油公司实验室、贝尔电话实验室等，几乎包含了所有的重要产业，如石油、化学、电话等等。这一逐渐被工业界普遍采用的工业研究实验室模式被誉为"发明之发明"，企业提供大量资金资助科学家进行研究、发明和创造，科学家们的新发明、新创造反过来给企业带来新产品、新成果。这是科学技术迅速转化为生产力、新产品迅速产业化的有效途径。所以，哲学家怀特海说："19 世纪最大的发明就是找到了发明的方法。"

摩根:"华尔街的朱庇特"

1893 年
美国爆发严重的经济危机。

1896 年
共和党人威廉·麦金利当选总统。

1900 年
3 月,国会通过《金本位制法》。

1901 年
2 月,摩根创建美国钢铁集团公司。
8 月,美国钢铁公司工人举行大罢工。

1907 年
10 月,纽约人信托公司发生挤兑引起其他银行连锁反应,导致金融危机。

约翰·皮尔庞特·摩根与洛克菲勒、卡内基同为 19 世纪末美国经济界三大巨头,但他的个人资产少得多,他逝世时留下的遗产据估算仅有 6000 万美元(另有与这个数额相当的艺术品),洛克菲勒在公开场合评论说,这点财产甚至还不足以让摩根称得上是一个"富人"。但就是这个还未必称得上富人的金融巨头,曾两次将美国从金融崩溃的边缘拉回来,解决了当时美国总统束手无策的燃眉之急,《华尔街日报》称他为"华尔街的朱庇特(罗马神话里的众神之主)"。可见,摩根的影响力主要体现为他在美国金融界呼风唤雨的能力,而不是个人所创造的财富。

摩根与同时代的多数商业和金融巨头不一样,他不是白手起家的。父亲朱尼厄斯·摩根是成功的金融商人。摩根从小接受的是贵族式教育,四方游历,视野广阔。从德国哥廷根大学毕业后,父亲为他在华尔街开办了一家商行,从事投资与信贷等银行业务。家庭的熏陶使摩根年轻时就敢想敢干,很富有商业冒险和投机精神。内战时期,通过几次成功的黄金投机生意打下了雄厚的经济基础。

19 世纪 80 年代,随着生产的不断集中,企业规模不断扩大,资本的需求也急剧增加。摩根抓住时机,将银行资本深入工业资本之中,形成了美国第一个大垄断财团,进而控制了铁路、钢铁、航运等多个行业的命运。但摩根并不以此为满足,他又把目光投向世界,开始向世界扩张,而扩张最有力的、也是摩根很早就已运用熟练的工具,便是利用其庞大资本购买外国政府的国债。

19 世纪 90 年代,摩根和德国银行联合组织了辛迪加,以墨西哥油矿及铁路权作为担保的实惠条件认购了墨西哥上亿美元的公债;此后,摩根又毅然出资购买了 7500 万美元的阿根廷政府公债;就连大英帝国——因进行布尔战争及与德国的军备竞赛而使财政陷入了极端困难境地——也不得不向摩根求援,摩根总共认购了价值达 1.8 亿美元的英国政府公债。摩根银行的足迹遍布全球,可以毫不夸张地说,摩根成了世界的债主。

进入 20 世纪,机会再次垂青摩根。1900 年,钢铁大王卡内基突然宣布要出让他的钢铁王国。摩根经过多方努力最终以时价的 1.5 倍买下了卡内基的企业，次年组建了资产总额高达 8.5 亿美元的美国钢铁公司。这一大手笔进一步巩固了摩根在华尔街的地位，不久之后，摩根又投资矿山，以 7500 万美元的高价收购了洛克菲勒旗下最大的检瑟比矿山，从而保证了优质铁矿石原料的供应。很快美国钢铁公司就控制了美国钢产量的 2/3，资本额高达 14 亿美元——在联邦年度支出不足 5 亿美元的时代，这实在是一个惊人的数字。

作为金融界的绝对领导者，摩根也多次义无反顾地承担起美国金融业"救世主"的角色。可以说，在美国中央银行储备体系建立和完备以前，摩根银行就是"美联储"。

1907 年，美 国 金融市场突遇严重的流动性问题而濒临崩盘，在国外的摩根匆忙回国主持大局。他不顾旅途劳累和感冒体虚，紧急会晤了几位合伙人和纽约金融界、商界的一些人，

摩根在纽约的家

在确定风险的程度之后，他接着聚拢一帮年轻人连夜查账，看看哪些金融公司应该没法保全，哪些还可以挽救。做完这些事情后，他便开始筹集流动资金。他先注入了自己的资金以解燃眉之急，然后罗斯福政府给了老摩根 2500 万美元政府基金使用权以缓解危机。之后他在自己的宅邸把银行家们召来，要他们立即按 10% 的利息借出他们的钱并承诺保证市场流动性。当证券交易所得知那些存钱的会员银行可以得到钱，恐慌开始消退。

连续 19 个小时的超负荷运转，对于一个 70 岁并已掌控华尔街多年的老人来说，相信赚再多的钱也不会让他如此拼命，支撑他的只能是责任心，维护美国国家信用的责任心。作为一个银行家，摩根一

直将信用看得无比重要。他甚至提出，在衡量放贷条件时，他将借贷者的人格，看得比他的抵押物更重要。这在一个商业游戏规则尚不明确的时代是难能可贵的。

知识链接

美国垄断财团

19世纪末20世纪初，经济的蓬勃发展加速了工业生产和银行资本的集中，集中发展到一定阶段就自然而然走到垄断。垄断财团就是美国资本主义从自由竞争向垄断过渡的产物，是由少数金融寡头所控制的巨大银行和巨大企业结合而成的集团。

20世纪初，东部的工业垄断组织和银行垄断组织结合形成第一批垄断财团，其中洛克菲勒财团和摩根财团控制了美国国民财富1200亿美元的1/3左右。一战后，垄断资本加紧从东部向中西部推进，形成八大财团控制美国经济的局面。二战后，随着新财团崛起又出现十大财团统治美国的格局。此外，还有一批二流财团在金融业、制造业中拥有一定势力，并同大财团保持着密切的关系。垄断财团不但凭借其雄厚的金融资本和工业资本，掌握着美国国民经济的命脉，而且还通过操纵总统竞选和国会改选的途径，争夺政府要职和国会席位以左右政府的决策。同时各大财团组织各种委员会、协会、同业公会等公众团体，针对美国的财政、金融、外贸等经济问题，发表调查报告或研究论文，提出有利于财团的各种建议，设法对政府施加影响。

20世纪50年代下半期到70年代上半期，由于科学技术的进步和产业结构的调整变化，大公司、大企业纷纷跨行业实行多种经营，各大财团也转向经营多样化，成为综合性的财团，同时财团原有的单一家族控制色彩大为减退。由于各财团互相渗透，财团的界线愈来愈模糊不清，几个财团共同控制的大公司日益增多。

汽车大王福特的梦想

在 1999 年的世纪末评选中，福特 T 型车被评为"世纪之车"。亨利·福特则获得了《财富》杂志"20 世纪最伟大企业家"第一名的殊荣。他"为全世界大多数人造车"的理想，使汽车迅速普及，深刻地改变了 20 世纪的人类生活。

亨利·福特 1863 年生于密歇根州的一座农庄，父母是来自爱尔兰的移民。他从小就对机械感兴趣，16 岁离开家乡到底特律当了一名机械师学徒工。1887 年福特进入爱迪生照明公司担任工程师。但直到 40 岁时，他仍被视为一个沉迷于机械的失败者。

就在 40 岁这一年（1903 年），福特创立了自己的汽车公司——福特汽车公司，同年，公司生产出第一辆福特牌汽车。当时的一个著名赛车运动员将这辆车命名为福特 999 型，并带着它周游美国。这样一来福特在美国就出名了。成立仅 4 年，公司的资产总值就超过了百万美元。但五六千美元的价格使汽车只能是富人的专利，亨利·福特有一个伟大的梦想，就是每一个自食其力的美国人都有一辆福特车，同他的家人一起在上帝的广袤土地上共享快乐时光。

5 年后，福特公司又推出 T 型福特汽车——一个简单而坚固的轮上"铁盒子"。这种被人们亲切地称为"老爷车"的汽车非常轻便，维修起来也十分容易。一些车主称他们所需要的维修工具就是一把钳子和一些金属丝。如果汽车和往常一样遇到糟糕的路面

1892 年
J. 杜里埃试制成功美国第一辆单缸汽车。

1896 年
美国制造商全国联合会成立。

1903 年
莱特兄弟在北卡罗来纳试飞第一架飞机。

1905 年
工人运动领袖德布斯等人在芝加哥组建世界产业工人联盟。

1910 年生产的 T 型车

而不能行驶时，一个健康的男士就可以将它抬起来。汽车所需的零部
件也都有统一标准并且到处可以买到。最重要的是，这种汽车价格也
比较亲民，仅售 850 美元。这种大众化汽车上市后深受欢迎，甚至畅
销欧洲。

为了让更多的普通人买得起汽车，5 年后，福特又设计出完善的
装配线和统一精确的通用零部件，还创造出依靠非熟练工人在中心
装配线上使用通用零件的大规模生产方式。1913 年 4 月，世界上第
一条流水生产线在福特汽车公司诞生。流水线的精髓是以流程为本、
保证流程本身的顺畅和效率。其具体原则包括：按照操作程序安排
工人和工具，这样，在整个走向成品的过程中，每个部件都将经过尽
可能短的距离；运用工作传送带或其他传送工具；运用滑动装配线，
需要装配的零件放在最方便的距离处。运用这些原则，工人减少了无
谓的思考和停留，把动作的复杂性减少到最低程度，几乎只用一个动
作就完成一件事情。这就进一步降低了对工人手工技能的依赖，从而
降低成本，提高效率，使机械化的大批量生产成为可能。

1913 年夏天，在福特工厂的所有车间，全部安装了自动生产流水
线，产品的生产工序被分割成为一个个的环节。在生产一辆汽车时，
汽车车身被放在传送带上，工人们在装配线上只需完成一项简单的
任务，而汽车零部件则按管理人员控制的速度送达给工人。川流不
息的传送带，把整个工厂联系在一起。借助流水线，生产一辆汽车的
时间大大减少，从原来的 12 小时零 8 分钟减少到 2 小时 35 分钟，到
1914 年更降为 1 小时 33 分钟。在此期间，福特汽车公司的生产再次
实现了翻番，可是工人的数量不仅没有增加，反而从 14336 人减少到
了 12880 人。

随着劳动生产率提高，成本大大降低了。而每当成本下降，福特
就以一种特别的热情来下调 T 型车的价格。他说："轿车价格每降低
1 美元，我就可以新增 1000 个购买者。"从 1908—1916 年，福特 T 型
车每辆售价从 850 美元降为 360 美元，而年销量从 6000 辆增长为 6
万辆。1918 年，半数在美国运行的汽车是 T 型车。福特公司成为 20
世纪初世界最大的汽车公司，福特本人也被称为"汽车大王"。

福特的梦想成为现实，汽车终于变成大众消费品，成了美国家庭

的标准装备。福特赋予了这个幅员辽阔的国家以前所未有的可移动性——这种可移动性最后蔓延到了整个世界。1947年4月3日，亨利·福特去世。在举行葬礼的那一天，美国所有的汽车生产线停工1分钟，以纪念这位"汽车界的哥白尼"。

知识链接

泰罗的科学管理

　　弗里德里克·泰罗的科学管理思想形成于19世纪末20世纪初，他创建的科学管理理论体系被称为泰罗制。由于泰罗制的实施，当时的工厂管理开始从经验管理过渡到科学管理阶段。福特的流水线生产方式就是运用泰罗制技术成果的典型。

　　泰罗认为，企业管理的根本目的在于提高劳动生产率，企业效率低的主要原因是管理部门缺乏合理的工作定额，工人缺乏科学指导。因此，必须把科学知识和科学研究系统运用于管理实践，科学地挑选和培训工人，科学地研究工人的生产过程和工作环境，并据此制定出严格的规章制度和合理的日工作量，采用差别计件工资调动工人的积极性，实行管理的例外原则。泰罗科学管理的特点是：从每一个工人、每一件工具、每一道工序抓起，在科学实验的基础上，设计出最佳的工位设置、最合理的劳动定额、标准化的操作方法、最适合的劳动工具。泰罗的科学管理系统将工人的潜能发挥到无以复加的程度，有人形容，在实行泰罗制的工厂里，找不出一个多余的工人，每个工人都像机器一样一刻不停地工作。但泰罗强调，工时研究和工作分析绝对不是让工人拼命，而是要找出一个工人正常工作时的标准定额；研究一个工人能年复一年地正常地完成一个劳动日的最佳工作量。

　　从1909年起，泰罗每年都被邀请到哈佛大学讲课。很多军队机构也邀请他前去讲学和指导，其中包括大名鼎鼎的美国陆军军械部、布鲁克林海军造船厂等。至今，泰罗提出的科学管理理论依然被认为是现代管理科学发展的起点。

艰难的中立政策

1911 年

1 月，在旧金山航空大会上，陆军中尉克里西驾机成功投掷一枚真炸弹。

4 月，第一所陆军航空学校建立。

5 月，海军航空兵诞生。

11 月，民主党人伍德罗·威尔逊当选总统。

1912 年

1 月，新墨西哥作为第 47 个州加入联邦。

1914 年欧战爆发后，美国赶忙强调它与欧洲的不同，宣称无意于介入欧洲战端。威尔逊总统于 8 月 4 日正式宣告美国保持中立。8 月 19 日他又发表讲话，呼吁美国人"无论在实际上还是在名义上都要保持中立，在思想上和行动上都要不偏不倚"。

美国所以奉行中立政策，首先是基于美国的孤立主义传统。自建国以来美国就避免卷入欧洲事务，不与任何欧洲国家结盟，这也是国父华盛顿的政治遗嘱。此后随着战报不断传来，多数美国人都很担心自己被拖入到欧洲的这场浩劫之中，反战情绪日益高涨，1915 年最流行的歌曲名字就叫《养孩子不是为了当兵》。1916 年竞选连任时，威尔逊正是凭借着"他使我们免于战争"的口号战胜了受主战派支持的共和党候选人。然而，中立原则写在纸上可以，实际情况却要复杂得多，真正做到不偏不倚也几乎是不可能的。

在意识形态上，威尔逊及其顾问们更喜欢英国和法国的民主特性，而不喜欢德国的军国主义气质；在感情上，民族成分复杂的美国人发现自己四分五裂：语言和文化的共同性使许多美国人站在协约国这一边，但同盟国方面也不乏同情者。德裔美国人往往表达出对母国政策的支持，而爱尔兰裔美国人觉得没有理由支持可鄙的英国人，美籍犹太人也支持同盟国，这部分是由于他们的德国渊源，部分是由于俄国的反犹倾向。所以威尔逊说："我们必须中立，否则我们自己内部就会先打起来。因为我们国家人口成分复杂多样。"

但是，美国中立政策的最大挑战还是来自外部。在国际法下，中立国可以与交战国任一方进行自由贸易。但战争胜负关系重大，战争方式残酷野蛮，致使交战双方不惜破坏、打击中立国与对方的贸易，而将法

孤立主义岌岌可危

律与道义置于不顾。恰如英国首相劳合·乔治所言："为自身的生存而战斗的各国，不能总是停下来检查细枝末节。它们的每一项行动都是一种作战行为，而它们对待中立国的态度则不是受制于和平时期的常规惯例，而是要受制于生死搏斗之下的迫切需要。"

事实上也是如此。战争刚爆发，英国就凭借海上优势对德国和中欧国家实行封锁，以阻止中立国与同盟国的贸易。美国政府以《伦敦宣言》为据，对这一明显侵犯中立权的做法提出了强烈抗议，指出："非交战国之间的事业不应被从事战争的国家干扰，除非这种干扰明显的是出于保护他们的国家的安全的紧迫需要，并且即便那时也只能做限于必要程度的干扰。"但英国不予理睬，而且为了防止禁运品流入中欧国家，英国海军甚至搜查美国邮船的包裹。这在美国人看来是对个人航海自由的严重侵犯。美国政府在抗议照会中表示："不能再容忍由于这些方法使美国公民遭受到以及继续遭受的这些恶行之辱。"1916 年 7 月，英国又把有与同盟国交易之嫌的 87 家美国公司列上了黑名单，禁止其臣民与这些公司进行贸易，未列入名单的美国和其他中立国的公司也不再敢与他们有业务往来。这实际上等于取消了黑名单上的美国公司做生意的权利。当美国发出抗议时，英国回答说，在一场生死存亡的战争中，他们不敢固守陈旧的国际法规则。

英国的封锁政策，最终导致美国对同盟国的直接贸易全部停顿，间接贸易也大部分中断。美英关系频频出现危机。但英国也不想把美国逼得太紧，毕竟他们还需要美国的贸易才能生存，所以始终坚持"在不与美国决裂的前提下实行最大限度的封锁"这一原则。而战争使美国对协约国的贸易额增长了三四倍之多，刺激了美国重工业的发展，也为美国农业提供了巨大市场，推动了美国的经济繁荣。所以美国也无意同英国闹翻，而是在事实上认可了英国海军对德国的封锁。

到 1915 年，美国已从一个所谓的中立国逐渐变成了协约国的军火库。截至 1916 年，美国共售给英法两国价值 30 亿美元的武器装备，而售给德国和奥匈帝国的加起来也只有 100 万美元。随着战争进程向前推移，美国中立政策的天平不断地向协约国这一边倾斜。

2 月，亚利桑那作为第 48 个州加入联邦。6 月，建立海军陆战队航空兵。

伦敦宣言

1909 年英法德奥俄等十国在伦敦签署的海战法宣言，其中规定在战争期间禁止把食物和原料列为禁运品。后英国议会并未批准这一宣言。一战爆发后，英国据此宣称不履行伦敦宣言的义务。

1914 年

1 月，海军航空学校建立。

8 月，第一次世界大战爆发，美国宣布中立。

12 月，美国照会协约国，抗议破坏中立国贸易。

1915 年

战时经济繁荣开始。

第一次世界大战爆发

1914 年 6 月 28 日，奥匈帝国为了震慑塞尔维亚境内的民族独立运动，在塞尔维亚邻省波斯尼亚举行军事演习。奥匈王储弗兰茨·费迪南大公亲自检阅演习，但却在波斯尼亚首府萨拉热窝被一个塞尔维亚民族主义者刺杀身亡。

瓜分塞尔维亚，甚至全部吞并塞尔维亚，粉碎大塞尔维亚主义是奥匈帝国的既定国策，这一事件提供了千载难逢的机会。1914 年 7 月 26 日，奥匈帝国在德国的怂恿和支持下对塞尔维亚宣战。塞尔维亚向其斯拉夫朋友俄罗斯寻求帮助，俄罗斯一向对巴尔干怀有野心，自居为斯拉夫人东正教小国的保护者，不能容忍奥匈帝国对塞尔维亚的征服，于 7 月 30 日开始总动员。俄国又希望得到法国的支持。法国担心有朝一日会单独同德国作战，并企图重新获得阿尔萨斯—洛林，所以决定支持俄国，于俄国宣布总动员的同一天也开始了军事准备。德国决心一战，7 月 31 日向俄法两国同时发出最后通牒。8 月 1 日，德国对俄国宣战，两天后对法国宣战。

起初，英国犹豫不决。但 8 月 4 日德国入侵比利时让英国下定了决心。绝不允许任何国家控制低地国家一向是英国政策的一个基本原则，更何况德国与英国争霸已久，英国也迫切希望遏制德国的扩张野心。于是英国于 8 月 4 日对德国宣战。最终，土耳其加入德国和奥匈帝国一方，构成同盟国集团；日本和意大利一起加入英、法和俄国一方，成为协约国集团。第一次世界大战在欧洲爆发。

从中立走向战争

1917 年 4 月 2 日,一个阴雨天的傍晚,威尔逊总统在国会参众两院联席会议上发表了如下演说,他称:"带领这个伟大的爱好和平的民族进入历史上最残忍、最具灾难的战争,本身是一件非常可怕的事情。……但权利比和平更加珍贵,我们应该为永恒的理想而战——为民主,为那些争取参政权利的人,为那些小国的独立和自由,为自由民族的普遍权利而战。……美国有幸付出鲜血和努力的一天已经来临。这是为了美国珍视的原则而战斗,美国就是在这些原则下诞生并获得幸福的。"4 天后,美国从中立走向战争。

促使美国走向战争的直接原因是德国的无限制潜艇战。德国是为了打破英国的海上封锁并阻止协约国的货物流通,于 1915 年 2 月宣布开始潜艇战的。美国曾依据国际法事先对德国提出抗议并警告:如果美国船只和美国人的生命遭到非法毁灭,德国应承担严重责任,美国政府将采取必要的措施维护本国公民在公海上航行的权利。

3 月 28 日,英国客轮"法拉巴"号被德国潜艇击沉,船上一名美国乘客溺水身亡。5 月 1 日,又有一艘美国油轮被德国鱼雷击中,3 名美国人丧生。直至"卢西塔尼亚"号事件的发生,美德关系陷入严重危机。"卢西塔尼亚"号是一艘豪华英国客轮,5 月 7 日在爱尔兰海面未受警告就被德国潜艇击沉,1152 名旅客遇难,其中有 128 名美国公民。美国舆论纷纷谴责德国暴行,将德国的

1915 年

5 月,"海湾之光"号油轮被德国潜艇击沉。"卢西塔尼亚"号沉没。

8 月,纽约《世界报》揭露德国在美国的间谍活动。

"卢西塔尼亚"号客轮

行径称之为"大屠杀"。有人甚至主张与德国断绝外交关系并借机参战。

总统威尔逊并不想放弃中立政策, 在关于"卢西塔尼亚事件"的照会中, 他以人权的名义呼吁德国政府停止攻击非武装商船, 要求德国道歉和经济赔偿, 并保证此类行动不再发生, 还第一次宣布了美国人乘坐交战国船只旅行的权利。威尔逊还宣称继续这种不加警告击沉船只的政策将被美国视为"蓄意为敌"。最后德国决定让步, 向美国道歉并同意赔偿。

但和平仅仅维持了 7 个月。1916 年 3 月 24 日, 非武装的法国客船"苏赛克斯"号又被德国鱼雷击中, 80 多人死亡, 7 名美国人重伤。威尔逊警告, 除非德国许诺不再在无预警的情况下击沉任何商船和客轮, 否则美国就断绝与德国的外交关系。柏林方面亟需美国保持中立, 就同意了美国的要求。这个所谓"苏赛克斯保证"使 1916 年剩下的几个月中, 德国与美国之间的紧张关系得到了缓和。

几次由潜艇战引发的美德关系危机均以德国暂时妥协而告终, 但这只是德国的权宜之计。1917 年 2 月 1 日德国再次宣布, 对于战区内截获的所有船只, 无论是交战国还是中立国的, 一律在无预警的情况下将其击沉。对此, 威尔逊别无选择, 只得宣布断绝与德国的外交关系。

德国政策已使美国参战不可避免, 但又一事件的发生进一步清除了美国参战的障碍。2 月 25 日, 英国送给威尔逊一封截获的、由德国外长阿瑟·齐默尔曼发给德国驻墨西哥大使的电报。电文建议一旦德国和美国开战, 墨西哥与德国联手与美国对抗, 德国允诺将帮助墨西哥收复 1840 年代丧失的土地——得克萨斯和美国西南大部——作为回报。显然, 德国是希望"给美国的咽喉处安插一个敌人", 使其在美洲自顾不暇, 疲于应付, 从而减轻美国参战可能对欧洲的压力。齐默尔曼电报公布后, 美国舆论大哗, 反德浪潮席卷全国。

此后的事态发展愈发严重, 继续有美国海船被德国潜艇击沉, 更多的美国人丧生。4 月 6 日, 国会最终通过宣战决议。威尔逊称之为"为了民主的十字军东征"和"为结束所有战争的战争"。

德国无限制潜艇战

德国无法与英国在海面上匹敌，就从 1915 年初开始启动改进的新潜艇，试图阻断英国的军需补给。1915 年 2 月 4 日，德国宣布英伦三岛周围为战争区，据此，一切驶入这一战区的地方商船均将在无预警的情况下遭到鱼雷的攻击。中立国的船只通过此处，也不能保证其安全。德国人宣称要亲眼看见敌人的船舰沉没大海。

潜艇是海军在技术上的新发展，对国际法也构成严重的挑战。国际法要求，凡是战船在公海上对其他船只发动进攻，必须事先警告其攻击目标，这样就可以让船上的乘客有足够的时间登上救生艇，然后营救沉船之后的生还者。另外，凡是被疑为运载违禁品的商船在遭到攻击之前，必须接受"登船检查"。潜艇则是在水面下进行偷袭，因而违反了国际法。

1916 年的凡尔登大战使德国感到正在输掉这场战争，德国海军高级将领宣称，如果实行无限制的潜艇战，在 6 个月内便可使英国屈膝投降。德国一些经济学家也做出错误估计，认为每月击沉 60 万吨商船，连续 5 个月就会把中立国的船队从英国赶走，英国就会闹粮荒。德国陆海军领导人对美国参战在军事上能够发挥的作用也做了过低的评价。这就使德皇威廉二世做出决定，1917 年 2 月 1 日起开始无限制潜艇战。

无限制潜艇战开始后，一度给英国和其他协约国的海上运输造成严重损失，但随着护航制和其他反潜措施的实行以及美国的参战，协约国和中立国方面的商船损失逐渐减少，德国的无限制潜艇战走向失败。

威尔逊的政治理想

1918 年

1 月，威尔逊宣布十四点计划。

十四点计划

其内容基本可归纳为 3 个范畴。首先是提出了规范未来国际行为的 5 项原则，包括废除秘密外交，保持海上自由，消除一切贸易壁垒，削减军备以及根据有关人民意愿公正地调整一切殖民地。其次是调整战后疆界、建立取代奥匈帝国和奥斯曼帝国的新国家的 8 项具体建议。第 14 点也是最关键的一点，是创立一个国际联盟，以确保所有国家——不论大小——的政治独立和领土完整。

4 月，成立战时财政委员会。

12 月，威尔逊总统率团参加巴黎和会。

1919 年

《凡尔赛和约》签字。

11 月，参议院否决《凡尔赛和约》。

在美国历史上，伍德罗·威尔逊是历届总统中受教育最多、学历最高的一位，先后就读于普林斯顿大学、弗吉尼亚大学和霍普金斯大学，毕业后长期在大学任教，教授历史学、政治学和法理学，1902 年开始任普林斯顿大学校长，直至 1910 年竞选新泽西州州长获胜，开始步入政坛。他可能也是唯一在进入公职生活之前花了 20 余年时间研究行政首脑权力和责任的总统。他认为总统的职务就是："去做他的才智和力量限度之内的一切事情。只要他凭才能可以做到的事，都可以不受限制地去做。"

威尔逊相信自己是被上帝选中的人之一，他曾说过："如果我的生命不是为了宗教的驱动力而存在，那我这一生就不值得过。"这与其生长环境和家庭熏陶不无关系。他出生于弗吉尼亚一个宗教氛围浓厚的家庭，父亲是长老会牧师兼神学教授。威尔逊终其一生伴随着这样的信念：他被选择来带领、教导和鼓舞人民。1912 年入主白宫后，他就是带着这样的自信朝向自己的目标前进。

在外交方面，威尔逊虽然缺乏经验，但他不缺乏有关全球事务的想法和信念。他把自己看成是一个命中注定要帮助创造新世界秩序的人，这个世界新秩序由道德和理想主义而非国家利益掌控。他相信美国有推进世界民主和道德进步的宗教义务。在 1917 年的战争咨文中，他曾强调"我们不想征服，也不想控制"，"我们不要求赔款，也不为我们自愿做出的牺牲要求物质赔偿。我们只是人类权利的卫士之一"。1918 年 1 月 8 日，威尔逊在国会发表的十四点计划充分体现了这一政治理想。

1918 年 12 月 18 日，威尔逊抵达欧洲参加巴黎和会。崇拜者们把他围了个水泄不通。赫伯特·威尔斯回忆说："在这历史的关键时刻，威尔逊总统来了。他给全世界人民带来了福祉。全世界都因为他的到来而沸腾……他不再仅仅是一位总统，分明是人类的救世主。"德国人相信了威尔逊的十四点和平原则，在投降书上签了字。他们相信德国会得到公正的对待。在德国小镇上，人们举着标语迎接回国的军队。标语上写着："欢迎回家，勇敢的战士们，你们的任务已经完成。

上帝和威尔逊会替你们做下去。"

但参会的各国政客并不赞同他的乌托邦热情。协约国在战争中损失惨重，他们的领导人都想对德国进行严厉惩罚，希望像"柠檬被挤榨一样榨取德国，直到果核吱吱响"（英国海军大臣格迪斯语），剥夺其所有殖民地，并采用必要手段来预防其未来可能的侵略。法国总理乔治·克雷孟梭是一个坚定的现实主义者，他嘲讽威尔逊是一个"自以为是两千年来第一个知道地球上还有和平二字的家伙"，并说："威尔逊先生为我们带来了他的十四点。我的老天！全能的上帝才只有十点。"英国首相劳合·乔治则讥笑称，美国连一间棚屋都没有损坏，当然说得轻轻松松，"我想这位梦想家总统是真心把自己看作是上帝派来的，是来拯救穷困潦倒的欧洲野蛮人的"。

经过几个月精疲力竭的谈判之后，威尔逊不得不同意对十四点计划中的大多数原则作出妥协，但他认为最重要的胜利是建立了一个永久性的国家组织——国际联盟，负责监督国际事务，避免未来战争。威尔逊坚信，和平会议的任何失误和不公都可以由国际联盟日后予以纠正。让威尔逊没想到的是，当他带着《凡尔赛条约》回国提请国会批准，参议院提出了 14 条修改意见，且大多数都与国际联盟有关。

为了获得公众支持，威尔逊发起一场规模浩大的全国巡回演讲。他在 9 月份短短 3 个星期中乘列车旅行 1.3 万千米，通常一天进行 4 场演讲，几乎没有任何休息时间。终于 9 月 25 日在科罗拉多州的一场演讲结束后，威尔逊因中风昏倒在地。虽经及时抢救，威尔逊仍然是左半身瘫痪，这使他在此后的 18 个月任期只能从事有限的日常工作。

备受打击的威尔逊依旧不屈不挠："要么我们就毫不畏惧地进入联盟，接受责任并不畏惧

1920 年
12 月，威尔逊获得诺贝尔和平奖。

1921 年
8 月，与德国和奥地利缔结和约。
11 月，华盛顿会议通过海军裁军协议。

1928 年
8 月，《凯洛格—白里安和约》签字。

威尔逊（前中）在巴黎

我们现在享有的领导角色，努力建立一个公正永久的和平；要么我们就尽可能优雅地从拯救了世界的强国聚会中抽身而出。"基于一种顽固的对原则的坚守，威尔逊拒绝考虑任何微小的让步，条约最终未获通过。

但威尔逊的理想主义翻开了美国外交思想新的一页，第一次勾勒出美国的全球战略利益、战略意图和战略手段。如美国史学家瓦尔特·拉斐波所说："许多后来的美国总统，包括约翰逊、尼克松和卡特，都回过头来把威尔逊当作对民族未来具有最宽广视野和最早面对至今仍困扰着他们的挑战的首席执行官。"这应该是威尔逊留给美国外交最丰厚的政治遗产。

1924年威尔逊去世后，国际联盟在日内瓦的驻地为其树立了一块铜碑，上面刻着——"威尔逊：国际联盟的创始人"。

 知识链接

巴黎和会

1919年1月18日，巴黎和会在凡尔赛宫召开。出席会议的有32个国家的代表，苏俄和战败的德国、奥匈帝国等被排除在外。与会国的代表权很不平等，美英法意日五国各有5名全权代表，可以出席一切会议，其他国家只有1—3名全权代表，只能出席与他们有关的会议。和会的组织机构更是强权政治的产物。其决策机构最初为五大国首脑和外长组成的10人会议，后来又缩小为由美英法意4国首脑组成的4人会议。而实际起操纵作用的是美国总统威尔逊、英国首相劳合·乔治和法国总理乔治·克雷孟梭组成的三巨头会议。他们有权决定和会的一切重大问题。

经过近半年的讨价还价和激烈争吵，各战胜国最终就"领土、赔偿和未来的安全"三大基本问题达成妥协，于6月28日签订了《协约及参战各国对德和约》，即《凡尔赛条约》。主要内容包括：德国及其盟国应承担战争罪责；重划德国疆界；瓜分德国殖民地；限制德国军备；德国向英法支付巨额战争赔款；条约的签署者将共同加入一个国际维和组织——国际联盟，国联盟约中的第10款保证所有成员国都"尊重和捍卫国联所有成员国的主权独立和领土完整"。这一条集中反映了威尔逊的梦想：建立一个能使所有国家，无论大小，都享有平等和受到保护，从而维护和平。

《凡尔赛条约》签订后，协约国与其他各战败国相继签订了一系列和约，凡尔赛体系形成。

"柯立芝繁荣"

一战之后，美国经济在经历了 1921 年的短暂危机后，从 1922 年起进入了一个高速发展时期。这一时期担任总统的是卡尔文·柯立芝，所以也称"柯立芝繁荣"。

柯立芝总统是一个极端保守的新英格兰人，性格简单直率、原则性强且沉默寡言，人称"沉默的卡尔"。他是美国历届总统中睡眠最多的，一位白宫的服务生回忆："在我有生之年所见过的总统中，没有谁比柯立芝睡觉的时间更长。"他每晚要睡 10 小时，下午还要小睡片刻，很少每日工作 4 小时以上，政务约会被减少到最低限度。他同时代的人这样写道："他立志成为国家历史上最不管事的总统，而且成功实现了这一目的。"

之所以如此，并非由于懒惰或缺乏责任心。作为总统，柯立芝推崇自由放任主义，憎恶政府对经济和社会生活的干预。他深信，政府少做点事，让掌握经济的大老板们自行其是，他就可以更好地来治理国家了。他说："即使联邦政府不再存在，在相当长的时间内，普通老百姓也不会觉察到有什么两样。"而美国经济的繁荣似乎更印证了这种无为而治的理论。

20 世纪 20 年代，美国的经济繁荣首先表现为生产领域的繁荣，汽车工业的崛起尤其引人瞩目。1919 年，美国仅有约 578 万辆汽车，到 1929 年就猛增到 2650 万辆，平均每个家庭几乎就有一辆汽车。加油站犹如雨后春笋般遍布全国。在城镇里，红绿交通灯也出现了。随着汽车业的发展，轮胎制造业也成了一个新兴工业部门。另外，消费品工业促进了从 1922 年到 1929 年的大部分经济增长。价格适中的物质享受包括相机、手表、打火机之类的商品和吸尘器、电冰箱、洗衣机等家用电器。无线电、电话、电影事业也都繁荣起来了，银行、保险公司也十分兴隆。

对普通的美国人来说，他们的生活在 20 世纪 20 年代也发生了很大变化，包括工作条件和待遇的改善，生活质量的提高，娱乐生活的丰富多彩和食品的多样化等。据统计，1923—1929 年间，美国人工资收入增长了 11%，而与收入的增加相反的是工作时间的减少。这导

1919 年

芝加哥等城市爆发种族暴乱。

1920 年

第一家商业广播电台在匹兹堡开始播音。

11 月，共和党人沃伦·哈定当选总统。

1923 年

8 月，哈定总统去世，副总统卡尔文·柯立芝继任总统。

《时代周刊》在纽约创刊。

1924 年

6 月，国会颁布法令，所有在美出生的土著印第安人均为美国公民。

11 月，卡尔文·柯立芝当选总统。

1925 年

6 月，克莱斯勒汽车公司成立。

12 月，加利福尼亚州开办了第一家汽车旅馆。

贝尔电话实验室在纽约创建。

1926 年

美国加入海牙国际常设法庭。

3 月，伦敦和纽约之间第一次跨大西洋的无线电话通话成功。

6 月，万国博览会在费城开幕。

8 月，纽约市沃纳剧院上映世界上第一部配乐有声电影《唐璜》。

9 月，国家广播公司在纽约成立。

致了生活质量的提高。更多人有金钱和闲暇去进行消费，旧时节俭和储蓄的价值观让位于一种使消费成为美德的新道德观。

电影业的发展使电影院成为人们娱乐的一个重要去处。男人、女人和孩子成群结队地奔向城里和镇上大大小小的电影院，在那里他们可以体验到浪漫故事和冒险经历。好莱坞成为电影制造的中心，20 年代精心制作了牛仔西部片和吉斯通公司的经典喜剧片。著名的喜剧演员查理·卓别林使喜剧艺术转变成一种社会批评的形式。无线电广播是一种新颖的传播媒体，美国第一家商业广播电台于 1920 年开始播音。1923 年，美国共有 500 多家广播电台，信号覆盖全国所有地区。1929 年，共有 1200 多万个家庭拥有收音机，在每个夜晚、每个地方的空气中都弥散着广播音乐。柯立芝是首位通过无线电发表全国演说的总统。唱片业也得到了迅速发展，到 20 世纪 20 年代末，全国各地的人们都哼着同样的流行歌曲，演员和播音员都成了名人。

汽车对美国人生活方式的影响更是难以估量。它极大地扩展了人们的地域活动范围，使成千上万以前从不离开家园的人可以外出历险。它给了人们以前想象不到的自由。即使是开着最破旧老爷车的人，也能比过去乘坐纯种良马拉的镀金马车的君主走得更远、更快、更加舒服得多。特别对生活在乡间的人来说，汽车是摆脱孤独农场生活的重要工具。城市居民则把汽车当做逃离城市喧嚣和拥挤环境的必备工具。周末到乡间野外兜风已成为都市休闲的一种时尚。汽车同样改变了休假观念。过去休闲旅游主要是富人的一种奢侈，如今众多中产阶级，甚至工人阶级家庭都能在假期长途

1920 年代的繁荣

旅行。这意味着美国的工人阶级获得了此前一直受到限制的向中产
阶级区段流动的自由。

当时很多美国人都认为这种大繁荣将一直持续下去，竞选下一任
总统的赫伯特·胡佛还向选民允诺"每一口锅里都有鸡，每一间车库
里都有车"。然而，1929 年的股市大崩溃也让美国人的希望股指跌到
了谷底。所以，20 世纪 20 年代的美国经济被看作是"玫瑰色的梦"，
美好但短暂。

知识链接

繁荣中的危机

20 世纪 20 年代的美国经济呈现出一派兴旺繁荣的景象。然而，在这种繁荣的表象背
后，又潜伏着各种危机。

当时美国人并没有普遍分享到经济增长所带来的好处。大西洋沿岸中部、太平洋沿岸
各州的人们，广大农民，小业主，以及煤矿业、纺织业、造船业、皮革业等领域的从业者，还
有一些失业者和破产企业的非熟练工人都没有享受到经济的繁荣。而且从收入分配上看，
1923—1929 年间，与企业利润增长 62%、股权收益增加 65% 相比，工人工资只上涨 11%；
1929 年年收入超过 1 万美元的人口数量只占总人口的 2.3%，但他们却拥有高达 100 亿美
元的储蓄，占全部储蓄额的 2/3。收入分配的不均使生产能力和消费能力间的距离日益扩
大，但被股市繁荣和分期付款盛行下虚假的购买力所掩盖。

另外，并非所有的工业部门都是繁荣的。经济繁荣主要靠几项基础工业，特别是建筑
业和汽车业。而纺织、采矿、皮毛和造船业被称为"病态的产业"，有的只处于半开工状态。
农业方面的问题更为严重。由于战后世界市场对美国农产品的需求缩小，出口减少，导致农
产品大量积压，国内农产品的价格不断降低，农民收入减少，甚至造成数百万中小农场主的
破产。在整个 20 年代，农民购买商品所付的费用始终高于农产品的售出价格，这也影响了
农民的购买力，使制造业产品的主要市场——农村市场受到了影响。

二战前后

1928 年 8 月，总统大选前不久，赫伯特·胡佛曾宣称："今日美国比历史上任何时期、世界上任何国家都更接近摆脱贫困的目标。贫民救济院正在从我们眼前消失。"但仅仅过了 15 个月，整个国家陷入历史上最为严重、最为持久的经济危机，接连不断的各种形式的危机延续了整整 10 年。

1932 年上台的罗斯福实行新政，通过经济改革和兴建公共工程，让公众保持了对资本主义和民主政府的信心，防止了大萧条产生最坏的结果。但从纯经济观点看，新政只是对大萧条冲击了一下，并没能使美国经济完全复苏。罗斯福无法让自己去支持一个庞大的联邦预算，政府的支出一直停留在 100 亿美元以下，根本不足以为经济复苏添柴加火。最终把美国从萧条中拉出来的是第二次世界大战而不是新政。

1941 年 12 月日本袭击珍珠港后，美国正式向日本和德国宣战。参战后，美国国民经济迅速纳入战时生产的轨道，千百万民用工厂改装为生产军用物资的工厂。在军火需求的刺激下，美国经济逐渐地完全摆脱了大萧条，不但消灭了几百万失业大军，还出现空前的战时繁荣。战争期间，美国为盟国提供了它生产的军备的一半以上，成为兵工厂。与此同时，美国在抗击德国和意大利的战役中发挥了重要的作用；并在太平洋战争中几乎完全靠自身力量打败了日本帝国。战争结束后，美国崛起为超级大国。

原子弹轰炸后的广岛

    1945 年 8 月 6 日，美国在日本广岛上空投下第一颗作战原子弹"小男孩"，它所造成的破坏力相当于 1.3 万吨 TNT 炸药同时引爆所产生的威力。城市瞬间成为一片废墟，7 万人当场死亡。战后，广岛市重建为"和平纪念都市"。

黑色星期二

　　"我对国家的未来没有忧虑，它充满希望，前途光明。"这是 1929 年赫伯特·胡佛在总统就职典礼上的讲话。不仅是总统，当时美国国内普遍认为经济已经进入一个新的永久上升阶段，没人注意到"华尔街大崩溃"这架机器已经轰隆隆地启动。

　　作为经济繁荣的寒暑表，20 世纪 20 年代的股市繁荣是建立在投机之上的。美国各企业在 20 年代的大繁荣中利润不断增长，而利润的增长又使这些公司在市场上的股票价格随之上升，股东收益在此期间增长了 108%。股票市场的日益繁荣也刺激了公众的快速致富心理。相当多的公司纷纷把资金投向股票市场而不是投资生产。他们把钱交给股票经纪人，由他们把这些钱贷给那些需要更多资金进行股票买卖的人。证券经纪公司通过降低门槛引诱投资者进入市场，让投资者只需支付 10%—20% 的现金购买股票，其余的均可借贷。这样，公司、经纪人和股民形成了环环相扣的利益链条，只要其中一环出现问题，便会引起整个的危机。他们都想从股票上捞取一些好处，但没有一方是实实在在为股票增值而努力。

　　美国国内的资金在 1927 年以后大量流向股票市场，使证券市场上股票价格越来越偏离其实际价值，股指不断攀登新高，成交量不断放大。"一种普遍高涨的情绪把越来越多的迷糊人拉进了投资市场中"，股票经纪公司纷纷在各小城镇和大学校园附近开设分支机构，司机、家庭主妇、农民、外交官、职员、工厂的工人、擦鞋匠和招待甚至那些并不十分渴望进入股市的人都冒险把他们的积蓄投入到股票中，以获取转眼可得的财富。至 1929 年，共有 150 万美国人投资于证券市场，玩股票在经济危机开始前的几年里成为一项国民运动。据说连美国总统柯立芝也陷入投机活动中。

　　但随着投机行为的出现和膨胀，股票的上涨从 1925 年起就超过了其能承受的范围。只不过在 1927 年前股票价值还是随盈利上升，但之后就开始随着纯粹投机之风而一路飙升。到 1928 年 3 月突然狂涨，到 1929 年初秋，证券价格与 5 年前相比整整涨了 4 倍。有人已经看到了这种疯狂暴涨后面隐藏的危机。国际承兑银行主席保罗·沃

1933 年
美国与苏联建立外交关系。

纽约证券交易所

诞生于 1792 年 5 月 17 日，当时 24 个证券交易人在纽约华尔街 68 号外签署梧桐树协议，规定了经纪人联盟与合作规则。1863 年定为现名。自 20 世纪 20 年代起一直是国际金融中心，这里股票行市的涨跌都会在全球股票市场产生连锁反应。交易所为促进美国经济甚至全球经济的发展起了重要作用。

伯格警告说："如果继续放纵无节制的投资行为，使之继续发展的话，最后的崩溃不仅必定会影响投资者本身，而且会引起一场把整个国家都卷入其内的大萧条。"但连续六年的股市上涨行情使狂热的投资者根本无法接受危机即将到来的预言。

过度膨胀的泡沫总有破灭的那一刻。1929 年 10 月 24 日，星期四，一股前所未有的股票抛售浪潮震撼了纽约证券交易所。股价暴跌，每次交易之间落差达到 2—5 美元，甚至 10 美元。由于股价骤降，经纪人要求以贷款购买股票的投资者还债。为了筹款，许多投资者顾不得股票已跌落的价格纷纷抛售。几度出现不管以什么价格抛售都没有买家的局面。为给证券市场止血，华尔街的大银行家们中午时分紧急碰面磋商，决定联手干预，共出资 2.4 亿美元以高出市场的价格购进股票，最终股票价格止跌回升。但公众的信心已大大受损，传言说到傍晚的时候，已有 11 名股票经纪人自杀身亡。

25 日星期五，为稳定市场，银行家、经济学家、财政部、白宫都发表声明，称最可怕的阶段已经过去。胡佛总统也表示，"这个国家基本产业是良好的"，希望人们放心。股票价格因此在周末得到了控制，但人们心理上的恐惧在不断扩张。28 日星期一，抛售狂潮重新开始。财团老板们再次开会。由于股票的票面价格早已超出了实际拥有的财富价值，这些财团已无力全部吃进。面对全国性股价狂跌，他们于当晚发表公开声明，宣布：他们并未承担维持任何股票价格的义务，而只是想维持一个有序的市场，现在他们已无回天之力了。最终，股市在一种不祥的预感中收市。

10 月 29 日，即黑色星期二，是纽约证券交易所历史上最糟糕的一天。当天交易所一开盘，立即掀起了疯狂的抛售风暴。数百万惊慌失措的投资者指示他们的经纪人抛售股票，交易额史无前例地飙升到 1641 万股，股价平均下降 12%。证券市场经历了有史以来最为严重的暴跌，成千上万股民的财富蒸发一空。正如文学评论家埃德蒙·威尔逊所说："宛如地裂天崩，到了世界末日。"

1929 年 10 月的股市大崩盘，宣告 20 世纪 20 年代的繁荣期已经结束，一次重大的经济萧条不可避免地开始了。

经济大萧条

1929—1933 年经济危机，是美国历史上一次空前严重的、并且到目前为止仍然是最严重的经济危机。它的突然性、破坏性、持续性都空前绝后。美国学者为了区别于其他历次危机，特称之为大萧条。

股市的暴跌只是这场经济危机的一部分，随之而来的工业、农业、金融业的持续性全面衰退才是它的主体。从统计数字

股市崩溃后变卖财产

来看，1930—1933 年间，多达 9000 多家银行不是彻底破产就是关门停业以逃避破产。从 1929—1932 年春，工商企业破产的达 10 万余家，其负债额近 30 亿美元。作为 20 年代经济繁荣支柱的钢铁、汽车、建筑等行业的衰退情况更是惊人。钢产量在 1929—1932 年间骤减 79.4%，倒退了 37 年。钢铁工业巨头美国钢铁公司开工率不足 20%。汽车产量在 1929—1932 年间下降 74.4%，由 530 万辆下降到 130 万辆。许多著名的汽车公司都销声匿迹了。在大崩溃前的 1929 年，美国的基本建设投资额达 162 亿美元，而 1933 年投资总额降为 3.4 亿美元，减少了 98%。建筑行业在 1929 年的总产值是 87 亿美元，1933 年下降到 14 亿美元。此外，4 年间的农业总收入从 120 亿美元下降到 50 亿美元，1/3 以上的美国自耕农失去土地。

与此相应，失业人数不断增加。到了 1933 年已有 1300 万人失业，失业率达到全部劳动力的 25%，而 1929 年仅为 3.2%，就业人数中还有 1/3 或遭削减工资或遭缩短工时或兼而有之，没有减少工资的公司仅为 10%。到 1933 年，家庭收入平均下降 40%，即从 1929 年的 2300 美元降至 4 年后的 1500 美元。全国有 1/4 家庭连一个受雇领取工资的成员都没有。1929—1933 年间的消费价格指数下跌了 25%。此前美国从未经历过如此大规模的社会贫困。无论城市还是乡村，均受重创。一些人承受不住打击结束了生命，自杀率在 1930 年代急剧上升。

大萧条时期的生活

大萧条的经济灾难渗透到社会每一个角落。对成千上万的美国人来说，这是一场悲惨经历，它动摇了许多人对自身、国家和前途的坚定信心。

大萧条期间，美国人所经历的最触目惊心的苦难是饥饿。也许真正饿死的人很少，但挨饿的人很多。据估计，当时美国有 2500 万人挨饿。患营养不良的儿童在一些地方高达 90%。人们在教堂和施粥所排起长队，还有人在垃圾箱内翻找食物。著名记者威廉·曼彻斯特描述当时的贫困状况："城里的妈妈们在码头上徘徊，等待扔出来的腐烂的水果蔬菜，以便及时上去同野狗争夺。蔬菜在码头装上卡车后，她们就跟在后面跑，时刻准备着拾起掉下来的任何东西。"在此期间出生的孩子被称为"萧条的一代"，其典型特征是身材矮小。即使那些不是出生于这期间的青少年，也由于营养不良，在 8 年后服兵役时，检查身体有 40% 不合格。

在危机中，有近 200 万失业人员，其中多数为青壮年男子。许多人睡在公园的长椅上，或聚集在临时遮蔽所，有的则干脆爬上货运火车，在一个个城市间流浪，过着盲流一般的生活。这些人中，有一无所有的分成制佃农，有因破产而背井离乡的农场主，有大学毕业生，有失业医生、教师、律师，还有大批刚从中学毕业找不到工作的人。由于流浪者的目的是找工作，而全国没有一个地方容易找到工作，他们的流浪一般说是没有目标的，要说有目标，就是某一个别的地方。有人称之为"失望的迁移"。很多文化名人也进入赤贫行列，《愤怒的葡萄》的作者约翰·斯坦贝克连寄稿件的邮费都付不起，因无钱看牙医，牙齿一颗颗烂掉。爵士音乐家埃迪·康登因为唱片制造业的衰落，在整整 4 年中只灌过 4 次片子，无以为生。

面对如此严重的贫困和失业问题，胡佛政府却顽固坚持自由放任政策，拒绝运用联邦政府的权力进行救济，反对开设国家企业以缓解失业问题。这与总统本人的成长经历不无关系。胡佛是典型的靠个人奋斗而成功的美国人，他 1874 年出生于爱荷华州一个贫苦农民家庭，9 岁时成了孤儿，后寄居亲戚家靠半工半读念完中学，1891 年进入斯坦福大学学习，4 年后获得地质学学位，是美国历史上唯一一位理工科出身的总统。在第一次世界大战爆发前的 20 年间，他作为一名采矿工程师走南闯北指导采矿计划，足迹遍及美洲、欧洲、亚洲、非洲及澳大利亚，成为颇有成就的矿业管理专家并挣到了 400 万美元的财富，被称为"经营大企业的十足天才"。20 世纪 20 年代他在哈定和柯立芝政府中任商务部长，以其高效的活动和组织能力成为政府中最受欢迎的人物。

个人奋斗的成功使胡佛对个人自由主义和自由企业深信不疑，相信政府的主要职能是保证个人自由和公民的机会均等，坚决反对联邦政府直接干预社会经济生活。结果是生产日益紧缩，失业者日益增多，市场投机活动日益猖獗，社会矛盾日益加剧，政治危机日益严重。

到 1931 年春，胡佛的政治声誉严重下降。美国民众把经济危机的罪责归结到总统本人身上，总统成为民众肆意嘲弄和恶毒攻击的对象。以胡佛名字为基础的新词汇不断涌现。"胡佛毯"是什么？它是一份旧报纸，被迫露宿街头的人用它盖在身上保暖；"胡佛旗"又是什么？它是指空空如也的衣服口袋，翻过来耷拉着，表示一文不名；那么"胡佛车"呢？就是指机动篷车，只不过没有汽油，只好用骡子和马拉着走，这在危机时期的街上是常见的景象；还有"胡佛村"，在市郊或市内的开阔地，像雨后春笋般拔地而起，那是无家可归者、失业者们临时搭建的棚屋。在 1932 年大选年的夏天，想搭便车的人在牌子上写着："搭我一程吧，不然我就投票选胡佛。"

在持续的萧条中，国家需要新的路线方针，需要一位新的领导，需要一项新的政策。

削减 10%。

1932 年

1 月，国会批准成立复兴金融公司，向银行、铁路公司、大农场等提供贷款。
5 月，"补偿金远征军"抵达华盛顿特区。
11 月，民主党人富兰克林·罗斯福当选总统。

补偿金远征军

　　1932 年 5 月至 7 月间，大批的失业退伍军人及其家属形成声势浩大的"补偿金远征军"，从全国各地来到首都华盛顿请愿游行，要求提前支付退伍金。胡佛政府动用军队野蛮地把这些人赶出了华盛顿，造成 100 多人伤亡。

知识链接

胡佛政府的政策

纽约证券市场崩溃时，胡佛入主白宫仅 8 个月，他被公共舆论诋毁为一个冷酷、被动而无动于衷的人。但实际上，在处理经济灾难问题上，他使联邦政府做得比以前任何一届政府都多。胡佛是第一位主张联邦政府有责任干预经济突发事件的总统。

胡佛对大萧条的第一反应是鼓励国民坚定商业信心。随后他召集企业和工会领袖开

华盛顿特区的"胡佛村"

会,提出了一项促进经济复苏的志愿性协作计划,要求工厂维持就业、工资和生产,劝说工人暂时放弃高工资低工时的要求。他还试图通过财政消费的办法应对危机,向国会提出增加公共设施建设投资,鼓励地方政府支持公共建筑项目。他试图减轻欧洲国家的担忧,宣布欧洲国家可以延缓一年偿还战争债务和赔款。胡佛还沿着其他方向迈出了试探性的步骤:采取措施保护那些抵押房产者的赎回权利,联邦政府收购农场的剩余产品。胡佛还同意设立20亿美元的复兴金融公司,以向银行和企业提供贷款。

但胡佛不愿走得更远,他认为,他和他的政府的责任是尽力保护自由放任的美国经济制度,不同意实行经济联邦所有、控制和管理。即使不得已而为之,也要尽力限制干预的深度、广度和时间。他认为一旦政府控制压倒市场扩张,个人自由就会受到威胁,为了保护自由,他不会采取更多的措施来应对经济崩溃,他坚持靠市场的自我调节去克服危机。直到卸任以前,胡佛应付经济危机的政策没有脱离自愿主义。

罗斯福炉边谈话

对许多美国人来说，1932—1933 年的冬天就像是世界末日。当胡佛政府任期结束时，4/5 的银行倒闭了，国家则在经济崩溃的边缘摇摇欲坠。人们精神颓丧，很多人像是已被恐惧感压倒而麻痹瘫痪了。曾经繁华的纽约市也变得毫无生机，"看来似乎这个城市连色彩也改变了。它原来在白天是清雅鲜亮的灰色，入夜金光灿烂，如今每到下午就变得黯然枯淡，晚上一片凄凉"。

富兰克林·罗斯福就是在这样的情形下上任的。1933 年 3 月 4 日宣誓就职当天，华盛顿的天气像全国人民的心情一样阴郁。但罗斯福洪亮的声音通过广播网响遍了美国大地："这个伟大的国家会一如既往地坚持下去，它会复兴和繁荣起来。因此，让我首先表明我的坚定信念：我们唯一需要恐惧的就是恐惧本身——一种莫名其妙的、丧失理智的、毫无道理的恐惧，它会把转退为进所需要的种种努力化为泡影。"罗斯福充满自信和战斗激情的讲话引起了最热烈的反响。一位传记作家称，罗斯福"在 1933 年 3 月一个阴冷的星期六下午，如此完全地表达了民众的情绪。这位新总统做出的实行大胆领导的保证，他的决心，他的轻松愉快的乐观态度，点燃了举国同心同德的新精神之火"。深刻的信心危机被一种期待的情绪所取代。

当时很多美国人并不了解这位个性乐观的新总统，更无从知晓他的人生经历。罗斯福 1882 年出生于纽约州海德公园的名门望族，家境富裕。先后就学于著名的格罗顿公学、哈佛大学和哥伦比亚大学法学院，热衷于社会活动。28 岁时富兰克林·罗斯福开始步入政坛，他担任过州参议员，后在威尔逊政府的海军部任部长助理，前途一片光明。但 39 岁时意外患上脊髓灰质炎，致使双腿瘫痪。经过两年的康复训练，罗斯福用惊人的毅力战胜了疾病。尽管仍然不能独立行走，但借助拐杖、背带和轮椅，他的工作和生活已无大碍。他曾说："如果你在病榻上躺了两年，试着活动你的脚趾头，那么以后什么事情也难不倒你了。"病愈后的他变得更加坚定、顽强、成熟、乐观和富于同情心。

从就职演说开始，罗斯福就向不断增长的绝望氛围中注入了强

1933 年

3 月 4 日，富兰克林·罗斯福宣誓就任总统。

8 月，就业已达到 1931 年 10 月的水平。

11 月，建立民政工程局。

"第一新政"立法通过。

罗斯福字母汤

在就职后的第一个"百日"，总统敦促国会总共通过了 15 项重大议案对经济进行全方位的重组，涉及金融、工业、农业和福利各个方面。新的法令和机构如此之多，以至于人们通常只以其首字母来指代它们，并且称他们为"罗斯福字母汤"。

1934 年

2 月，成立进口银行以促进对外贸易。

6 月，罗斯福签署《证券交易法》，规定成立证券交易委员会进一步管理证券市场。

同月，国会制定互惠贸易法，对降低美国商品进口税的

国家降低关税。

大的乐观情绪。他还利用广播这一新兴媒体，多次通过电波向全国人民发表温暖人心的炉边谈话。在白宫外宾接待室柴火噼里啪啦燃烧的壁炉前，他以自信、温暖的语气安慰、承诺美国人：政府一定会采取有力措施，美国必将渡过难关。他以朴实无华的简明语言告诉听众他已经做了哪些事，要求公众保持信心和勇气。在推行新政的艰难岁月里，饱尝经济崩溃苦难的美国人傍晚总要聚在自家的壁炉旁，拧开收音机，聆听总统和他们聊天。这一极富人情味的做法使罗斯福拥有了一支不可忽视的支持新政的社会力量。

第一次炉边谈话是在 1933 年 3 月 12 日，罗斯福就职后的第 8 天。罗斯福在广播中告诉人们："请你们相信，把钱存入一个重新开门营业的银行要比放在床垫下面更加安全。"他的安慰使一个紧张的国家镇定下来。第二天，重新开门营业的银行中存款超过了取款，民众以多存少取的行动表达了他们的信心，资金重新流回到国家的银行系统。惊慌与惶恐消退，银行危机结束了。总统一位重要顾问事后夸口"只用 8 天就挽救了资本主义制度"。

第二次炉边谈话是在 1933 年 5 月 7 日，就职两个月后。这一晚总统向公众汇报了政府对危机做了些什么以及还计划要做些什么。他赞扬了正处于苦难之中的人们的顽强精神，表达了全体国会议员和政府成员对民众的感激之情，"在整个萧条时期，你们大家很有耐心，你们授予我们广泛的权力；你们对我们的目标的广泛支持鼓舞了我们"。

新政推行一年后取得了明显的成效。1934 年 6 月 28 日，罗斯福亲切的声音在广播中第 5 次响起："对你们每一个人来讲，判断

罗斯福录制炉边谈话

复兴的最简单方法在于你自己个人情况中的明显现实。你比去年生活得好一些吗？你的负债减轻了吗？你的银行存款更安全了吗？你的工作条件改善了吗？你对自己个人的未来的信念是不是有更坚实的基础了？"

这就是富兰克林·罗斯福，一位伟大的总统，他在美国人民最绝望、最灰暗的时候，以坚定的信念、乐观的精神和非凡的能力给予他们极大的鼓舞。

知识链接

罗斯福新政

为了区别于胡佛政府的放任主义政策，罗斯福把他的国家干预称之为"新政"。新政的总目标很明确：大力加强国家对社会经济生活的干预和调节，局部改进垄断资本主义的生产关系，在一定程度上限制旧的社会制度的个别坏的方面，限制旧的社会制度的个别极端的表现。改善中小资产阶级和劳动人民的政治经济处境，适度减轻垄断资本主义的基本矛盾，以挽救濒于崩溃的垄断资本主义制度。其具体内容包括：恢复陷入空前危机的经济；救济大规模的失业者和贫民；革除垄断资本主义的某些弊病。

1935 年以前为新政的第一阶段，着重在复兴；1935—1949 年间为第二阶段，着重在改革，而救济则贯彻新政始终。值得一提的是 1935 年通过的《社会保障法》，创建了一个联邦保险方案，罗斯福自豪地称之为"从摇篮到坟墓"的保险体系。美国政府由此开始建立一种永久而范围广泛的社会福利制度。

新政有效地阻止了 1933 年灾难性的经济滑坡，使国家在经济泥潭中免遭进一步的沦陷，并使某些领域出现了有限的甚或奇迹般的复苏迹象。但到 1939 年底，大萧条时代的许多根本问题仍然未能解决：主要农产品仍旧大量过剩，农产品价格始终很低；工商业也没有完全恢复过来，工业生产指数略低于 1929 年的水平；国内仍有约 15% 的人群处于失业状态。大萧条的最终结束，应归功于 1939 年战备开始后国防开支大幅度增加而产生的刺激作用。

珍珠港遭袭

1941 年 12 月 7 日是星期六，美国太平洋舰队在夏威夷瓦胡岛的基地珍珠港内一片祥和，战舰平静地泊在港湾里，飞机整齐地排列在停机坪上，炮管上甚至晾晒着衣裤。在凌晨的寂静之中，183 架日本轰炸机从 320 千米外的 6 艘航空母舰上起飞，向美国珍珠港海军基地呼啸而来，发起了第一轮轰炸。顿时，整个瓦胡岛上浓烟滚滚，火光冲天。日机发回"虎、虎、虎"的信号，表示奇袭成功。紧接着，第二攻击波的 168 架飞机再次发动攻击。

而夏威夷的美军毫无防备，士兵在爆炸的巨响中醒来，仓促应战。"亚利桑那"号战列舰前舱弹药库中弹爆炸，在 9 分钟内沉没，80% 船员阵亡；"内华达"号试图逃离，但刚驶出港口就被日军的第二轮空袭炸沉。下士约翰·科尔，一个来自俄亥俄州年仅 25 岁的小伙子，当天早上正在珍珠港的希凯姆空军基地军火库值班。当日本炸弹在附近降落，科尔和军火库一起飞上了天。三天后，电报发到了科尔父母手中："陆军部长非常遗憾地通知你们，你们的儿子约翰·科尔下士在一场保卫祖国的战斗中英勇牺牲。"

整场先发制人的袭击在 90 分钟内结束，美军太平洋舰队变成了一堆冒烟的废物。8 艘战列舰中，4 艘被击沉，1 艘搁浅，其余都受重创；6 艘巡洋舰和 3 艘驱逐舰被击伤；188 架飞机被击毁，155 架飞机被破坏；若干座海边重要的军事设施也受到不同程度的损毁。美国武装部队从未遭受过比这更为惨痛或耻辱的失败。在这次袭击中，像科尔一样牺牲的士兵和水手约有 2400 名，通知阵亡的电报如雪片般飞往全国各地，人们饱尝失去亲人的痛苦。

珍珠港遭到突袭后的场面

日本偷袭珍珠港成功，使美国付出了惨重的代价。不过，据说日本海军联合舰队司令山本五十六在接到胜利的电文后，丝毫没有大胜的喜悦，对前来祝贺的部属只是淡淡地说："恐怕我们将一个沉睡的巨人唤醒了，现在他充满了愤怒。"山本所料不错。出其不意的打击激起了美国举国上下无比的愤慨，它立刻将一个本来意见不齐的国家动员起来了。

珍珠港遭袭次日，美国总统罗斯福在国会发表了著名的"国耻"演讲："昨天，1941 年 12 月 7 日，一个永远标志着耻辱的日子，美利坚合众国遭到日本帝国的直接突然袭击。"国会在只有 1 票反对的情况下，通过对日宣战。会议中唯一的反对票来自蒙大拿州议员珍妮特·兰金，她 1917 年就曾投票反对参加一战，如今仍固执己见。她说当年经过一周的热烈讨论之后有 50 人投了反对票，"而今，只剩我一个了"。

为了培养同仇敌忾之情，美国政府加强了爱国主义宣传。于是，人们纷纷走上街头购买债券，不管是电影明星、社会名流还是青年学生、普通工人，都为自己能以这样的方式为战争尽一份心力而自豪。因为他们都对这样的宣传深信不疑——这些国债可以用来购买杀死日本佬的子弹甚至飞机。报纸和杂志广告更是言必称战争，一切小事都以是否有助于战争为其定性。一个宣扬"节衣缩食"的广告称："当你看到一样东西，想买却没有买，那么恭喜你，你在为我们的战争做贡献。"

所有日本人也成了美国人仇视的对象。电影、杂志、文章和海报中，日本人的妖魔化形象频频出现。珍珠港事件两周后，《时代周刊》还详细地教授美国人如何把中国朋友和日本佬区分开。他们称："所有的日本人都是五短身材，而且难得有太胖的，随着年龄增大，身体往往都瘦削干瘪"，"日本人走路笔直僵硬，通常脚跟着地；中国人则步履轻盈，通体放松。中国人说话一般友好、平和、坦率；而日本人则独断、顽固、傲慢"。尽管如此，美国人还是不太善于把亚洲人区分开来。于是，为避免麻烦，中国人和韩国人经常自己标上"我们不是日本人""这是中国商店"之类的记号。

珍珠港事件发生时，美国大约有 12.7 万日裔公民，大多住在西海

1938 年

德国吞并奥地利。

11 月，罗斯福谴责纳粹政权迫害和屠杀犹太人，召回驻德大使。

1939 年

1 月，罗斯福在致国会咨文中发出重整军备的号召。

德国入侵波兰，第二次世界大战爆发。正式禁止向日本出口。

1940 年

7 月，日本提出建立大东亚共荣圈。

11 月，罗斯福当选连任。

1941 年

12 月，日本偷袭珍珠港，美国参战。

岸。他们大多是农民、渔民和小商人，对政治不感兴趣，但却成为众矢之的。一位爱达荷州长这样形容日本人："他们像老鼠一样生存，像老鼠一般繁衍生息，甚至连一举一动都跟老鼠一模一样。我们不想跟这样的人朝夕相处。"洛杉矶一家报纸报道说，全副武装的日本人遍布下加利福尼亚，时刻准备着发动进攻。还有谣言说日本渔民正准备在海港埋水雷、炸隧道，还要在饮用水中下毒。仇日恐慌情绪弥漫整个西海岸。在强大的舆论压力下，政府于 1942 年 2 月发布行政命令，把将近 11 万日裔居民驱逐到偏远的西部内陆州，重新安置在拘役营地。直到战争结束，拘役营才彻底撤销。

知识链接

从中立到参战

20 世纪 30 年代，美国孤立主义情绪高涨。1935 年的一次民意测验表明，有 70% 的美国人认为介入第一次世界大战是个错误。为从法律上确保美国不再卷入欧洲冲突，美国国会于 1935 年、1936 年和 1937 年连续通过了 3 个《中立法案》，旨在避免重蹈一战的覆辙。

1939 年 9 月 1 日德国入侵波兰，9 月 3 日英法对德宣战，第二次世界大战全面爆发。罗斯福在 3 日当晚的炉边谈话中说，美国将保持中立立场，但他"不能要求所有美国人在内心一律保持中立态度"。他希望并相信有可能不卷入战争，但美国必须行动起来保护自己的安全。9 月 5 日他宣布实施中立法，禁止向交战国输出军火武器。

但作为美国总统，罗斯福意识到美国和西半球的安全有赖于英法两国的继续存在，所以坚持争取修改中立法以援助英法。到 11 月初，国会终于批准通过新的中立法，允许交战国在"现金和自运"的前提下从美国购买武器。这一法案显然有利于英国，因为英国控制着大西洋。但到 1940 年 12 月，英国已经濒临破产，无法按中立法要求进行"现金和自运"。这种情况下，罗斯福又提出了《租借法案》，即政府不仅可以向他国销售武器，还可以向任何"与美国安全至关重要的国家"租借武器。1941 年 3 月，国会顺利通过《租借法案》，美国在成为"民主国家的伟大兵工厂"的同时，也由中立国变成了非交战国。

到 1941 年秋天，美国的最后参战只是时间问题。只要敌人公开挑衅，美国民众一定会支持战争，而挑衅似乎不可避免，不是在大西洋，就是在太平洋。

密码天才罗彻福特

总统自由勋章是美国和平时期授予军人的最高荣誉。1986 年，里根总统把它颁给了一位名叫约瑟夫·罗彻福特的人。这份迟到 44 年的荣誉终究还是来了，虽然此时距罗彻福特去世已经 10 年，但这位被湮没近半个世纪的密码天才应该可以安息了。

罗彻福特出生于纽约州的一个普通家庭，父亲是一位中学数学教师，所以他从小就对数学有着浓厚的兴趣。在海军服役期间，他的潜质被发现，后被送入加利福尼亚大学数学系深造，毕业后到国务院密码室担任译电员。在短时间内，罗彻福特就成为破译密码的能手。他甚至能轻易打开设有暗码的保险柜，同事们给他起绰号叫"魔术师"。不久后，他又被选派到日本，在驻日大使馆当翻译，直到1941年。当年 5 月，罗彻福特从日本回国后被推荐到珍珠港太平洋舰队，出任夏威夷情报站站长。这时他已经是经验丰富的密码破译专家，而且精通日语、熟悉日本文化。

上任后，罗彻福特亲自挑选了一批当时海军中最优秀的密码人才和语言天才。他和他的情报小组——数十名电台监听员、密码破译员、翻译和情报分析员，在几乎与世隔绝的环境中夜以继日地工作，每周工作时间高达八九十小时，日本海军 90% 的电讯往来都被他们所截获。担任破译小组与太平洋战区司令切斯特·尼米兹之间联络人的霍姆斯海军少校感叹："你绝对无法相信，有人能在如此繁重的脑力劳动，如此巨大的工作压力下，坚持工作如此久的时间！"

当时日本海军使用的是"舰队密码体制"，美国情报人员称之为"JN25b"。这套复杂的密码体系让美军情报人员一筹莫展，罗彻福特小组最初的工作也并不顺利。转机出现在 1942 年 1 月，美军意外地在一艘击沉的日军潜艇上发现了"JN25b"密码本，这使罗彻福特欣喜若狂，情报小组的破译工作获得飞跃性进展。至 4 月底，美军已经能够了解日军电文中 80% 的信息。

在截获的电文中，罗彻福特得知日本正在准备一个进攻计划，而计划目标的代号是 AF。这个 AF 是哪里呢？记忆力过人的罗彻福特从浩如烟海的电文中找到 1942 年初的一份日军电报，电报是要求水

1942 年

1 月，日本占领菲律宾首都马尼拉。

4 月，美国飞机首次从航空母舰上起飞轰炸日本本土。

5 月，美军在珊瑚岛战役中首挫日军。

6 月，美军在中途岛战役中大败日军。

1943 年

2 月，美军经过与日军长达半年的激烈争夺战，占领瓜达尔卡纳尔岛。

7 月，美英军队在西西里岛登陆。

11 月，罗斯福、斯大林、丘吉尔在德黑兰会晤。

12 月，国会通过法案，废除 1882—1913 年间制定的一系列排华法案。

1944 年

2 月，美军控制马绍尔群岛。

6 月，美军在菲律宾海战中大败日军。

上飞机从马绍尔群岛起飞，飞往珍珠港，电文还提到要注意避开来自AF 的空中侦察，由此分析 AF 只能是中途岛。为了验证这个判断，中途岛上的海军司令部受命发了一份作为诱饵的无线电报，报告中途岛上的淡水设备发生故障。珍珠港的总部煞有介事地回电：已向中途岛派出供水船。果然，不久以后罗彻福特截获的一份日军密码电报称：AF 可能缺少淡水。这样，日军的攻击目标就明晰了：中途岛！

中途岛是美国重要的航空基地，位于珍珠港西北约 1000 海里，因地处太平洋东西航线的中间位置而得名，战略位置非常重要。既是夏威夷群岛的门户和屏障，又可成为在太平洋中部进攻和突袭日本本土的重要基地。日本偷袭珍珠港虽然获得了重大胜利，但美国的航空母舰因碰巧不在港内而没有受到损失。所以事隔半年之后，日本又制定了针对中途岛的作战计划，准备再次发动突袭，一举歼灭美国海军的剩余主力。

中途岛海战中，美日海军交战的场面

1942 年 6 月 4 日凌晨，美日海战在中途岛东北约 100 海里处爆发。日本动员了海军的主要军事力量，兵力是美国的 3 倍。但结果却出人意料，日本海军遭受重创，共损失大型航空母舰 4 艘，重巡洋舰 1 艘，飞机 300 多架，死伤 3200 人，其中包括几百名优秀飞行员。自此，日美海空力量对比发生根本改变，日本丧失了在太平洋战场上的战略主动权。

美军所以能够以少胜多，主要原因在于成功破译了日本进攻中途岛的密电，对日本舰队的作战计划和实力了如指掌，并预先部署力量，采取了必要的防御措施。日方此次战役的原本构想，恰恰就是利用美国对于日本主攻方向判断不明晰，在中途岛打美军一个措手不及。但由于密码遭到破译，日军攻击的突然性荡然无存，惨败也是必然的。

所以美国海战史专家莫里森称："中途岛海战的胜利，是英明地利用情报的胜利。"

中途岛海战之后，对美军胜利起了关键作用的罗彻福特，并没有获得他应得的荣誉，却因为华盛顿海军情报处争功而遭受排挤，不久被调离情报部门到旧金山去管理一个干船坞，很快便被人们遗忘了。1976年，罗彻福特带着遗憾离开了人世。

知识链接

太平洋战争

太平洋战争初期，日本的闪电进攻使美英两国遭受了重大损失，失去了在东南亚和西南太平洋的许多重要战略基地和殖民地。日军进而威逼澳大利亚、新西兰、夏威夷群岛、锡兰和印度。

1942年春，根据太平洋的军事形势，美英重新划分了作战区域：英国负责印度、缅甸和印度洋；美国则负责整个太平洋，包括澳大利亚和新西兰。考虑到陆海军协同作战等问题，美国把太平洋战场分为两个主要战区：道格拉斯·麦克阿瑟将军负责西南太平洋战区，总部设在澳大利亚的墨尔本；海军上将切斯特·尼米兹负责太平洋战区，总部设在珍珠港。这一时期，美国在太平洋战场的主要作战方针是，战略防御结合局部进攻。具体而言，就是阻止日军进一步向澳大利亚推进，建立起一条可靠的美澳交通线，为日后从澳大利亚发动反攻做好准备。

1942年8月开始，美日展开了对所罗门群岛中的瓜达尔卡纳尔岛争夺战。苦战6个月后，美军把日军赶入海中，保障了盟国至澳大利亚的供应线。这一战役也使两国在西南太平洋的力量对比发生了逆转，美军开始转守为攻。1943年9月，麦克阿瑟将军攻占了新几内亚北部海岸，然后沿着海岸做"蛙跳式"跃进，至1944年7月完全控制了新几内亚。10月，麦克阿瑟的部队登上菲律宾莱特岛屿，随后爆发了有史以来规模最大的一场海上战役——莱特湾战役。美军成功地遏止了日本的进攻，击沉了4艘日本航母，从此日本基本丧失了参与海上战役的能力。

奥马哈海滩登陆

电影《拯救大兵瑞恩》中开始有一段经典的战争场面，是取材于诺曼底登陆战役中战斗最为激烈的奥马哈海滩登陆。这段海滩位于法国北部海岸，面对英吉利海峡，盟军在此遭受了巨大的损失，因此有"血腥的奥马哈海滩"之称。

奥马哈海滩对盟军登陆有重要的意义，如果盟军能够控制这片海滩，那么海滩东部的英国登陆部队与海滩西部的美国登陆部队就能会师，这样的话可将整个诺曼底前线从零散的滩头阵地整合成一个大型的战线。但这段海岸多为三十几米高的峭壁，地形易守难攻。在盟军的作战计划中，美国陆军负责进攻这片海滩，而美国海军与英国皇家海军则负责将登陆部队送上滩头。

登陆行动于1944年6月6日清晨6时30分开始。当天天气状况极端恶劣，盟军在登陆前就因风浪过大损失了10艘登陆艇和300余名官兵。登陆作战开始后也不顺利，海滩西段预备的32辆水陆两栖坦克在抵达登陆点之前就几乎丧失殆尽，其中有27辆刚一下海就因风浪过大而沉没，幸存的5辆坦克中又有2辆很快被德军炮火炸毁。在登陆艇上的官兵也多因晕船和湿冷，在没到达作战地点前就已精疲力尽。但下船的地点却是在沙洲上，距真正的海岸线还有45—90米。登陆士兵不仅要蹚水上岸，在上岸以后还要继续推进180米。由于体能消耗太大，那些成功登上扁砾石滩的士兵也已经无法跑动。而且由于潮汐影响和秩序混乱，很多人都搞不清方向和集合点，拥挤在滩头任凭德军炮火攻击。

而且盟军方面的错误情报认为此处的德军守备队只有一个团的兵力，还多是后备役人员，没有装甲车辆，战斗力很差。但实际上防守海滩的德军比美军预想之中要强大得多，是德军受过严格反登陆训练的精锐352步兵师，352师的一个主力团就驻守在奥马哈滩头，占据着能够俯视滩头的悬崖。WN62碉堡内年仅20岁的海恩·塞弗罗就是奉命阻击盟军登陆的一名机枪手。

6月6日天刚蒙蒙亮的时候，不计其数的盟军登陆艇逼近奥马哈海滩。当士兵蜂拥而出企图涉水登上海滩时，塞弗罗的上司下令开火。塞弗罗用机关枪不停地向挺进的美国士兵扫射，美国士兵像潮水一样涌向塞弗罗所在的碉堡，又像潮水一样倒在地上，鲜血染红了整片海水和沙滩。他的机关枪枪管在 9 个小时的不间断射击中变得通红烫手，当换下的火红枪管扔到一旁时，碉堡旁边的干草立即被巨热引燃。塞弗罗称，9 个小时里他用光了 12000 发子弹，他说："我几乎消灭了一个团的登陆部队，周围的海水都染红了，我能听见美军指挥官在喇叭里面歇斯底里的喊叫。我看见机枪子弹打在海滩上水花四溅，当这些小喷泉接近那些美国兵的时候，他们开始倒下……"

　　第一批的登陆部队失去了超过 90% 的兵力。在一个步枪连，205 名士兵中的 197 人在 10 分钟内被杀或受伤。整整两个小时的时间里美军没有一名士兵在西段冲上海滩，在东段也仅仅占领了 9 米宽的一段海滩，登陆行动几乎完全失败。最后是美国海军为奥马哈海滩带来了转机。由于海滩登陆部队长时间没有任何消息传来，海军指挥官意识到奥马哈海滩上的形势可能已经极为严峻，于是 17 艘驱逐舰不顾触雷、搁浅和被 155mm 海岸炮炸翻的危险，前进至距海滩仅730 米处，在近距离为登陆美军进行火力支援。

　　美军的敢死队此时也爬上了霍克海角，结果发现所谓 155mm 海岸炮居然是电线杆伪装的。没了后顾之忧的海军肆无忌惮地向德军据点倾泻炮弹，先前被堵在海滩上的美军也在精锐部队第 1 师的带领下开始冲锋。中午时分登陆部队第二梯队提前登陆。而在空军的指引下，美国海军的战列舰和巡洋舰也开始向对岸射击，德军的防御至此基本崩溃。

　　在整个登陆作战过程中，有 2245名士兵牺牲，还有1670 人受伤。一位

奥马哈海滩登陆

霸王行动计划

　　1943 年 11 月，苏美英三国经过长期的交涉和争论之后，终于达成了对法西斯德国开辟第二战场的协议。根据这一协议，英美将于 1944 年 5 月在西欧登陆，苏军也将在东线同时发动攻势。这个作战方案，就是著名的霸王行动计划。

观察家说:"这个数字比预计的要少得多,但是你不能光看数字,去看看伤亡名单上那一个个活生生的面孔,你就会了解这些数字背后所代表的沉重了。"

知识链接

诺曼底登陆

诺曼底登陆战役,是 20 世纪最大的登陆战役,也是战争史上最有影响的登陆战役之一。丘吉尔称:"这是一场空前艰苦、复杂的行动。"盟军一共集结了 288 万人的部队。先后调集了陆军 36 个师,包括 23 个步兵师,10 个装甲师,3 个空降师,共计 153 万人。海军约有 5300 艘战舰投入战斗,包括战斗舰只 1200 艘、登陆舰艇 4126 艘、运输舰 5000 余艘。空军出动作战飞机 13700 架,包括轰炸机 5800 架、战斗机 4900 架、运输机和滑翔机 3000 架。

战役历时两月有余,第一阶段为争夺滩头阵地之战。6 月 6 日当天,盟军以 3500 人的生命代价突破了德军的"大西洋壁垒",占领了几个纵深 8—10 千米的登陆场,从而在欧洲大陆建立了立足点。此后经过激战,几个滩头阵地逐渐连成一片,登陆场不断扩大。到 7 月 24 日胜利完成了诺曼底登陆,将登陆场扩展到正面宽 100 千米,纵深 30—50 千米的范围,建立了稳固的防线,具备了收复西欧大陆的条件。7 月 25 日—8 月 25 日为战役第二阶段。盟军展开进攻,分三路出击,直至前进到塞纳河,逼近巴黎。至 8 月底,德军损失近 40 万人,其中 25 万人被俘。德军高级将领中被撤职或受伤的有元帅 3 人,集团军司令 1 人,被击毙或被俘者有集团军司令、军长、师长等高级将领近 20 人。

诺曼底登陆成功,美英军队重返欧洲大陆,使纳粹德国陷入两面作战,减轻了苏军的压力,使战略态势发生了根本性变化,加快了法西斯德国无条件投降的进程。

恐怖的蘑菇云

1945年7月16日凌晨，在新墨西哥州的阿拉莫戈多沙漠上，随着被称为"大男孩"的原子弹轰然炸响，一道令人炫目的白光，一个蘑菇状的大圆球突然升到了3000米以上的高空，爆炸核心的铁塔也被高温熔化为气体在瞬间蒸发得无影无踪！地面上形成一个巨大的弹坑。在400米半径范围内，沙石被熔化成了黄绿色的玻璃状物质，1600米半径范围内，所有的动物全部死亡。

爆炸超出了现场所有人的想象，整个美国西南部都感到了震撼。为隐瞒真相，美国谎称是军事基地的弹药库发生了爆炸。曼哈顿工程负责人之一，被称为"原子弹之父"的著名科学家奥本海默用印度的一首古诗形容："漫天奇光异彩，有如圣灵逞威，只有一千个太阳，才能与其争辉。我是死神，我是世界的毁灭者。"这是人类历史上的第一次核试验。

20天后，美国总统杜鲁门向军方下达命令：去投掷那颗大炸弹吧。负责执行投弹任务的是美国空军509大队的飞行员。这批飞行员是从各个飞行部队严格筛选出来的，在任务到来之前，509大队的成员只知道将来要执行一项特殊使命，他们进行了10个月的精确投弹训练。训练后期就是每天出动两三架飞机，到日本去扔一颗炸弹然后回来，只有队长蒂贝斯上校知道为什么要反复演练这个动作。在实战训练中他们总共投下了38枚模拟炸弹。

美国第一颗作战原子弹"小男孩"，被分成四个部分，由三架飞机和一艘巡洋舰分别运到太平洋上的提尼安岛，并在这里组装起来，被装上82号B-29型轰炸机。82号B-29型轰炸机由蒂贝斯上校担任正驾驶，罗伯特—刘易斯为副驾驶，技术专家柏森斯上校奉命随机飞行。随82号机一同行动的还有5架B-29型轰炸机，其中2架负责侦察，3架随时报告天气情况。

8月6日凌晨，执行任务的飞机滑出了跑道，升空，飞往日本。8时15分广岛上空，原子弹被投出弹舱，在离地面600米处爆炸。令人眼花目眩的强烈的白色闪光，震耳欲聋的大爆炸，巨大的蘑菇状烟云，接着便竖起几百根火柱，火海和浓烟笼罩了全城。指挥官蒂贝斯

1941年

曼哈顿计划开始实施。

1945年

2月，美苏英举行雅尔塔会议，就战后世界的安排达成协议。美国付出惨重代价攻占硫磺岛。

4—7月，美国占领距日本本土仅560千米的冲绳岛。

7月16日，第一颗原子弹在新墨西哥州的阿拉莫多戈爆炸成功。

8月6—9日，美国在广岛和长崎投掷原子弹。

8月15日，日本宣布投降。

上校描述了当时的情形：“巨大的紫色蘑菇云高达 4.5 万英尺，从我们的高度看也有 3 英里高而且就像某种可怕的怪物一样一直不断地向上蒸腾。更为可怕的是地面情景。地面上火光冲天，其间夹杂着不少像沸腾的沥青一样腾空而起的烟柱。”

从地面上所看到的情况和空中大为不同，情形更为惨烈。方圆 5000 米的建筑毁于一旦。核爆中心的温度高达 2982℃，火球“瞬间就可以把人烧成焦炭，把所有的脏器都融化掉”，离中心远一点的地方，可以看到一刹那间被烧毁的男人和女人及儿童的残骸。更远一些的地方，有些人虽侥幸还活着，但也都被严重烧伤。街道上到处是鬼一样的伤者，跌跌撞撞地在烧焦的或已僵硬的尸体间走着。身上的衣服被烧光，有的还露着骨头。待在家里的人也被瓦砾掩埋。

“我只能回忆起那种浑浊的闪光，大概有两到三秒钟的样子，然后我就不省人事了。我不知道昏迷了多久。可怕，太可怕了！到处是瓦砾和烟雾，空气中尘土飞扬。我被压在废墟下，疼得不得了，动弹不得。……我将瓦砾慢慢地往边上扒，抬起身体。这时我才看清了混乱的程度。广岛的上空是黑暗的，像龙卷风或者火球一样的东西盘旋在城市上空。”安斋育郎回忆着当年的恐怖情形，那时他还只有 13 岁，能死里逃生真是个奇迹，他的学校距炸弹爆炸中心只有 800 米。几个月后他脱发、失明，甚至无法站立。好在他年轻，最终幸存下来，长大后成为广岛和平纪念博物馆馆长。

保罗·福塞尔是一名年轻的美国少尉，当他正准备从欧洲战场转战太平洋战场的时候，突然听到了广岛遭到原子弹轰炸的消息。“别看我们表面上看起来像是坚不可摧的样子，但听到这消息的时候，我们真心感到如释重负，高兴得大声呼喊起来。我们终于可以活下来了！我们终于不必担心这么年轻就和这个世界说再见了！”这是福塞尔在他 1988 年出版的一本书——《多亏扔下了原子弹》中的一段话。

在第二颗原子弹投放一周后，日本裕仁天皇第一次向全民广播：“因为战争不一定会使日本向有利方面发展”以及敌人“投放了新式的残酷的炸弹”，国家要接受和平。9 月 2 日，日本在投降书上签字，二战结束。

曼哈顿计划

二战前夕，为逃避德国法西斯迫害而移居美国的一些科学家，担心德国抢先造出原子弹，便推举世界著名的物理学家爱因斯坦上书美国总统罗斯福，建议加强利用核裂变过程来制造超级炸弹。罗斯福总统采纳了爱因斯坦等科学家的建议，下令成立研究原子武器的委员会。

珍珠港事件爆发后，美国加速了研制原子弹的进程。1942 年 6 月，美国正式开始实施原子弹研制计划，由于总部最初设在纽约市曼哈顿区，因此叫做"曼哈顿计划"。该计划是在绝对保密的情况下进行的，全美国只有 12 人知道整个工程情况，即便是高层领导，也只有罗斯福总统和陆军部长史汀生知情，甚至当时的副总统杜鲁门都不知道这一计划的存在。

奥本海默（左）与格罗夫斯在试验场

整个计划由美国陆军工兵部队全面负责，美国陆军准将格罗夫斯为总指挥，由芝加哥大学教授康普顿负责裂变材料的制备工作，美籍意大利科学家费米负责制造原子反应堆，物理学家奥本海默为原子弹总设计师。此外还集中了当时除纳粹德国外几乎所有西方国家最优秀的核科学家，动用了 10 多万科技人员和工人，顶峰时期曾经投入了 53.9 万人，总耗资高达 25 亿美元。这是在此之前任何一次武器实验所无法比拟的。

1945 年 7 月初，最初的 3 颗原子弹终于制造出来，被分别命名为"大男孩""小男孩"和"胖子"。1945 年 7 月 16 日凌晨，第一颗原子弹在美国新墨西哥州阿拉莫戈多空军基地的沙漠上爆炸成功，整个工程历时 3 年取得圆满成功。

孤胆英雄墨菲传奇

1945 年

4 月，罗斯福去世，杜鲁门继任总统。

5 月 8 日，德国投降，欧战结束。

7 月，波茨坦会议，中美英发表《敦促日本投降之波茨坦公告》。美国参议院批准《联合国宪章》。

美国阿灵顿国家公墓有一块墓碑，上面刻满了墓主人所获得的各项荣誉：国会荣誉勋章，卓越服务十字勋章，两个银星章，功绩勋章，两个带有英勇标的铜星章，三个紫心章。这里安葬的就是二战期间最具传奇色彩的战斗英雄奥迪·墨菲。他的一位战友说："像他这样的人，这个墓碑未免太小了一点。"

1926 年，墨菲出生在得克萨斯州一个爱尔兰移民家庭，因生活贫困小学 5 年级就辍学打工，补贴家用。太平洋战争爆发时他才 15 岁。第二年 6 月，墨菲在姐姐帮助下冒充 18 岁参加了军队。1943 年初，他作为陆军第 3 师 15 步兵团的一名补充兵员，被运送到卡萨布兰卡参加北非战役，但在非洲，他没有机会直接参加战斗。

墨菲的首次战斗是在 1943 年 7 月 10 日，陆军第 3 师作为巴顿第 7 军的左翼在西西里登陆，随后的战役中，墨菲因抓获 2 名企图逃跑的敌军军官而受到奖励，升为下士。当年 9 月，美军在意大利本土登陆。一天夜间，墨菲带领的一支巡逻队遭到德军伏击，他沉着应战，伏击的德军反而被打死 3 人、被俘数人，此战让他成为一名上士。在此后的战斗中，墨菲因表现勇敢而多次获得勋章。1944 年 8 月，第 3 师在法国南部登陆，他单枪匹马攻下了德军机枪阵地，随后用德军机枪又清除了附近的几个德军火力点。这使他获得了美军卓越服务勋章。不久后，他又获得银星勋章，并被提升为准尉排长，1945 年初升任少尉军衔。

1945 年 1 月 26 日是墨菲真正大放光芒的一天。当日在法国赫尔茨威尔附近，墨菲的连队与德军的 6 辆坦克和若干步兵遭

奥迪·墨菲

遇,当时他满员 128 人的连队打得只剩下 19 人。在此情况下,墨菲果断命令其他战士撤到身后的树林里埋伏,自己一人留在前沿阵地通过电话指挥后方炮兵射击,对敌人造成了极大杀伤。当敌人的坦克发现了他的位置后,墨菲迅速跳入右后方一辆已经被击中正在燃烧的坦克歼击车,不顾随时可能爆炸的危险,操起机枪对着敌人进行扫射。独自一人面对从三个方向攻过来的成群德军,墨菲毫不畏惧,凭借汹涌的火力压制迫使德军不能前进一步。就这样坚持了一个多小时,其间腿部受伤他也全然不顾,直到子弹打光,用以指挥炮兵的电话线也被炮弹炸断,他才退回树林中。与连队会合后他顾不上包扎伤口,立即组织全连 19 人反攻,最终迫使德军撤退。墨菲无畏的勇气使连队免遭了被围歼的命运。在这次战斗中,他个人打死打伤 50 多名德军。

在欧洲战场 21 个月的战斗中,墨菲共击毁德军坦克 6 辆,击毙德军约 240 名,俘获的敌人则更多。战争结束时,他已获得了当时美军的所有勋章,包括代表美国陆军最高奖赏的“荣誉勋章”共 33 枚。此外还得到了法国和比利时颁发的 5 枚勋章,成为二战期间获得勋章最多的美军士兵。从欧洲回国后,墨菲已成为全国知名的战斗英雄,受邀参加各种游行、宴会和发表演讲,当时他实际才不到 20 岁。

1945 年 8 月墨菲作为一名中尉退役,此后到好莱坞成了一名演员。在 25 年间,共拍摄了 44 部电影,其中多为西部片。他最卖座的影片是 1955 年根据他同名自传改编拍摄的电影《百战荣归》,这也是环球电影公司 43 年历史中最卖座的一部电影,票房纪录直至 1975 年才被《大白鲨》打破。

虽然演艺事业获得成功,但墨菲在战后长期受“创伤性压力恐惧症”的困扰,经常失眠、做噩梦,还有阵发性抑郁。他直言不讳地说出自己的心理疾病、提倡对从战争中退伍回来的老兵进行心理治疗,并要求把这些疾病纳入医疗保险项目单内。他还要求美国政府加强对这些心理疾病的科学研究。

1971 年 5 月 28 日,墨菲在一次飞机失事中丧生。为了纪念奥迪·墨菲,美国设立了“奥迪·墨菲爱国主义奖”。该奖项每年颁发一次,授予那些杰出爱国人士或者能代表真正美国精神的杰出团体。

8 月,杜鲁门总统宣布终止《租借法案》。

9 月 2 日,日本正式投降,二战结束。

10 月,联合国成立。

二战的影响

第二次世界大战对于美国而言，损失远超过任何以往的对外战争。共有 100 万人伤亡，其中死亡 40 万人。但从所占人口比例来看，比其他主要盟国和敌人损失都要小得多，而且美国本土没有遭到战争的破坏。尽管如此，这场战争无论在国内还是国际事务中依然对美国具有深远的影响。

在经济上，最直接和最明显的影响就是使美国彻底走出了大萧条，并为一个前所未有的繁荣时代奠定了基础。战争动员刺激了生产力的高速增长，经济获得了惊人的发展。1940—1945 年，美国国民生产总值增长了 1 倍多，人均收入也增加了，而且收入不均等的程度有所下降。随着 1500 万人参军及生产订单的增加，国内就业充分，失业率从 14% 下降到 2%，几乎消失了失业现象。为军事目的开发的新技术和产品——雷达、计算机、电子、塑料和合成剂、喷气飞机、火箭、核能——也开始彻底改变私营部门。

从社会意义上讲，战争对不同的社会群体有着各不相同的影响。对于大多数人来说，战争带来的是破坏性的影响——家庭分离、住房拥挤、消费品匮乏。战争也加速了人口从乡村往城市流动，对不同性别、不同种族的人提出了挑战，也提供了新的机遇，其后续的影响是 20 世纪 60 年代的民权运动和 70 年代女权运动的发展。

这场战争更重要的遗产是结束了美国的孤立主义。随着美国成为世界上经济和军事最强大的国家，它决心要在全球范围内行使权力，要为国际安全承担义务。

冷战时期

第二次世界大战结束以后,美国和苏联崛起为超级大国,由于在战略目标以及其他方面的对立,美苏的战时同盟基础迅速发生了动摇,在经历了战后短暂的和谐期之后,两国关系骤然紧张起来。一个作为社会主义国家,一个作为资本主义国家,彼此都用一种恐惧、怀疑和厌恶的眼光注视着对方。在人权、个人自由和宗教信仰等基本问题上,双方都存在着分歧。日本和德国战败造成一定的权力空间,又使两国卷入一场为争夺战略利益而展开的争夺战,杜鲁门政府的对苏遏制战略逐步形成。1947年3月随着杜鲁门主义的出笼,冷战正式开始,美苏战时建立的不稳定联盟瓦解。美苏两个超级大国各自缔结政治军事同盟,在欧亚大陆进行激烈的对抗与较量。

国际紧张局势影响了美国的政治、文化乃至外交关系。在充满偏执和焦虑的氛围中,美国国内产生了对内部敌人的深深恐惧,担心破坏美国的外交政策,担心将核机密交给苏联人。美国放弃了多年以来对于和平时期联盟的反感,与1796年相比已经走得太远。进行全球扩张并与苏联进行冷战,也让美国付出了重大代价。朝鲜战争与越南战争、遍及全球的基地和驻军、大量的对外经济和军事援助等,日益成为美国沉重的财政负担。20世纪70年代,尼克松政府不得不调整美国的外交政策,实行战略收缩。

冷战时期的柏林墙

　　柏林墙，正式名称为"反法西斯防卫墙"。作为冷战时代的象征，是 1961 年 8 月第二次柏林危机期间，东德政府一夜之间在东西柏林间修建起的一道界墙，以制止东德居民逃往西柏林。建成后总长约 170 千米，高 3.6 米。1989 年东欧政局动荡，东德政府在民众压力下被迫开放柏林墙。1990 年 6 月宣布拆除。

冷战斗士杜鲁门

1945 年 4 月 12 日下午 5 时 47 分，白宫总机通知美联社、合众社、国际新闻社在电话里收听紧急新闻发布。这三家通讯社的记者拿起听筒，听到下列内容："总统于今天下午突然逝世，时间是……"

已经担任总统 12 年的富兰克林·罗斯福突发脑溢血去世。当第一夫人埃莉诺·罗斯福把这一消息告诉副总统哈里·杜鲁门时，他过了好一会儿才回过神来。应该说，这位新总统对这一时刻的突然到来毫无准备。他当副总统才刚满 82 天，这期间，他只和罗斯福见过两次面，根本没有机会讨论国家正在面临的千头万绪的工作。上任第一天，杜鲁门面对记者坦言："我的感觉就像月亮、星星和所有星球都要压在我身上了。我已经接下了一份人类所能承受的最大压力的工作。"

1884 年，杜鲁门出生于密苏里州的一个小镇，中学毕业后因家境贫困而放弃学业，从事过农业、商业、矿业，但一直没有成功，也许他天生不是一块做商人的料。第一次世界大战给他带来了机会，他在第一时间去应征入伍，尽管视力不佳还是被接收了，成为第 129 野战炮兵团的一名炮兵指挥官，参加过几次重要战斗并以少校军衔退役。之后，杜鲁门开始步入政坛，从基层法官做起，二战爆发前已成为一名联邦参议员。

二战期间，杜鲁门曾任国防计划调查委员会主席，因揭露贪污、渎职现象和提出不少建设性意见而声名鹊起，成为《时代周刊》封面

杜鲁门宣誓就职

马歇尔计划

又称欧洲复兴计划，是第二次世界大战结束后美国对被战争破坏的西欧各国进行经济援助、协助重建的计划，对欧洲国家的发展和世界政治格局产生了深远的影响。该计划于 1948 年 4 月正式启动，并整整持续了 4 个财政年度之久。在这段时期内，西欧各国通过参加欧洲经济合作组织，总共接受了美国包括金融、技术、设备等各种形式的援助 131.5 亿美元。

人物。但华盛顿政界认为，杜鲁门当上 1944 年副总统候选人，只是党内力量妥协的结果。这点罗斯福从来不加否定。在他和杜鲁门同选获胜之后，也几乎没有向谁提到过杜鲁门。结果是，杜鲁门上台时成了美国历史上最缺乏准备的总统。

尽管没有罗斯福的干劲和魅力，也没有罗斯福的才华和创造力，更缺乏执政经验，但杜鲁门勇敢接受了挑战。他有自己的优点。他的果断，他的活跃性格，他的敏锐头脑，他的行政管理能力，在他就任总统后逐渐被大众所知。而且他有信心，他也必须得有信心，因为从战争到和平的过渡是一项非常艰巨的任务。面对一系列棘手问题，杜鲁门做出了许多重大决定，对战后美国的内政外交和国际关系产生了深刻的影响。在他椭圆形办公室的办公桌上，有一句座右铭："这里要负最后责任。"

在外交方面，杜鲁门不同于罗斯福，他对共产主义和苏联政权并不抱任何幻想。从一开始，他就把纳粹德国和苏俄看作是两个可怕的极权主义体制，认为二者之间在道德上没有什么选择可言。当希特勒 1941 年入侵苏联的时候，他告诉一位记者："如果我们眼看着德国要赢，就该帮着俄国，如果俄国要赢，我们就应该帮德国。那样就可以尽可能多地让他们互相残杀。"

战争结束后，杜鲁门意识到美国和苏联不再存在共同敌人和利益，因此随着双方矛盾日益激化，他对苏联的行为越来越敌视，他认为俄国人"只懂一种语言，即你们有多少个师"。所以应在他们还没在世界各地稳住阵脚之前，"站出来勇敢面对苏联的挑战"。1947 年 3 月 12 日下午，杜鲁门在国会两院联席会议上发表咨文，他攻击苏联是极权国家，同时极力渲染希腊、土耳其面临的危险局势，说希腊正遭受到共产党领导的"恐怖主义威胁"，而如果希腊或土耳其落到共产党手里，整个中东地区就会丢失。为防止这种"可怕的灾难"发生，他要求国会批准向希腊和土耳其提供 4 亿美元的紧急援助，以抵制极权政体强加于它们的种种侵犯行为。

杜鲁门这篇演说并不长，从他进出会议厅总共不过 21 分钟，但在国内外激起强烈反响。很多议员对杜鲁门公然呼吁武装和支持不得人心的独裁政权，感到十分不安。参议员伯纳德·巴鲁克说：这次演讲"不啻宣布发动一场……意识形态或宗教战争"。反对派领袖亨利·华莱士在杜鲁门讲话的第二天，在国家广播电台发表演说，谴责杜鲁门"背叛"了罗斯福对世界和平的展望。苏联更是怒不可遏，《真理报》谴责美国"假借仁慈之名，进行帝国主义扩张，妄图将门罗主义延伸到旧世界"。

不管怎样，通过夸大不采取行动的恶果，并以意识形态的原因为自己辩护，杜鲁门实现了自己的目标。这篇咨文成为美国政府的对苏"冷战宣言"，被冠称"杜鲁门主义"。在此后长达30年的时间内，杜鲁门主义一直作为美国对外政策的基本原则并起着支配性作用。1947年重建欧洲的马歇尔计划，1949年建立的北约组织，以及后来的朝鲜战争和越南战争都是杜鲁门主义的逻辑后果。

6月，国会通过《范登堡决议》，为战后美国参加地区性军事同盟组织扫清障碍。第一次柏林危机爆发。

知识链接

美国成为超级大国

战后初期，美国是唯一的经济大国。集中了全世界资本总额的3/4和工业生产能力的2/3，对人类生活所需的最重要的因素取得了几乎独占地位。生产了资本主义世界1/3的小麦，1/2的棉花，70%的玉米，62%的煤和石油，61%的钢，48%的电力和84%的汽车，拥有全世界84%的民用飞机，85%的冰箱和洗衣机。拥有资本主义世界黄金储备的近59%，是战后仅有的有能力向国外提供援助的国家，并通过经济援助扩大了商品和劳务出口。而且美国拥有全世界船舶总吨位的一半以上，可以把本国商品运往世界各地。这使美国的出口占世界总额的1/3。英国的外交大臣欧内斯特·贝文感慨地说，美国"今天正处在拿破仑战争结束时英国的地位。拿破仑战争结束后，英国掌握全世界财富的30%，而今天，美国则掌握大约50%"。

军事上，美国拥有世界上最强大的军事机器。海军雄踞世界首位，海军舰艇吨位超过位居第二的英国两倍多，具有通过海洋向世界各地投送兵力的能力。美国的空军是当时世界上最庞大和最先进的。拥有超级空中堡垒B-29远程战略轰炸机和世界上唯一能横跨大洋的航空力量。美国在世界各地建立了480多个军事基地，控制了世界上几乎每一片海域。美国还通过签订军事条约，组织军事集团，提供军事援助，加强了在世界各地的军事存在。

此外，美国是反法西斯战争的领导者，是联合国的倡导者和支持者，是许多地区组织的支持者和组织者，具有巨大的政治影响力和号召力。

麦克阿瑟的辉煌与黯淡

"澳大利亚的保卫者，菲律宾的解放者，日本的征服者，朝鲜的捍卫者。"这些文字镌刻在国会颁发的一枚金质特殊荣誉勋章上，这枚勋章的主人就是被美国国民称为"一代老兵"的道格拉斯·麦克阿瑟。

麦克阿瑟 1880 年出生于阿肯色州的一个军人家庭，毕业于著名的西点军校。一战爆发后曾赴法国参战，因作战勇敢和指挥有方，数次获得勋章并升任陆军准将。战争结束后，39 岁的麦克阿瑟被任命为西点军校校长，成为该校自创校以来最年轻的校长。至今，学校体育馆的上方还镌刻着他的一句话：今天，在友好场地上播撒下的种子，明天，一定会在战场上收获胜利的果实！

二战期间，麦克阿瑟以陆军五星上将军衔历任美国远东军司令、西南太平洋战区盟军司令，为太平洋战争的胜利做出重要贡献。日本投降后，麦克阿瑟出任驻日盟军最高司令，负责对日军事占领和日本的重建工作。朝鲜战争爆发，麦克阿瑟又被任命为联合国军总司令，奔赴朝鲜战场。

"在麦克阿瑟的一生当中，1950 年 9 月 15 日这一天让他成为一个军事奇才"，他的传记作家贝雷特写道："对于任何一位伟大的将领来说，总有一场战役要比其他战斗更加至关重要，而这场战役的考验让他得以跻身于那些不朽的将领之列。对于麦克阿瑟来说，这场战役发生在仁川。"仁川战役是一场豪赌，对于这次行动，不仅海军方面表示怀疑，参谋长

麦克阿瑟（前中）在指挥作战

联席会议也竭力反对。但麦克阿瑟力排众议，坚持己见，取得了仁川两栖登陆的成功。

至此，麦克阿瑟的大半生都是用战争和军功写就的辉煌。但正如大卫·哈伯斯塔姆所说："即使是最精明的人常常也不知道，自己人生最辉煌的乐章已经结束，现在是离开这个舞台的时候了，那些自我专注的人就更是这样了。麦克阿瑟就是一个典型的例子。"仁川战役是麦克阿瑟在朝鲜战场上最后一次，也是仅有的一次大捷。远东司令部的一位低级军官麦卡弗雷说："如果他在仁川登陆的第二天退休，那么美国每个城市都会出现一所以他的名字命名的学校。但是，他留下的时间越长，说得越多，对自己的伤害也就越大。"

麦克阿瑟在仁川胜利后曾扬言，要在感恩节前结束战斗，让士兵在圣诞节前回家过节。但随着中国人民志愿军入朝参战，形势出现逆转。11月24日，麦克阿瑟发动了大规模攻势。他认为，这场战役将结束战争。但是，数十万中国大军突然潮水般跨过鸭绿江，迫使美国及盟国军队狼狈撤退。参谋长联席会议主席奥马尔·布拉德利将军将这次失利称作"美国历史上最大的一场军事灾难"，《时代周刊》也报道称，这是"美国曾经遭遇的最严重的失败"。

在接连失利的情况下，麦克阿瑟主张对中国东北的军事目标进行打击，必要时动用核武器。他断定，如果美国向"满洲的咽喉"投掷30—50颗原子弹，造成一个"布满辐射性钴的区域"，就可以在10天里打赢这场战争。杜鲁门担心此举会导致苏联参战而不同意，麦克阿瑟便开始公开反对杜鲁门。1951年3月，麦克阿瑟明知杜鲁门正在力促停火，还是向中国发出了最后通牒。别无选择的杜鲁门最终解除了这位桀骜不驯的将军的指挥权。

被解职回国的麦克阿瑟受到美国民众异乎寻常的热情欢迎，就像一位荣归故里的英雄。在国会联席会议上，他就自己在朝鲜战争中的行为进行了辩护。但在随后举行的听证会上，一些军界政要，包括参谋长联席会议主席布拉德利将军公开站出来支持总统的决策。他解释说，"同红色中国较量"只会导致陷入一个"代价更惨重的僵局"，麦克阿瑟的策略是"要把我们卷入一个在错误时间、错误地点与错误敌人进行的错误战争中"。大部分美国人发现布拉德利的逻

1950年
10月7日，美军越过三八线北进。
10月25日，中国人民志愿军开始入朝作战。

1950年
11月，美军发动争取圣诞节回家的军事总攻势惨遭失败。

1951年
4月，杜鲁门解除麦克阿瑟各项指挥权。
5—6月，参议院外委会举行远东军事形势联合听证会。
7月，朝鲜停战谈判开始。

1953年
7月，《朝鲜停战协定》签字。

听证会
起源于英美，是一种把司法审判的模式引入行政和立法程序的制度。听证会模拟司法审判，由意见相反的双方互相辩论，其结果通常对最后的处理有拘束力。

辑更有说服力，越来越多的人开始相信朝鲜的冲突是一场"无谓之战"，麦克阿瑟头顶的光环也随之逐渐消退了。

 知识链接

出兵朝鲜半岛

二战后，由于大国势力的介入，朝鲜在 1948 年 8、9 月间发生分裂，南北以三八线为界先后出现两个政权，北部金日成领导的朝鲜民主主义人民共和国得到苏联的支持；南部李承晚为首的大韩民国得到美国的扶植。

1950 年 6 月 25 日凌晨，南北双方在三八线附近发生冲突，经过几小时激战，南部李承晚军队迅速溃败。朝鲜人民军当天就向南推进 10 多千米。对此，美国政府立即做出反应。6 月 27 日，杜鲁门发布侵朝占台的声明，命令美国海空军参战给南朝鲜军队以"掩护和支持"，同一天提请联合国出面干预。6 月 30 日，美国的地面部队进入朝鲜半岛。

7 月 7 日，联合国安理会通过美国起草的决议，组织联合国军参加朝鲜战争，道格拉斯·麦克阿瑟将军任联合国军总司令。9 月 15 日，麦克阿瑟组织策划仁川登陆取得决定性胜利，将朝鲜人民军拦腰切断，战争形势被完全逆转。10 月 7 日，麦克阿瑟无视中国政府的警告，命令以美军为首的联合国军大规模越过三八线。10 月 19 日，美军攻占平壤，与此同时，彭德怀率领的中国人民志愿军跨过鸭绿江进入朝鲜。10 月 25 日至 1951 年 1 月 8 日，经过三次战役，中国人民志愿军将联合国军由鸭绿江边击退回三八线附近。此后又经过第 4 次、第 5 次战役，战线在三八线附近逐渐稳定下来，战争陷入残酷的僵局。

和谈于 1951 年 7 月开始，拖延达两年之久，直到 1953 年 7 月 27 日，各方代表在板门店签署了《朝鲜停战协定》，战争正式结束。美国在这场战争中 3.3 万人阵亡，10 多万人受伤或失踪。

非理性的红色恐慌

当杜鲁门在国外展开冷战之际,冷战问题也逐渐成为美国国内的主要问题。官方和媒体警告民众,邪恶而狂热的共产党正致力于摧毁美国的生活方式,他们无孔不入,潜伏在这个国家的每一个角落。在这样的红色恐慌中,美国人在国内外都在同实际的和想象中的共产主义敌人作战。

1947年3月21日,杜鲁门总统发布9835号命令,要求对250万公务员进行一次新的安全审查,即所谓"忠诚甄别"。杜鲁门政府规定的不忠诚,是指作为正式成员参加属于极权主义性质的任何机构、组织、运动或团体,也包括同他们发生联合关系或同情关系。那些受到指控的人们既不能与控告者当面对质,也无法查清控告的根据。当局开始组织大型集会,所有雇员都要高唱"天佑美国",并进行自由宣誓。1947—1951年,忠诚调查委员会就地解雇了约3000名政府雇员,强迫3万余人辞职。

从1947年12月开始,调查扩大到武装部队的300万成员和国防订货承包商的300万雇员。这样,在美国至少约800万人"经常处于需要证明他们忠诚的阴影之下,如果任何匿名的、受保护的告密者怀疑他们的忠诚的话"。他们的家属,美国则有2000万人面临着随时会受到审查的威胁,他们的人权、自由随时都会被国家安全利益所剥夺。

在忠诚调查的影响下,美国的社会舆论也随之右转,教授社会科学的教师如果不在课堂上大骂苏联和共产主义就会被解雇,辛辛那提红色棒球队被迫更改了名称,甚至参加角逐美国小姐的候选人都必须陈述她们对卡尔·马克思的看法。正如缅因州参议员玛格丽特·史密斯所言:"我们国家在心理上被慌乱和怀疑弄得四分五裂,这种惶惶不安的怀疑情绪从美国参议院产生,一无所知、怀疑一切的态度如癌细胞一般扩展蔓延。"

1950年的五一劳动节,在威斯康星州的莫西尼市,美国军团的成员们把自己装扮成苏联士兵,上演了一幕假装共产党人接管该城的节目。这一创意是想让人们体验一下"苏联式的共产党专制政权下的

1949 年

10 月,美共 11 名领导人以密谋教唆和鼓吹暴力推翻政府之名被判有罪。

1950 年

1 月,杜鲁门命令原子能委员会着手研制氢弹。

2 月,麦卡锡掀起在政府中清除共产党运动。

麦卡伦法

即 1950 年国内安全法。规定凡与人联合、共谋或赞同某人进行任何可能充分导致建立极权主义专政的行动均为非法。所有共产党组织必须向政府登记并公开活动记录,属于极权主义党派的外国人禁止进入美国。

1952 年

6 月,国会通过《麦卡伦—沃尔特法》。

11 月,美国在太平洋试验场爆炸一颗500 万吨级的氢弹。

生活是什么样子"。军团成员们逮捕了市长和牧师并把他们关押起来;他们使所有的企业国有化,没收了所有的武器,清除了图书馆里可能招致反对的图书。他们甚至强迫莫西尼的居民改变饮食习惯,餐馆只提供土豆汤、黑面包和黑咖啡,并且只有共青团员才被允许吃糖。最后,莫西尼的"爱国者"解放了他们的城市,还在傍晚时分举行了大型的群众民主集会,播放了爱国主义音乐,还焚烧了共产党的书籍。

对于大多数莫西尼市的公民来说,这是一次有教训意味的体验。一位居民说:"我们真的百分之百地了解了共产主义是怎么回事。"更多的人表示:不能容忍缺乏隐私、言论、新闻、宗教等基本自由。有位参与演出的人坦言:"我知道,有些人甚至会开车到别的城市去找吃的。但是在俄国,我估计在哪里你都找不到其他可吃的东西。"最终居民们得出结论,共产主义统治下的生活不值得去过。尽管莫西尼的红五月含有幽默的成分,但在这一事件背后的却是一种全国的心态:那可不是件好玩的事。

在麦卡锡主义猖獗的时期,城市和学校的图书馆藏书目录也受到清查,被贴上可疑标签的书籍都被查禁或焚毁,其中包括关于雕塑、精神病、酒类、托幼和建筑的专著以及侦探小说。甚至爱因斯坦的《相对论》也在可疑之列,连一本介绍苏联芭蕾舞的书也因为提到了苏联而被麦卡锡主义分子付之一炬。1947—1954 年间,好莱坞的制片商们发行了50 多部强烈反共的影片,多数是由三流演员主演的二流片。这些影片向美国人表明:共产党员都是不折不扣的坏蛋——他们没有小孩,他们伤害自己的朋友。而且这些反共电影中的共产党员看起来都是一个模样:要么形容枯槁,要么身材矮胖面目可憎。这些影片一直是公民教育中的反面教材,但它们的确造成了影响。似乎到处都有共产党人,每个阴影里都潜伏着颠覆活动。

朝鲜战争的结束和麦卡锡的倒台标志

麦卡锡

着"红色恐慌"的终结。冷战还在继续，但大多数美国人逐渐意识到，国内并不存在重大的共产主义威胁。

麦卡锡主义

约瑟夫·麦卡锡是威斯康星州一位名不见经传的参议员、共和党人。1950 年 2 月在西弗吉尼亚州的一次演讲中，他声称掌握了一份有 205 人的国务院雇员名单，这些人都是持党证的共产党员。麦卡锡后来将这一数字调整到 81 人——随后又减少到 57 人。这位参议员可以提出任何数字，因为他没有任何证据、证词或文件材料。他所有的只是大字标题式的醒目指控、狂热的断言和煽风点火的话题，但美国数以百万计的反共分子却宁可信其有。这场耸人听闻的指控很快在美国媒体上广泛传播，于是，麦卡锡这个无名之辈在美国的反共浪潮中迅速成为令所有美国人望而生畏的人物之一。

麦卡锡主义带来了一个极端的年代。在麦卡锡主义最猖獗的时期，美国国务院、国防部、重要的国防工厂、美国之音、美国政府印刷局等要害部门都未能逃脱麦卡锡非美调查委员会的清查。他的指控都非常简单：麦卡锡擅长中伤而不是证明，擅长诽谤而不是本质，擅长捏造而不是事实。他所提出的指控最终都被证明不堪一击，但他的基本战术从来没有战败过。你抓住他在这件事上撒谎，他就告诉你另一件事；这件事还没有解决，他又制造出另一件事。

1954 年，麦卡锡主义达到顶端。他指控美军和政府官员从事颠覆活动，为此参议院举行了一系列陆军—麦卡锡听证会，同时向全国进行电视直播。结果，他完全无法证明别人的叛国行为，反而暴露了自己的政治投机行为。1954 年 12 月 1 日，在全国上下的一片声讨声中，参议院公开谴责了麦卡锡。就此，持续近 5 年的麦卡锡主义彻底破产。

1956 年

苏联镇压匈牙利事件。

1959 年

卡斯特罗在古巴执政。
赫鲁晓夫访问美国。

U-2 侦察机

　　美国 1956 年开始装备的一种高空侦察机，在 20 世纪五六十年代进行了大量飞行，用于侦察苏联等社会主义阵营的弹道导弹配置状况。该机飞行高度为 2.7 万米，装载了侦察用特殊照相机，运用的胶卷长达 3500 米，能够把长 200 千米，宽 5000 米范围内的景物拍成 4000 张照片，而且清晰度很高。后来随着侦察卫星的应用，其作用逐渐弱化。

1960 年

5 月，美国一架 U-2 高空侦察机被苏联导弹击落，巴黎峰会流产。

11 月，民主党人约翰·肯尼迪当选总统。

古巴导弹危机

　　1962 年 10 月 14 日是个星期天。在这个万里无云的日子，两架美国 U-2 间谍侦察机从南向北飞过了古巴西部上空，拍摄了大量图片。专家们研究图片后惊恐地发现，苏联正在古巴修建导弹发射场和部署 S-4 中程弹道导弹，这意味着有能力向美国本土投送核弹头。冷战期间美苏两个超级大国之间最激烈的一次对抗由此爆发。

　　10 月 16 日，得知消息的肯尼迪总统，立刻指定成立一个专门小组，在严格保密的情况下夜以继日地开会研究对策，进行了一星期的紧张讨论。10 月 22 日晚，肯尼迪发表电视讲话，向全国民众公开了苏联在古巴秘密部署导弹的情况，声称这是"一种对现状的故意挑衅和不合理改变"，坚决不能接受。最后，他令人不安地宣布："我们不会轻率地或不必要地冒着世界陷入核战争的危险。在这样一场大战中，即使胜利的果实也将变成我们口中的灰烬，但无论在任何时候，如果必须面对危险，我们绝不会退缩。"他提出的具体措施是：对一切正在运往古巴的进攻性军事装备实行海上隔离。

　　10 月 24 日上午 10 时起，美国正式开始对古巴实施海上隔离。在 68 个空军中队和 8 艘航空母舰护卫下，由 90 艘军舰组成的美国庞大舰队出动了。在蓝色的加勒比海上，美国海军舰只从佛罗里达到波多黎各几千英里长的海域形成一个弧形，将整个古巴像个铁桶似地团团围住了。在离古巴东部海岸约 300 千米的大特克岛上，还设有巨大的美军导弹跟踪站，密切监视驶往古巴的船只。与此同时，美国导弹部队全部奉命处于高度戒备状态，导弹在发射台上听候指令。不仅在佛罗里达和邻近各州，美国集结了第二次世界大战后最庞大的登陆部队，而且世界各地的美军基地也进入戒备状态，美苏之间的核战争一触即发。

　　当美苏剑拔弩张之时，全世界都紧张地注视着双方的动作。英国建议美国把拦截地带放在更靠近古巴的地方，这样可以给苏联多一点考虑的时间，避免过早发生冲突。美国接受了。联合国秘书长吴丹也提出一项建议：苏联停止运送武器，美国暂停海上隔离，以便获得时间进行谈判。美国认为这对已经进入古巴、并且正在加紧安装的苏联导弹没有任何制约，因而拒绝了这一提议。

美国宣布隔离之初，苏联一面发表抗议声明，坚称在古巴的武器是防御性的，一面加紧建设在古巴的基地，加速拆箱装配已运去的导弹。在大西洋上行驶的苏联船只也没有改变航向，继续向古巴驶去，越来越接近美军战舰的阵位。很多美国人都在电视上注视着这一幕。苏联高级军官奥尔洛夫说："我们在莫斯科国土防空军中央指挥所内同样注视着图板上标示的接近过程。传递的报告都是个位数的公里数：5、4、3。"大洋两边所有注视着这一幕的人神经都紧张到了极点。

但就在最后时刻，苏联船舶接到莫斯科发来的密码电报，命令他们不得越过隔离线，而要撤至安全距离，不抛锚停泊，等待后续指令。随后，苏联船舶停止前进了，然后拐弯、返航。白宫嘘了一口气。"不要扣留和检查"，肯尼迪说。美国飞机一直"护航"，跟踪到苏联港口。

隔离问题似乎未触发事件就这样解决了，但紧张局势并未缓和。至此，苏联在古巴发射场的工作仍在进行，华盛顿的备战也在继续。最后，赫鲁晓夫面对美国的强硬立场和国际舆论压力，首先发出缓和信息。27日，肯尼迪回信暗示可以同意赫鲁晓夫的建议，但谈判开始前要苏联先停止导弹基地的一切工作。信交到苏联驻美使馆，限24小时答复，否则就要采取军事行动。

在焦急等待苏联的回应时，又发生了两起使局势进一步加剧的事件。美国一架U-2飞机前往北极地区执行任务时由于导航设备故障偏离航向，侵入了苏联领空。苏联两架歼击机起飞拦截。与此同时，美方也派出两架截击机前往救援。双方一旦遭遇，后果不堪设想。幸亏导航不准确，苏联歼击机返回了基地。

但仅仅过了2小时，又一架美国U-2飞机在古巴上空对导弹基地实施照相侦察时被苏联防空导弹击落，飞行员死亡。五角大楼建议肯尼迪总统立即对古巴实施打击，总统没有同意。赫鲁晓夫得知美军飞行员死亡的消息后也对国防部长大发雷霆，他下令禁止向美国侦察

1961 年
1月，美国与古巴断绝外交关系。
4月，美国中情局训练和装备的1500名古巴流亡分子在猪湾登陆失败。
肯尼迪在维也纳会见赫鲁晓夫。

1963 年
4月，美苏达成在白宫和克里姆林宫之间建立热线的协议。

反映古巴导弹危机中的美苏对抗的漫画

机开火，同时命令不准任何人接近在古巴的导弹，紧张的程度已经达到极限。

肯尼迪总统忧心如焚地向一位年轻的朋友坦诚："我宁愿让自己的孩子们被赤化，也不愿意让他们死去。"事隔30多年后，麦克纳马拉回忆往昔：10月27日晚上，我离开总统办公室，走出白宫。这是一个晴和的秋天的晚上。当时我想："我可能永远看不到如此美好的星期六的夜晚了。"

终于，赫鲁晓夫的复信28日发到华盛顿，表示停止发射场的工作，导弹装箱运回苏联，将在联合国开始谈判。这样，最紧张的危机过去了。

知识链接

古巴革命

1959年1月1日，菲德尔·卡斯特罗领导古巴人民取得革命胜利，推翻美国一手扶植起来的巴蒂斯塔独裁政权，成立了古巴共和国。新政权成立初期，美国为巩固它在拉美的统治基础，继续同古巴保持着友好关系。但随着卡斯特罗在国内展开土地改革并处决前巴蒂斯塔政权的反动分子，美国政府对古巴新政权日益采取敌视的态度，并在经济上对古巴进行制裁。

面对美国的强大压力，卡斯特罗不得不向苏联寻求援助。苏联出同美国争夺霸权的需要，一直想在拉丁美洲找一个立足点。古巴的求援正是赫鲁晓夫求之不得的事情。1960年古巴和苏联恢复了外交关系。同年，卡斯特罗在联合国大会上发表了一番慷慨激昂的讲话。他面对坐在大厅里的美国人说："是你们促使我们寻求新的市场和新的朋友，它们就是苏联和社会主义世界。在这之后，我们就开始对这种社会主义产生了兴趣并开始研究它。"1961年1月，美国宣布同古巴断绝外交关系。同时，中央情报局根据艾森豪威尔总统的命令，开始在危地马拉训练古巴流亡者，准备进行军事入侵。苏联则抓住机会，增加了对古巴的经济、军事援助。

1961年4月17日，新任总统肯尼迪命令先前被训练的古巴流亡分子入侵古巴。在这次被称为"猪湾事件"的行动中，共有来自美国训练营"2506突击旅"的1500名古巴反动军人在古巴猪湾登陆，妄图以暴力推翻卡斯特罗新政府。但72小时之内，入侵者即被古巴人民一网打尽，猪湾行动彻底失败。

战火中的越南女孩

一名越南小女孩在遭遇凝固汽油弹袭击后背部燃烧、光着身子在公路上哭喊着惊恐奔逃的照片，是人们对越南战争印象最为深刻的画面之一。

照片中的小女孩叫潘金淑，当时只有 9 岁，1972 年 6 月 8 日是她"永远记得的生死奔逃的可怕日子"。那一天，在越南南部距西贡 40 千米的壮庞地区，部分村民栖身的寺庙被美军飞机投下的凝固汽油弹点燃，"我们以为那是个安全的地方，但后来我听到了炸弹爆炸的声音，我的衣服着了火……我很害怕，就跑了出去"。日后回想起来，潘金淑仍记得当时"强烈的灼热和极度的疼痛"。惊恐万状的孩子们沿壮庞附近一号公路奔逃，不远处，年仅 21 岁的美联社越籍摄影记者黄功吾看到这一幕，本能地按下快门，拍下了后来举世闻名的新闻照片《战火中的女孩》。

随后，黄功吾用自己的汽车把小金淑和另外几名受伤的孩子送往医院。在凝固汽油弹的炼狱中，小女孩的半个身体被三度烧伤。她的两个小弟弟被当场烧死，而她的另一个兄弟也被严重烧伤。小金淑是在接受了 10 多次植皮手术、忍受了痛不欲生的治疗后才战胜了死神。但对她来说，生命不再是件轻松的事了。仅仅因为直接烧伤，小金淑就在医院里待了一年多，她上半身大部分留下了大块的伤疤。她的多数脂肪和汗腺也被烧掉了。而且，她还不得不继续忍受偏头痛、糖尿

战火中的女孩

病、呼吸困难和随创伤而来的周期性疼痛。

然而，比身体伤痕更难复原的是精神上的创伤。潘金淑一度因这幅照片所承载的噩梦般的回忆而避世，又经过多年内心挣扎后最终选择原谅，投身反战活动。1996 年 11 月，在华盛顿的越战纪念碑前，潘金淑女士向数千名参加过那场战争、伤害过她和她的同胞的退伍老兵发表演说。她说："我经历了很多肉体上和精神上的痛苦，有时我难以呼吸。但是，上帝拯救了我的生命，并给了我信仰和希望。""如果我可以和那个投下炸弹的飞行员面对面地对话，我会告诉他，我们不能够改变历史，但是为了现在和未来，我们可以促进世界和平。""亲爱的朋友们，我梦想着有一天，全世界的人们都可以生活在真正的和平中，没有对抗，也没有敌意。为所有国家的所有人民能够和平和快乐，让我们一起努力。"

演讲结束后，人群中有一个男人情绪激动地表示一定要见潘金淑。这个人叫约翰·普拉默，越战美军直升机飞行员。"那个人是我"，他向潘金淑承认，痛哭失声，请求潘金淑的原谅。1972 年 6 月 8 日向她的村庄投掷燃烧弹的人就是他，那一年他 24 岁。战斗任务完成的第二天，普拉默也看见了那幅震撼人心的照片。这个受害的小女孩让他的心灵产生了深深的罪恶感。战后，他有过三次婚姻，两次离婚，严重酗酒，整整 24 年陷在痛苦中不能自拔。

潘金淑抱着这位泣不成声的大男人，不停地安慰："我原谅你，我原谅你。"普拉默后来说："她看到了我的悲伤和痛苦，她伸出手臂给我，拥抱我。……她说她原谅了我，我自由了，我终于可以平静地生活了。"一位眼中含泪的美国越战老兵说："对我们来说，她能来这儿是相当重要的。对我们来说，这也是一个治愈越战之痛的疗程。打仗的时候，我们还是孩子。对我们来说，她的宽恕意义重大。"

1997 年 11 月，潘金淑被任命为联合国教科文组织的和平友好大使。12 月，潘金淑成立了金淑基金会，为在战争和恐怖活动中遭受伤害的儿童提供医疗援助的经费。在成立大会上，潘金淑说："我不再逃跑，不再是受害者。让心灵复活，让爱和宽恕成为战胜仇恨和死亡的良药。"

陷入越战泥潭

日本投降后，1945年9月2日，越南民主共和国成立。此后又经过8年的战争，越南人民赶走了法国殖民者。1954年的日内瓦协议中，越南以北纬17°为界被分割成南北两部分，北越是胡志明领导的共产党政府，南越是法国的傀儡保大政权。

1955年10月，美国政府扶植吴庭艳取代保大政权，并通过派遣军事顾问、提供军事装备和经济援助等方式，支持吴庭艳政府在南越实行白色恐怖统治。1961年，肯尼迪政府在南越发动了特种战争。从1964年起，约翰逊政府逐步将战争扩大到越南北方，实施南打北炸的战略，即在南越进行陆上战争，在北越施以大规模空袭。1965年3月，美国派遣3500名海军陆战队队员在南越的岘港登陆，越南战争由开始的特种战争升级为以美军为主的局部战争。此后美国政府又不断增兵，到1967年美军在越南达到50万人。美国在越战泥潭越陷越深。

1968年开始，战局开始向不利于美国的方向发展，与此同时，美军的伤亡越来越多，巨额的战争开支也使国内经济不堪重负，国内掀起声势浩大的反战运动。1968年3月，美国政府被迫宣布部分停止轰炸越南北方。5月，美国与北越开始和谈。年底，美国完全停止了对北越的轰炸。

1971年尼克松总统上台后，提出使战争越南化的策略，开始逐步减少派往南越的美军，希望尽早从越战的泥潭中脱身。但直到1973年1月，处于内外交困中的美国才被迫在和谈中让步，与北越达成《巴黎协定》。3月，美军全部从越南撤出。1975年4月，越南战争以南越政权的覆灭宣告结束。

马丁·路德·金的梦想

1955 年
蒙哥马利公交车抵制事件开始。

1960 年
2 月，北卡罗来纳州格林斯博罗市黑人学生开始静坐抗议运动，反对种族隔离。

1963 年
4—5 月，马丁·路德·金在伯明翰发起人权运动。
8 月，马丁·路德·金发表著名演说《我有一个梦想》。
11 月，肯尼迪遇刺身亡，林登·约翰逊继任总统。

"朋友们，今天我要对你们说，尽管眼下困难重重，但我依然怀有一个梦想，它深深植根于美国梦之中。我想有一天，这个国家将会奋起，实现其立国信条的真谛：我们认为这一真理不言自明——人人生而平等。"在首都华盛顿的林肯纪念堂前，20 多万人同时在倾听，"我梦想有一天……昔日奴隶的儿子能够同昔日奴隶主的儿子同席而坐，亲如手足；我梦想有一天……我的 4 个孩子能生活在一个不是以皮肤的颜色，而是以品格的优劣作为评判标准的国度"。这就是黑人民权运动领袖马丁·路德·金的梦想——一个向往人人生而平等的梦想，一个憧憬种族之间相亲相爱的梦想。

1929 年，马丁·路德·金出生于佐治亚州亚特兰大市一个相对富裕的中产阶级黑人社区，父亲是当地有名的黑人牧师。马丁·路德·金原名迈克，后为纪念欧洲 16 世纪宗教改革家马丁·路德，他将自己的名字改成马丁。1953 年，他以优异成绩毕业于波士顿大学并取得神学博士学位。在学习中，金加深了对神学的认识，并探究了圣雄甘地在社会改革方面的非暴力策略。毕业后，金到亚拉巴马州蒙哥马利市的浸礼会担任了一名普通牧师。

当时的美国南方社会存在着严重的种族隔离和种族歧视现象。1955 年 12 月，蒙哥马利市一位名叫罗莎·帕克斯的黑人缝纫女工，在一次乘坐公共汽车时坐在了专为白人提供的座位上，当被要求离开座位时她拒绝服从。结果，司机在下一站叫来了警察，帕克斯遭到逮捕并以违反隔离法的罪名被起诉。这一事件在黑人社区激起压抑已久的愤怒狂潮，50 位黑人领袖聚集

马丁·路德·金在发表演说

起来商量组织一次大规模的抗议示威活动。

马丁·路德·金成为这场运动的领导者。他是个很有感染力和号召力的演说家。他宣称："时候到了，人们已厌烦了被粗鲁的压迫脚所踢开。该当机立断，停止忍受除了公平和自由以外的任何事情。"他号召全市范围内的黑人团结起来抵制乘坐公共汽车，但要避免使用暴力。金坚信非暴力抗议能唤醒压迫者的良知，是纠正黑人受到不公正待遇的最佳手段。他认为，黑人的抗议应该表现出勇气、尊严和博大的爱："如果有咒骂，不要回骂；如果有攻击，不要还手；任何时候都要保持博爱和友善。"

在长达一年的时间里，当地 5 万黑人几乎都徒步上下班，蒙哥马利公共汽车公司蒙受重大损失。最终在社会舆论的强大压力下，美国最高法院裁定"在公共汽车上实行种族隔离"违反宪法。1956 年12 月 20 日，当地黑人召开群众大会庆祝胜利，金和他的朋友们以及罗莎·帕克斯，一起乘坐了蒙哥马利市第一辆取消种族隔离的公共汽车。但是在种族隔离终止之前，他们还有很长一段路要走。

金以和平方式鼓舞起来的运动很快就超出了蒙哥马利市，越来越多的人参与到反种族隔离运动中。1963 年 4 月，在金的领导下，约15 万黑人在亚拉巴马州的伯明翰市游行示威，抗议该市在商店、餐馆和就业等方面的种族歧视。围观的人群向这些游行者投掷砖块和玻璃瓶，警察殴打他们，并且用消防水龙头向他们喷射高压水柱。然而，游行者不但没有被驱散，人数反倒增加了。他们高喊着："自由！自由！自由！"在运动过程中被捕入狱的金，在监狱中写下了美国民权运动史上有名的文章——《来自伯明翰市监狱的一封信》。当年 8 月，出狱不久的金又发起了一场规模更为宏大的运动——向华盛顿进军。共有 20 万多人参加了这次集会，其中有三分之一是同情黑人的温和派白人。马丁·路德·金站在林肯的雕像前发表了只有 17 分钟，但却永载史册的演讲——《我有一个梦想》。这一年，马丁·路德·金被选为《时代周刊》年度人物。

1964 年，金被授予诺贝尔和平奖，他满怀信心地宣告："总有一天，地球上所有的人都会看到人与人之间和平相处，宇宙的哀号将变成友爱的诗篇。"这篇家喻户晓的演说从此成为一代代追求种族平等

1965 年

8 月，洛杉矶瓦茨区发生种族骚乱。

1966 年

马丁·路德·金领导芝加哥人权运动。

1967 年

底特律爆发种族暴乱。

1968 年

马丁·路德·金遇刺，多城市爆发种族暴乱。

非暴力主义

　　是甘地 1906 年在南非领导印度侨民反对种族歧视斗争中提出的一种社会政治哲学，后来甘地回到印度，在开展民族独立和社会改革运动中又不断地实践和完善它，使之逐步成为一种较为完整的政治学说。这种学说不仅对印度人民，而且对争取民族独立的亚非人民、反对种族歧视的美国黑人运动以及现代国际政治斗争都产生过深刻的影响。

梦想的美国人的指路明灯。

　　四年后，年仅 39 岁的马丁·路德·金遇刺身亡，为民权事业献出了生命。

知识链接

民权法案

　　20 世纪 60 年代声势浩大的民权运动，推动了美国政府在废除种族歧视方面的立法工作。

　　1964 年 7 月，国会通过民权法案规定，禁止在公共场所实行种族隔离；授权司法部长对实行种族隔离的公共场所和公立学校向法院起诉；设立公平就业委员会；禁止在就业方面实行种族歧视；禁止在联邦选举中不公平地运用选民登记程序和进行文化测验。这一法案以法律形式结束了南部的种族隔离制度，堪称"解放黑奴以来最全面的民权法"。但在保障黑人选举权方面仍缺乏有力的保证。当时南部 500 万黑人适龄选民中，尚有 300 万未能进行选民登记。

　　1965 年 5 月，国会通过了选举权法，要求给全部美国人以实际的选举权。规定禁止1964 年大选时登记选民不到选民总数 50% 的州和县，在进行选民登记时采取文化测验和其他歧视性措施；授权司法部长派遣联邦官员到这些地区进行选民登记工作，对妨碍行使选举权的行为予以惩罚。该法案通过后，南部黑人参加登记和选举的人数，超过重建以来的任何时期，黑人领袖开始在南部地方选举中获得一系列胜利。

　　1964 和 1965 年的两个民权法，虽然动摇了南部的种族歧视制度，但却未能改变北部存在的事实上的种族歧视。这在住房方面表现得尤为突出。1968 年 4 月，国会通过开放住房法，禁止在出售或租赁住房时实行种族歧视，并规定伤害民权工作者以反联邦罪论处。

　　约翰逊任内通过的 3 项民权法，从法律上摧毁了重建以后美国南部形成的种族隔离制度，缓和了种族矛盾。

把苏联"摔倒"在月球上

1961年4月12日,苏联首位航天员加加林乘坐"东方"号宇宙飞船进入太空,成为世界上第一位进入宇宙空间的人。这极大地刺伤了美国,美国朝野痛感同苏联的空间差距,决心奋起直追。就在加加林返回地面的那一刻,约翰·肯尼迪总统召开了紧急会议,在会上,肯尼迪提出要"把苏联摔倒在月球上"。同年5月25日,肯尼迪在议会提出"在10年内把美国宇航员送上月球,并使他安全返回地球"的任务。据此,美国制定了庞大的"阿波罗登月计划"。

实际上,总统本人对太空并没有什么兴趣,他表示,对航空计划提出巨额预算的唯一理由是"我们要打击苏联并以此证明,就算拖个一两年,我们也会赶在它的前面到达上帝那儿"。这说明美国最大的动机是要在冷战氛围下赢得胜利。所以有人嘲笑说:"如果报纸上说……苏联发送了第一个到地狱去的人,那我们的联邦机构也会大叫:我们绝不允许它走在我们前面!"

1961年10月,美国土星1号火箭发射成功,这不仅是美国火箭技术超越苏联的起点,也是美国登月计划成功的前奏。此后,美国又进行了20多次太空载人飞行试验,不仅解决了宇航员在太空长期飞行和进出太空舱等尖端技术问题,而且实现了两个航天器在空间的会合与对接,为阿波罗计划的成功奠定了坚实基础。1965年4月,美国土星5号火箭研制成功,最后解决了阿波罗飞船的运载工具问题。

1968—1969年上半年,美国连续发射了阿波罗8号、9号和10号飞船,成功地完成了载人环绕月球飞行,登月舱与母舱的分离与对接,宇航员驾驶登月舱近月低空飞行,并清晰地拍摄转播了月球风光,完成了登月总排练。

1969年7月16日,土星5号火箭载着阿波罗11号飞船,从美国东海岸位于佛罗里达州的卡纳维拉尔角肯尼迪航天中心点火升空,开始了人类首次登月的太空征程。参加这次飞行的有3名美国宇航员:尼尔·阿姆斯特朗、巴兹·奥尔德林和迈克尔·柯林斯。

经过4天的长途奔波和绕月飞行,7月20日,阿姆斯特朗和奥尔德林驾驶鹰号登月舱与母船分离,柯林斯仍留在指挥舱内,继续沿环

1957年
10月,苏联发射第一颗人造地球卫星。

1958年
1月,美国发射第一颗人造地球卫星。
7月,美国国家航空航天局成立。

1959年
1月,阿拉斯加作为第49个州加入联邦。
8月,夏威夷作为第50个州加入联邦。

1961年
4月,苏联宇航员尤利·加加林成为第一个太空人。
5月,艾伦·谢波德成为美国送入太空的第一位宇航员。

1963年
5月,宇航员L.库珀完成美国第一个载人宇宙飞行计划——水星计划。

1965年
6月,宇航员爱德华·怀特成为第一个在太空行走的美

国人。

1969 年
7月，美国人登上月球。

肯尼迪航天中心

位于美国东部佛罗里达州东海岸的梅里特岛，成立于1962年7月，是美国国家航空航天局进行载人与不载人航天器测试、准备和实施发射的最重要场所，其名称是为了纪念已故总统约翰·肯尼迪。

阿波罗 11 号的 3 位宇航员

月轨道飞行。16 点 49 分登月舱在月球表面成功着陆后，阿姆斯特朗对指挥中心和整个世界说的第一句话是："休斯顿，这里是静海基地。'鹰'着陆成功。"作为庆祝，奥尔德林和阿姆斯特朗握了一下手，拍了拍对方的肩膀，随后二人迅速开始登月的任务步骤。准备停当，登月舱被减压。

7 月 21 日，美国东部时间凌晨 2 点 56 分，舱门打开，身穿臃肿宇航服、头戴硕大球形盔帽的阿姆斯特朗从舱口挪动出来，扶着梯子缓慢地走下了登月舱，在松软如粉的月球表面留下了人类的第一个脚印。当时他说出了此后在无数场合常被引用的登月感言："对一个人来说，这是一小步；对全人类而言，这是一次巨大的飞跃。"

阿姆斯特朗迈出第一步后 15 分钟，奥尔德林也踏上了月球，成为第二位踏上月球的人类成员。阿姆斯特朗用特制的 70 毫米照相机拍摄了奥尔德林降落月球的情形。他们在登月舱附近插上了一面美国国旗，为了使星条旗在无风的月面看上去也像迎风招展，他们通过一根弹簧状金属丝的作用，使它舒展开来。接着，他们将早期阿波罗科学实验包安装完毕，随后，阿姆斯特朗走到了登月舱 60 米外的地方，后来那里被命名为东环形山。这是两人在月球表面最远的活动距离。

阿姆斯特朗的最后一个任务是把一个纪念牌放在月球表面上，以缅怀为航天事业牺牲的宇航员。

阿姆斯特朗和奥尔德林在登月舱外活动了约两个半小时，回到登月舱后，舱门被关闭，舱内重新加压。在准备重新起飞时，两位宇航员发现他们不小心折断了一个断路器开关。如果无法修复，登月舱将无法点火。奥尔德林急中生智使用一支圆珠笔进行

连接,登月舱得以点火。登月舱的起飞部分带着两位宇航员进入月球
轨道,与母船会合对接。

　　1969 年 7 月 25 日清晨,阿波罗 11 号指令舱载着 3 名航天英雄
平安降落在太平洋中部海面,人类首次登月宣告圆满结束。美国在
这场竞赛中最终赢了苏联。

知识链接

阿波罗登月计划

　　阿波罗计划是美国国家航空航天局执行的迄今为止最庞大的月球探测计划,目的是实
现载人登月飞行和人对月球的实地考察,为载人行星际飞行和探测进行技术准备。该计划
始于 1961 年 5 月,至 1972 年底第 6 次登月成功结束,历时约 11 年,耗资 255 亿美元。在
工程高峰时期,约有 2 万家企业、200 多所大学和 80 多个科研机构,超过 30 万人参与其
中。可以说是整个航天史上历时最长、规模最大、投资最多、最富有传奇性的一次太空探险
活动,也是世界航天史上具有划时代意义的一项成就。

　　阿波罗飞船的任务,包括为载人登月飞行作准备和实现载人登月飞行两个阶段。
1966—1968 年,进行了 6 次不载人飞行试验,在近地轨道上鉴定飞船的指挥舱、服务舱和
登月舱,考验登月舱的动力装置。1968—1969 年,发射了阿波罗 7 号、8 号、9 号飞船,进
行载人飞行试验。主要作环绕地球、月球飞行和登月舱脱离环月轨道的降落模拟试验、轨
道机动飞行和模拟会合、模拟登月舱与指挥舱的分离和对接。按登月所需时间进行了持续
11 天的飞行,检验飞船的可靠性。

　　1969 年 5 月 18 日发射的阿波罗 10 号飞船,进行了登月全过程的演练飞行,绕月飞行
31 圈,两名宇航员乘登月舱下降到离月面 15.2 千米的高度。1969 年 7 月 16 日发射的阿波罗
11 号飞船,首次实现了人类登上月球的梦想。此后,又相继有 12 名美国宇航员乘坐阿波罗
12 号、14 号、15 号、16 号和 17 号飞船,先后 5 次登上月球,进行了大量的科学考察工作,
详细地揭示了月球表面特性、物质化学成分、光学特性,并探测了月球重力、磁场、月震等,撩
开了月球的神秘面纱。

水门事件中的尼克松

1974 年 8 月 8 日晚上,美国总统理查德·尼克松向全国发表电视讲话,宣布辞去总统职务,成为美国历史上第一位,也是迄今唯一一位因丑闻而被迫辞职的总统。

事件起因于 1972 年 6 月 17 日的夜里,在华盛顿的民主党全国委员会总部,一位工作人员下班离开大厦后,偶然回头看了看自己的办公室,他惊异地发现,已经熄了灯的办公室里有几条手电筒光柱在晃动。他马上返回通知了大厦的保安人员。保安人员立即报警,随后 5 名形迹可疑的男子被警方逮捕,他们正在民主党全国委员会主席劳伦斯·奥布赖安办公室安装窃听设备。奥布赖安对尼克松的争取总统连任委员会提出指控,并怀疑白宫参与其中。第二天,《华盛顿邮报》在头版显著位置报道了这一事件。这座大厦由于其正门入口处有一人工小型瀑布飞流直下而被美称为"水门大厦",这一事件也因此被称为"水门事件"。

当时正值总统竞选的关键时期,争取总统连任委员会主席约翰·米切尔否认他的机构与案件有任何关系,尼克松总统也在记者招待会上,信誓旦旦地向美国公众保证:"白宫班子和本届政府中,没有一个现在受雇用的人卷入这一荒唐事件。"他甚至表示:"令人痛心的不在于发生了这类事,因为在竞选中一些过于热心的人总会做些错事。如果你企图把这类事掩盖起来,那才是令人痛心的。"与此同时,总统的助手在幕后进行大量的掩盖活动,包括给被告提供法律费用,用大笔款项使他们保持沉默,甚至许诺行政赦免。

一系列的活动,特别是总统的表演,暂时欺骗了公众。大选结果,尼克松以压倒性优势击败了民主党候选人乔治·麦戈文,顺利获得连任。但是,民主党占优势的国会怀疑水门事件还有隐情,决定成立一个特别调查委员会对 1972 年大选活动进行彻底调查。1973 年 3 月,形势出现逆转。水门事件被告之一的詹姆斯·麦科德,承认他和其他被告都是在政治压力之下认罪和保持沉默的,实际上,争取总统连任委员会和白宫都卷入了水门事件。4 月 17 日,尼克松被迫声明,鉴于案情的"重大发展",他要对水门事件进行重新调查。4 月 30 日,尼克松在全国电视观众面前宣布：司法部长、白宫顾问以及他的两名助手辞职。总统本人对水门事件承担了责任，但他否认自己曾卷入此事。

但特别调查委员会的调查结果却对尼克松极为不利。白宫顾问约翰·迪安承认他曾向总统谈过"掩盖活动"的进展；前白宫人员披露：尼克松对自己在椭圆形办公室的所有谈话和往来电话都进行了秘密录音。这就提供了通过录音带验证尼克松是否卷入水门事件的可能。委员会要求尼克松交出有关的录音带，尼克松援引行政特权予以拒绝。当特别检察官阿奇博尔德·考克斯坚持这一要求，而联邦法院又下令尼克松照办时，尼克松恼羞成怒，下令免去了考克斯的职务。

这一下可捅了马蜂窝，美国各电视网立即中断正常节目，向美国公众报告这一爆炸性新闻。尼克松的行为彻底激怒了公众，抗议电报像雪片一样铺天盖地，舆论将尼克松与希特勒相提并论。大学生则组织了大规模的示威游行。整个美国像开了锅一样，群情激愤。《时代周刊》新一期头条的口号就是"总统该辞职了"。

在民意的推动下，7月24日，联邦最高法院裁决尼克松必须交出有关录音带。尽管最终被迫交出的录音带有长达18分钟的可疑空白，新任特别检察官仍然在其中找到了证据：水门事件6天后尼克松与助手的一次谈话记录清楚地表明，他让中央情报局阻挠联邦调查局调查水门事件，这是尼克松掩盖事实真相的铁证。

8月初，众议院司法委员会做出决定，以在水门事件中阻碍司法活动及滥用总统权力的罪名对尼克松进行弹劾。为避免彻底身败名裂，尼克松决定主动辞职。继任者杰拉尔德·福特顶着巨大的舆论压力，动用总统赦免权，使尼克松免于刑事诉讼。虽没有遭受牢狱之灾，但谎言已让他付出了沉重的代价。

11月，尼克松以压倒优势当选连任。

1974年
3月，联邦法院起诉7名水门事件被告。8月，尼克松辞去总统职务，副总统杰拉尔德·福特继任。

国会弹劾权
美国宪法第2条第4款规定，国会可对犯有"叛国罪、受贿罪或其他重大罪行"的总统、副总统和联邦政府的所有官员进行弹劾。美国历史上仅有第17任总统安德鲁·约翰逊和第42任总统比尔·克林顿遭弹劾，但两人的弹劾案在参议院的审判中，均因未获法律要求的2/3多数支持而被推翻。

 知识链接

华盛顿邮报

《华盛顿邮报》是1877年由民主党人斯蒂尔森·哈钦斯在华盛顿创办的，由于位于首都的优势，尤其擅长于报道美国国内政治动态。

尼克松与家人离开白宫

1971年6月,《华盛顿邮报》冒着可能遭到起诉,甚至被关闭的风险刊登了披露越战的五角大楼文件,结果被政府告上了法庭。两周内,官司从地方法院一路打到联邦最高法院,最终,法庭以6票对3票做出裁决,政府败诉。1972年6月,在水门事件中,主编布拉德利鼓励记者鲍勃·伍德沃德和卡尔·伯恩斯坦坚持追踪报道。在整个事件持续发酵的28个月里,《华盛顿邮报》共刊载大约400篇文章,最终尼克松被迫辞职。

无论是美国五角大楼文件事件还是水门事件,这些报道都显示了在国家政治与政府中,媒体的力量可以有多么强大。对这些政治丑闻的报道,也使《华盛顿邮报》从一份默默无闻的早报变成了备受关注的纸质媒体。

2013年,90岁高龄的《华盛顿邮报》前主编本·布拉德利,荣获奥巴马总统颁发的年度总统自由勋章,表彰他在新闻领域做出的杰出贡献。布拉德利从1968—1991年担任主编,带领《华盛顿邮报》获得18次普利策奖。"身为一名真正的纸媒人,他把《华盛顿邮报》变为全美最好的报纸之一",奥巴马评价布拉德利,"他掌舵期间,一批记者报道了五角大楼越战文件、水门事件等新闻,披露了那些需要被讲述的故事——那些帮助我们更好地了解世界和彼此的故事"。

"搞垮"苏联

彼得·施魏策尔是美国中央情报局前雇员，曾作为专家参与策划美国瓦解别国的秘密战略。在《里根政府是怎样搞垮苏联的》这本书中，他披露了美国为实现搞垮苏联的战略而采取的一系列措施和行动。

首先是针对波兰。波兰地处东欧心脏，如搞垮波兰，将产生多米诺骨牌效应，对东欧其他国家产生重大影响。为此，里根政府除公开对波兰通过外交孤立、经济制裁等手段施压外，还以隐蔽手段大力支持反政府组织——团结工会。美国每年向团结工会偷偷提供数百万美元资金，而且还建立了一条向其运送稀缺物资的秘密供应线。通常，这些战略物资（包括通讯工具、广播电台、印刷机等各种设备）先被运送到布鲁塞尔进行重新包装，然后运送到瑞典进行再一次的重新包装，标记为拖拉机零件、机床和渔具制品等，然后装船运到波兰的港口。由于瑞典是中立国，因此得到了波兰当局更多的信任。美国政府还把"美国之音"作为向团结工会传递情报的有效手段。这类情报是通过一系列复杂的密码转播出去的。一次经过精心制作的节目，可能传递的是一个有关即将发生的镇压活动、一批特殊的货物或者一次会议的时间和地点的情报。

为了使苏联陷入阿富汗战争的泥潭，加剧苏联的负担和加速其崩溃，里根政府不断增加对阿富汗反政府游击队的财政与军事援助，到1987年，援助总额达25亿美元。从1981年初开始，美国中情局就开始招募生活在海外的阿富汗人，帮助开辟向阿富汗境内的穆斯林游击队运送武器的通道。送到游击队手中的步枪、弹药和火箭装在板条箱里，箱子上面贴着"电视机"和"设备"的标签，然后由巴基斯坦情报机构的成员使用没有标记的卡车，将货物运送到游击队的集结区。美国向反政府武装提供当时世界上最先进的、连其西欧盟国都未配置的肩扛式毒刺导弹，还有先进的夜视装置和精确制导武器，给苏军造成致命打击。与此同时，美国还企图把战争引向苏联境内。中情局长威廉·凯西多次秘访巴基斯坦，与巴情报官员商讨训练和派遣阿富汗游击队员进入苏联发动袭击。美国政府还在巴基斯坦境内建立了许多学校，专门培训穆斯林游击队的战士学习如何使用武器。每年大约有 2 万名游击队战士从这些学校毕业。阿富汗游击队员也确实多次潜入苏联中亚地区，在公路上埋设地雷、袭击哨所，伏击边防巡逻队，给苏联造成更大压力。

在苏联的所有弱点中，最主要的就是它的经济。1983 年初，美国财政部对于国际石油定价问题进行了一次大规模的秘密研究。报告认为，石油价格的下降对苏联经济将造成毁灭性的影响。因为莫斯科在获得硬通货方面严重依赖能源出口，当石油价格上涨 1 美元 / 桶，就意味着莫斯科 1 年获得约 10 亿美元的硬通货。所以美国政府就千方百计压低国际市场的石油价格，以减少苏联的硬通货收入，使其难以摆脱财政困境。凡是能够压低石油价格的办法美国都采用了，包括停止购买用于战略石油储备的原油；力劝英国降低原油的官方价格和增加北海油田的石油产量；对沙特阿拉伯施加压力，迫使其大幅增加石油产量。与此同时，美国还限制欧洲进口苏联的天然气，这就把通向克里姆林宫潜在的巨额资金流切断了。

苏联经济运行和发展严重依赖西方的技术转让，这是它的又一个极大弱点。为了消耗苏联的财力和在与苏联进行技术竞赛过程中保持领先地位，里根政府长期对苏联实施严密的技术封锁战略。虽然不可能计算出这种限制使苏联经济到底付出多么大的代价，但有报告表明苏联每年的损失为数十亿美元。而由于无法通过正常渠道获得所需技术，苏联不得不通过工业间谍窃取。针对这种情况，美国政府又实施了制造假技术情报的计划。先由技术专家们列出一份苏联可能最感兴趣的技术清单，然后有针对性地在这些领域编造有缺陷的情报，再把这些情报转给或者卖给对此毫不怀疑的苏联代理商。这导致苏联轻则损失资金，重则发生重大事故，比如西伯利亚欧洲天然气管道的涡轮机爆炸。

此外，里根政府还试图通过战略防御系统的研发计划（星球大战计划），将苏联拖入更高层次的军备竞赛，逼迫其片面发展军事工业以消耗经济实力，最终将其拖垮。当然，苏联不会由于美国的渗透而解体，但毫无疑问，美国在 20 世纪 80 年代的政策成为苏联解体的催化剂。使克里姆林宫陷入深渊的也并不是哪一个事件或者哪一项政策。里根政府的总体战略之所以有这么大的威力，是各种政策的综合效应。这些政策就像一阵阵强烈的飓风吹进虚弱的苏联体制之中。

星球大战计划

1983 年 3 月 23 日晚，时任美国总统的里根向全国发表电视讲话，宣布了美国政府的一项重大战略决策——"战略防御计划"。他说："让我同大家一起来设想一个带有希望的未来，那就是制定一项计划，用防御性的手段来对抗令人生畏的苏联导弹威胁。……我正在采取重要的第一步，指示进行一项综合而紧张的努力，制定一个长期的研究和发展计划，以达到我们消除战略导弹威胁的最终目标。我相信，我们今晚着手进行的努力，有希望改变人类历史的进程。"

演说引起极大轰动。由于该计划的主要目的在于利用美国的高技术优势，建立空间武器系统，提供对付战略核武器攻击的空间防御手段，因此美国媒体借用当时最卖座的一部科幻影片之名，形象地称之为"星球大战计划"。

这一计划由"洲际弹道导弹防御计划"和"反卫星计划"两部分组成，预算高达 1 万多亿美元。计划的最终目标是为了彻底消除核弹道导弹对美国的威胁。其技术手段主要是在外太空和地面部署高能定向武器或常规打击武器，在敌方战略导弹来袭的各个阶段进行多层次的拦截，使对手的核武器失去作用；同时，计划攻击苏联部署在空间的卫星，以配合自己的进攻性武器来打击对手。简单地说，这是一个攻防兼备的太空武器系统，既有矛，又有盾。

由于系统计划的费用昂贵和技术难度大，计划中的许多项目最终被无限期延长。但这一计划的实施带动了一大批高技术群的发展，使美国在经济、军事、科学技术等方面保持了领先地位。随着苏联解体和冷战结束，1993 年 5 月，美国国防部长正式宣布终止星球大战计划。历时 10 年、耗资 320 亿美元的星球大战计划至此结束。